꽃씨 심는 남자

꽃씨 심는 남자

소강석 에세이

샘터

비바람을 맞으며 울고 있는 꽃들에게

어두운 밤하늘 잠들지 못하는 별들에게

꽃밭을 날지 못하는 나비들에게 전하는 위로와 희망

그 진한 눈물과 외침이 그대의 가슴을 적십니다.

추천사 1

사방이 허허벌판이다. 들녘의 봄은 왔으나 심원(心園)의 봄은 아직 먼 듯하다. 꽃이 피어야 봄이다. 꽃이 없는 봄은 봄이 아니다. 들녘에 꽃이 피어 봄이 온다면, 우리의 심원에 피어야 할 꽃은 무엇인가. 꽃은 열매처럼 먹거나, 수확을 얻는 것이 아니다. 다만 바라보기 위하여, 향기를 맡기 위해서 우리 앞에 존재한다. 그래서 봄이 아니라도 마음이나 머리의 빈자리 위에 언제든지 심원의 꽃은 핀다. 나비도 벌도 오지 않는 공장 굴뚝 밑, 도시의 화려한 거리, 밤 가로등 아래, 밤새 뒤척이며 잠 못 드는 이의 외로운 가슴에도 슬그머니 한 송이 꽃은 핀다.

그가, 우리 곁으로 꽃씨 한 줌 들고 왔다. 소강석 목사는 남원의 지리산 자락에서 태어났다. 남원은 이몽룡과 춘향의 애절한 사랑 이야기와 동, 서편제의 구성진 가락이 숨 쉬는 곳이다. 그래서 그는 목회자면서 동시에 시문(詩文)에 능하고 풍류와 흥이 있다. 거친 남도 사내의 야성이 있다. 들녘의 흙과 바람 냄새가 난다. 무엇보다 영성과 지성, 감성이 조화를 이룬 보기 드문 목회자다. 단 하루도 꿈 없이 잠들지 않고 꿈 없이 깨어나지 않는다고 말하는 그, 그는 한 손에 꽃씨를 움켜쥐고 있는 사람이다.

그 꽃씨는 교회의 담을 넘어서 세상을 향한 글로 심겨지고 있다. 그가 개신교 목사로서, 또한 국문학이나 문예창작을 전공하지 않았으면서도, 아주 특별하게 조선일보와 매일경제에 에세이를 연재했다고 하는 것은 그만큼 문장가로서 나름의 공적 인정을 받았다는 것일 게다. 내가 만난 소강석 목사는 한국교회를 대표하는 차세대 목회자로서 야성과 패기가 넘치는 사자후를 토해내는 모습도 있지만, 동시에 글을 사랑하는 문학소년의 순수한 감성과 애틋함을 지니고 있다.

그의 글은 검투사의 검놀림 같은 화려함과 현학적 위장, 표피적 어루만짐보다는 선이 굵은 정공법을 통하여 상처를 치유하는 특유의 돌파력과 저력이 있다. 거친 황야를 달려가는 들소처럼 가슴을 뜨겁게 뛰게 하는 야성과 소망이 있다. 그는 구약의 하박국 선지자가 피투성이가 된 조국을 가슴에 부여안고 성루에 홀로 앉아 울부짖었던 것처럼 민족을 향한 뜨거운 애국심을 품고 역사의 한복판에서 거친 폭풍에 맞서 달려가고 있다. 젊은 나이에 대한민국 국민훈장을 수훈한 것은 그가 나라를 위해서 얼마나 치열하게 세상과 부딪치며 꽃씨를 심었는가를 짐작하게 한다.

이번 에세이집이 허공에서 맴돌다 사라져버리는 외침이 아닌, 한 송이 꽃으로 피어나는 꽃씨의 노래가 되었으면 좋겠다. 아니, 수많은 꽃씨가 날고 날아 여기저기 꽃밭을 이루었으면 좋겠다. 이 책은 어느 날 문득, 우리 삶의 텅 빈 공터에 심겨진 꽃씨다. 이 책으로 인하여 봄이 왔으면 좋겠다.

이어령(중앙일보사 상임고문, 이화여대 석좌교수, 전 문화부장관)

추천사 2

우리나라 사람의 절반은 종교를 갖고 있다. 방방곡곡 어디를 가나 절, 교회, 성당이 눈에 띄고 많은 사람이 마음의 안식을 찾아 설법이나 설교, 강론에 귀를 기울인다. 성탄절과 부처님오신날이 공휴일로 지정돼 있으며 온 국민이 축하한다. 그만큼 종교의 사회적 위상이 높고, 종교인에 대한 존경심과 신뢰가 깊다.

그래서일까. 우리 종교인 중에는 글을 통해서 사회와 소통하고 영향을 미치는 사람이 적지 않다. 특히 불교에 그런 분이 많다. 여러 권의 베스트셀러를 써서 종교를 초월해 삶의 지혜와 마음 닦는 법을 일러준 법정 스님이 대표적이지만 그 후배 중에도 만만치 않은 글솜씨와 내공을 보여주는 스님들이 상당수에 이른다.

반면 개신교에는 글 쓰는 종교인이 적다. 신자들을 상대로 신앙에 관한 해설을 펴내거나 설교를 책으로 묶는 목사님은 많지만 이들의 글이 교회의 울타리를 넘어서 사회로 퍼져 나가는 일은 거의 없다. 물론 이는 글보다는 말을 위주로 훈련받는 목회자 양성 과정과 관련이 있을 것이다. 또 산속에서 혼자 수행하는 스님들에 비해 도심에서 늘 신자들에 시달리는(?) 목사님들이 사색과 집필에 불리한 것도 사실이다. 하지만 개신교가 우리 사회에서 차지하는 비중을 생각하면 교회 안과 밖을 잇는 '글쟁이'가 없는 현실은 몹시 아쉽다.

이런 점에서 볼 때 소강석 목사님은 주목되는 분이다. 그는 '목사 글쟁이'가 될 수 있는 여러 조건을 두루 갖췄다. 우선 개신교에서 가장 큰 교단 소속으로 수도권을 대표하는 대형교회를 세워서 이끌고 있다. 목회자로서 누구보다 왕성하고 성공적이다. 그는 또 여러 권의 시집을 낸 시인이다. 글과 어휘에 대해 예민한 감각을 갖고 있다. 여기에 더해 그가 지닌 또 하나의 장점은 사회에 대한 관심과 나라 사랑이다. 교회와 교단 이외의 일에는 별로 눈길을 주지 않는 많은 목사님들과 달리 그는 개신교 밖에서도 정열적인 활동을 벌이고 있다. 해마다 6·25 전쟁 참전 외국용사들을 한국으로 초청해 보은 행사를 열고, 우리 상고사에 대한 국민의 관심을 높이는 데 힘을 기울인다. 이런 여러 가지 모습이 한데 어우러지면, 그가 쓰는 글은 종교의 벽을 넘어서 교회 밖으로 넓은 울림을 가질 수 있다.

이 에세이집에 실린 소 목사님의 글을 읽는 독자들은 이런 기대가 헛되지 않다는 점을 확인하게 될 것이다. 그가 솔직하게 털어놓는 자신에 관한 이야기들은 인간적 친밀감을 느끼게 하고, 그동안 벌여온 활동들에 관한 설명은 교회와 목사에 대한 고정관념을 다시 생각하게 한다. 목사, 시인, 애국자 등 그가 지닌 세 얼굴이 때로는 교차하고 때로는 번갈아 드러나면서 글 읽는 맛과 호소력을 더해준다.

소 목사님의 애독자로서 부탁드리고 싶은 것이 있다. 우리 개신교는 130년의 역사를 지나면서 외래종교의 껍질을 벗고 민족종교로 변모하고 있다. 교회가 한국 역사와 문화에 더 가까워지면 개신교와 목회자의 역할은 그만큼 커질 것이다. 필요하다고 생각하면 폭발적 에너지를 발휘하는 그가 부디 이쪽에도 관심을 가져 넓이뿐 아니라 깊이도 아울러 갖춘 진정한 '종교인 글쟁이'가 되기를 바라마지 않는다.

이선민(조선일보 여론독자부장)

머리말

나는 목사다. 목사는 주로 글보다는 말을 많이 한다. 그래서 목회자들 중에는 유명한 문필가가 별로 없다. 글을 잘 쓴다고 볼 수는 없지만, 어릴 때부터 글쓰기를 좋아했다. 백일장에 나가면 곧잘 상을 받아왔다. 스스로도 글 욕심은 많다고 생각한다. 그래서 시대의 문필가인 이어령 선생님 같은 분을 뵈면 부럽고 존경하는 마음이 든다.

나는 원래 에세이스트이기도 하고, 시인이기도 하다. 다섯 권의 시집을 출판했고, 목회자 시인으로는 적지 않은 반향을 일으켰다. 그러다 에세이를 동경하고 사랑하는 마음으로 에세이집을 한 번 낸 적이 있다. 그런데 너무 마음만 앞서고 급하게 출판했는지 시집만큼 큰 호응은 얻지 못했다.

어느 날 조선일보에서 글 쓰는 목회자를 찾는다며 내게 연락을 해왔다. 그동안 나름대로 계속 글을 써왔던 터라 호기 있게 원고를 보냈지만, 한 편 한 편 보낼 때마다 얼마나 까다롭게 요구하는지 교정을 수없이 했다. 그런데도 원고가 퇴짜를 맞을 때도 있었다. 그래서 계속 글을 다듬고 또 다듬었다. 그렇게 정갈하게 한 편 한 편을 도자기 빚듯 빚어내다 보니, 아직도 부족하지만 에세이스트다운 면모는 갖추게 되었다. 그리고 그동안 쓴 글을 모아 출판하게 되었다.

최근에 사람들로부터 주목받는 책들을 보면 글이 감성적이고 유려하지만, 한편에서는 인생의 고난과 역경 앞에 맞서 싸우지 못하고 오히려 무력하게 만드는 항우울제 같은 책이라는 비판을 받기도 한다. 나는 살아온 인생 자체가 항우울제와는 거리가 멀다. 고난 앞에서 고개 숙이고 위로를 기다리기보다는 오히려 피투성이가 되더라도 온몸으로 부딪쳐 싸웠고, 운명 앞에 순응하기보다는 저항하며 달려왔다.

책을 집필하는 동안 상처받고 지친 현대인의 마음을 어루만지는 위로와 안식을 주고 싶었지만, 더 중요한 것은 어떤 고난도 쓰러뜨릴 수 없는 용기와 희망을 심어주는 일이라고 생각했다. 이것은 꼭 기독교 신앙의 차원만이 아니다. 나도 똑같은 인간이며, 상처받고 힘들 때가 많다. 그러나 이 글을 읽는 모든 사람들이 다시 한 번 절망을 딛고 힘을 냈으면 좋겠다. 포기 대신 도전을 선택했으면 좋겠다. 부디 미지근한 가슴이 다시 뜨거워지기를 바란다. 그리고 하나님을 만났으면 더욱 좋겠다.

책을 출판할 수 있도록 격려해주시고 추천사를 써주신 이 시대 최고의 지성이요 문사이신 이어령 교수님 그리고 조선일보 이선민 기자님께 감사드린다. 오늘의 내가 있기까지 아낌없는 사랑과 정성을 베풀어준 새에덴의 장로님들과 성도들, 기도의 어머니이자 장모님이신 정금성 권사님, 아내 배정숙 사모, 성군이와 현이에게도 감사하다. 무엇보다 정성스럽게 책을 출판해준 샘터사에 감사드린다.

2015년 소강석(새에덴교회 목사, 시인)

차례

1부

꿈에도 상처가 있다

2부

상처에도 향기가 있다

3부

다시, 첫 새벽길을 기다리며

4부

황무지일수록 꽃씨를 뿌려라

1부

꿈에도 상처가 있다

꿈을 생각하면 해금강의 기암절벽이 떠오른다. 천 년의 바람과 파도가 스치고 간 그 상처가 눈에 선하다. 마치 해금강 절벽에 서 있던 낙락장송이 바위틈에 피어난 난초들과 더불어 꿈을 잃어버린 사람들을 향하여 이렇게 말하는 것만 같았다.

'나를 보시오. 수천 년, 수만 년 해풍에 깎이고 다듬어지며 기암절벽을 만들었지 않소. 하지만 빛 하나 보이지 않는 칠흑 같은 밤의 고독은 아무도 모른다오. 꿈에도 상처가 있다오. 아니, 그 잔인한 상처를 견딘 자만이 위대한 꿈의 조각을 가슴에 새길 수 있는 거라오.'

잊지 못할 그해 겨울

그해 겨울을 어찌 잊을 수 있을까. 나는 부모님께 신학교에 진학하여 목사가 되겠다고 말했다. 누구보다 아버지께서 노발대발하셨다.

"자식이 예수 믿는 것도 못마땅한데 목사가 된다니, 우리 가문에 무슨 저주란 말이냐. 그렇게 먹고살 직업이 없어서 하필 내 자식이 목사가 되려고 하다니……."

아버지는 분에 못 이겨 까딱하면 몽둥이로 날 두들겨 패셨다. 그럴 때마다 예수도 안 믿고, 신학교에도 가지 않겠다고 둘러댔다면 아버지의 매질은 모면할 수 있었다. 하지만 그렇게 하지 않았다. 아버지의 매질이 가혹해질수록 눈물을 흘리면서도 가슴에는 더 뜨거운 불이 타올랐다. 포기할 수 없는 숙명이었다. 불효라는 걸 알면서도, 그 해 겨울의 결단을 되돌리지 않았다. 오히려 부모님의 핍박이 심할수록 내 꿈은 더 단단해졌다.

아버지의 분노는 더 커져갔다. 갈수록 세차게 매질을 했으며, 뼈까지 파고드는 아픔에 입술을 깨물며 견뎌야 했다. 그때 맞은 매 때문에 지금까지 허리가 좋지 않을 정도로 어린 소년이 감당하기에는 너무도 큰 고난이었다. 그러나 사르는 불꽃을 손에 쥐듯 고통의 어두운 터널을 지날 때에도 내 영혼의 한복판에서 타오른 꿈의 불꽃은 결코 사그라지지 않았다.

아버지는 기대한 아들이 신학교를 간다고 하자, 동네 사람들 보기 창피하다며 바깥출입도 하지 않으셨다. 어머니는 회초리를 들기도 하고, 때로는 회유도 하셨다. 공무원인 큰형도 목구멍에 풀칠할 일이 그렇게도 없느냐며 야단을 했다. 이런 가족들에게 어떻게 내 입장을 설명할 수 있었겠는가? 수없이 나의 꿈을 이야기했지만 통하지 않았다. 그럴수록 마음이 얼마나 아픈지, 부모님께 죄송해서 죽을 지경이었다.

'자식교육 잘 시켜보려던 아버지께서 나 하나 때문에 저렇게 기가 죽어 계시다니…….'

그렇다고 하나님으로부터 받은 불가항력적인 소명을 버릴 순 없었다. 아니, 내 가슴의 꿈과 사랑을 포기할 수 없었다. 오히려 더 불타올랐다. 아무리 잊어보려고 해도 잊히지 않았다. 밤이면 선명한 채색화가 되어 천장에 그려졌다. 그리고 그해 겨울, 눈보라가 심하게 몰아치던 날, 어머니께 회초리를 맞다가 집을 뛰쳐나오고야 말았다.

"이 원수 같은 놈, 예수가 밥 먹여주냐? 이 썩을 놈아, 뼈 빠지게 농사지어서 가르쳐 놓으니까 예수쟁이가 돼버렸어! 이놈아, 아예 나가버려! 나가서 살든지 뒤지든지 꼴도 보기 싫으니까 나가버려!"

그래서 이럴 바에는 차라리 집을 떠나는 편이 낫겠다는 생각이 들어 마침내 결단을 내렸다. 매를 맞다가 엉겁결에 집에서 뛰쳐나오다 보니 내의도 안 입고 양말도 안 신은 채 봄 점퍼 하나만 걸치고 있었다. 그 추운 날, 십 원 한 푼도 없이 손에는 오직 성경과 찬송가 책뿐이었다. 그날따라 왜 그렇게 날씨가 춥고 눈보라가 거세게 부는지, 그 매서운 눈보라에 온몸이 닭살이 되고 두 볼은 찢어질 듯했다.

'아! 이제 나는 어디로 가야 하나?'

막상 집에서 나오고 보니 울컥 눈물이 쏟아졌다. 나도 모르게 두 눈에서 눈물이 줄줄 흘러내렸다. 얼마나 날씨가 추웠는지 흐르는 뜨거운 눈물은 금세 턱에서 얼어붙었다. 막상 집을 나와 보니 갈 곳도 없었다.

한참을 걸어 읍에 못 가서 있는 폐문리의 다리에 도착했다. 다리

위에 앉아 갈급한 심정으로 성경을 펼쳐 시편 121편을 읽었다. 순간 다시 한 번 왈칵 눈물이 쏟아져 나왔다. 그때의 성경 구절을 영원히 잊지 못할 것이다.

> 내가 산을 향하여 눈을 들리라 나의 도움이 어디서 올까.
> 나의 도움은 천지를 지으신 여호와에게서로다.

나는 울먹이며 일어나 발걸음을 옮겼다. 눈물이 두 볼을 타고 하염없이 흘러내렸다. 눈물과 콧물이 범벅되고 감격과 서러움이 혼합되어 4중주의 노래가 나오고 있었다.

> 몸에 걸친 단벌옷이 내게 족하고
> 들고 나선 주의 말씀이 넉넉하여라.
> 눈보라와 찬바람은 나를 때려도
> 주님 따라서 가는 이 길은 기쁘기만 하여라.

인생은 연습이 없다. 한번 지나간 시간은 결코 돌아오지 않는다. 나는 가끔 국민가수 이선희 씨의 〈아, 옛날이여〉라는 노래를 부르곤 한다. '아, 옛날이여~ 지난 시절 다시 올 수 없나, 그날~ 그날이여.'

훗날 아버지와 어머니께서는 기독교 신앙을 가지셨고, 나더러 목사의 길을 잘 갔다고 격려하고 위로해주셨다. 다시 그해 겨울로 돌아간다면, 같은 선택을 할 수 있을까? 아마도 그럴 것이라 생각한다. 사형대에 오른 자의 가슴을 향하여 날아오는 화살처럼, 그해 겨울의 거친 눈보라는 내 영혼을 관통했다. 하지만 그것은 꿈이었고, 거부할 수 없는 사랑이었다. 오늘도 나는 고독 속에 눈보라를 헤치며 꿈을 꾸고 사랑하며 길을 걷는다. 고등학교 때인가, 밤이면 방바닥에 엎드려 책장을 넘기던 헤르만 헤세의 글 중에 이런 글귀가 기억난다.

> 새는 알을 깨고 나온다. 알은 곧 세계다. 태어나려고 하는 자는 하나의 세계를 파괴하지 않으면 안 된다.

그해 겨울, 아마도 나는 나의 세계를 깨뜨리고 막 길을 나선, 눈보라 속으로 날아간 외로운 한 마리 새는 아니었는지.

따뜻한 국밥
한 그릇

어느 겨울날, 곤지암 기도원에서 내려오며 소머리 국밥 한 그릇을 먹었다. 뜨거운 국밥 한 숟가락 떠서 무김치 얹어 먹는 맛을 뭐라고 표현할 수 있을까. 김이 모락모락 나는 국물을 목으로 넘길 때 하얀 수증기 사이로 아련한 기억이 떠올랐다.

신학교를 다닐 때는 120원짜리 식권 살 돈이 없어서 수돗물로 배를 채웠다. 강의실에 가려고 오르막길을 오를 때면 다리가 후들거렸다. 춥고 배고프고 외로운 청춘이었다. 그때 내 손을 따뜻하게 잡아주신 박종삼 목사님.

신학교 교장이었던 목사님께서는 사택에서 소고기국을 끓이는 날이면 나를 불렀다. 그런데 사모님께서 목사님과 아들 국그릇에는 소고기 건더기를 듬뿍듬뿍 담는데, 내 국그릇에는 무 건더기와 국물만 가득 담아주셨다. 무안하고 창피했지만, 밥을 얻어먹는 주제에 뭐라 말할 수 없어 고개를 숙이고 국물만 떠먹고 있었다. 그때 목사님께서 당신의 국그릇에 있는 소고기 건더기를 내게 건져 주셨다. 그것도 모자라 아들 것까지 건져 주셨다. 나이 든 어르신이니 고춧가루 묻고 밥풀이 주렁주렁 달린 숟가락으로 말이다. 그러면 사모님은 목사님을 흘기면서 다시 목사님과 아들의 국그릇에 소고기를 떠주셨다. 그리고 목사님은 또다시 고기를 내게 건져 주셨다. 결국 나는 목사님의 사랑에 울컥하여 눈물을 훔치며 눈물인지 국물인지 알 수 없는 소고기국을 삼켰다. 그럴 때 목사님은 내 등을 다독이며 이렇게 말씀하셨다.

"강석아, 울지 말고 많이 먹어라. 앞으로 큰일 하려면 건강해야 한단다."

나는 더 이상 울음을 참지 못하고 화장실에서 엉엉 울고 말았다. 그리고 마음 깊이 다짐했다.

'나중에 꼭 춥고 배고픈 이들의 배를 따뜻하게 채워주고, 외로운 사람들의 눈물을 닦아주는 사람이 되리라.'

훗날 목사님은 정치적인 간계로 학교에서 밀려나야 할 상황에 처했다. 목사님은 갈등과 다툼이 일어나지 않게 하려고 조용히 자리를 내려놓고 미국으로 떠나셨다. 그리고 내가 평생 잊지 못할 말씀을 남기고 떠나셨다.

"첫째, 오직 하나님만 사랑하는 진실한 목사가 되어라. 둘째, 사람을 외모로 보지 말고 영혼을 사랑하는 목사가 되어라. 셋째, 앞으로 절대 정치하는 목사가 되지 말고, 언제나 사랑하고 섬기는 종이 되어라."

그때 내 나이는 스물한 살이었다. 목사님께서는 내게 세 가지 당부를 하시고는 당신의 책에 이렇게 적어 선물로 주고 가셨다.

'존경하는 소강석 목사님 혜존, 부디 큰 종이 되소서! 작은 종 박종삼 목사 올림.'

그러니 어찌 내가 평생 박종삼 목사님의 사랑과 은혜를 잊을 수 있겠는가. 나는 목사가 되어 처음 미국에 갔을 때, 모든 일정을 팽개치고 목사님이 잠든 필라델피아 묘지로 달려갔다. 그리고 차가운 묘지 땅바닥에 엎드려 울고 또 울었다. 점심을 사 먹을 돈이 없어 배를 곯던 가난한 신학생을 데려다가 따뜻한 소고기국을 먹여주신 목사님은 이제 흙에 묻혀 계신다. 그러나 그분이 내 가슴에 남기고 간 사랑과 섬김은 여전히 내 안에서 뜨거운 국밥 한 그릇으로 끓고 있다. 지금 이 순간도 값싼 동정이 아닌 눈물 같은 사랑을 가르쳐주신 목사님의 손길이 사무치게 그립다. 그 후로도 미국 동부 지역을 갈 때마다 목사님의 묘지를 찾아가 헌화하고 사모님을 찾아뵈었다.

세상은 잔혹한 서바이벌 게임처럼 갈수록 냉혹해지고 있다. 서로 훔치고 빼앗으며, 살기 위해 물고 뜯고 짓밟는다. 정재계, 학계, 문화 예술계, 심지어는 종교계까지도 누군가 한 명이 죽지 않으면 끝나지 않는 살벌한 치킨게임을 펼친다. 이러한 때 고 박종삼 목사님과 같은 사랑과 섬김의 지도자가 그립다.

목사님은 《역사의 종말》이라는 책을 통해 역사가 성숙할수록 섬김의 나라가 선진국이 될 것이라고 말한 프랜시스 후쿠야마 교수보다 더욱 위대한 교수였다. 또한 《제국의 나날》이라는 책을 통해 역사적으로 흥한 제국과 망한 제국의 가장 큰 차이는 정복자가 패전국가에게 얼마나 관용을 베풀었는가 하는 것이라고 간파한 에미취어를 능가하는 학자 중의 학자였다.

추운 겨울날이면 따뜻한 국밥 한 그릇이 그립다. 춥고 가난했던 시절, 내게 소고기 건더기를 건져 주시던 목사님의 밥알 묻은 숟가락이 그립다. 그때를 생각하면 나도 모르게 눈시울이 붉어진다. 목젖이 뜨거워진다. 지금이야 소고기라면 질리도록 먹을 수 있다. 더 이상 밥을 굶지 않아도 된다.

나는 스스로에게 묻는다. 그때의 초심과 처음 사랑을 얼마나 간직하고 있을까. 서로 높은 자리를 차지하려고 암투와 모사, 음모가 판치는 세상에 조병화 시인의 〈의자〉라는 시처럼 나도 누군가를 위해 기꺼이 묵은 의자를 비워줄 수 있을까.

내 가슴에 깃든 박 목사님의 사랑과 섬김의 혼은 촛불이 되어 어둠을 밝힌다. 그래서 대형교회 목사가 된 지금도 여전히 소고기국 한 그릇에 담긴 사랑의 의미를 음미하며 산다. 부족하지만 더 낮은 자리에서 나라와 민족을 섬기며 보이지 않는 손길로 소외된 이웃을 돌보면서 말이다. 그럼에도 또다시 묻는다. 만약 내가 박 목사님처럼 누군가의 정치적 간계로 자리를 내놓아야 하는 상황이라면 조용히 떠날 수 있을까, 가난하고 배고픈 자를 위해 소고기 국밥 한 그릇을 내밀 수 있을까 하고. 세상이 차갑게 변할수록 더 가슴 시리도록 보고픈, 무덤까지 그리운 나의 사부님, 박종삼 목사님.

저녁이 되면 누구나 빈손으로 돌아간다

도시의 밤, 가로등 불빛 아래서 제자리를 빙빙 도는 날벌레를 본 적이 있는가? 무엇이 그리도 바쁘고 분주한지 혼자 '바쁘다 바빠' 하면서 빙빙 돈다. 마치 워커홀릭이 되어 정신없이 바쁘게 살아가는 현대인들처럼 말이다. 우린 무엇을 위해 이리도 바쁘게 살아가는 것일까. 정말 행복한 것일까, 아니 무엇이 참된 행복일까.

어린 시절, 지리산 산마을에는 공이 없어서 돼지 오줌보를 차고 다니며 축구를 했다. 그런데 그것도 없는 시골 아이들이 유일하게 할 수 있는 놀이는 땅따먹기였다. 땅따먹기는 축구공이나 야구공이 필요 없다. 흙과 다섯 손가락만 있으면 된다. 땅따먹기는 땅바닥에서 뼘으로 땅을 재면서 자기 땅을 넓혀가는 놀이다. 그때는 손 큰 사람이 최고였다. 손이 커야 길게 뻗어서 더 많은 땅을 차지할 수 있기 때문이다.

나는 어릴 때부터 손이 작았다. 그래서 친구들과 땅따먹기를 할 때면 손이 찢어지도록 벌려야 했고, 그것도 모자라 약간 속임수를 발휘해서 한 뼘 길이보다 더 많이 땅을 따 먹다가 실컷 싸운 적도 있었다. 하루 종일 그렇게 해서 남보다 더 넓은 땅을 차지했다. 그러나 땅따먹기의 즐거움도 오래가지 못했다. 어느새 해가 뉘엿뉘엿 서산마루에 떨어지고, 석양에 노을이 붉게 타오를 때면 가장 높은 고개턱 위에 있는 우리 집 쪽에서 사납고 인정머리 없이 카랑카랑하게 들려오는 한 여인의 목소리가 동네를 메아리쳤다. 그 목소리 주인공은 다름 아닌 내 어머니였다.

"강석아, 강석아, 이 짝 찢어 죽일 놈아. 어서 안 들어올래!"

그러면 나는 손을 바짓가랑이에 문지르고 옷을 훌훌 털며 집으로 돌아가야만 했다. 땅을 아무리 많이 땄다고 해도 모두 마을회관 마당에 남긴 채 돌아가야 했다. 집에 오면 어머니는 공부는 안 하고 놀기만 한다며 회초리를 들곤 했다.

인생은 땅따먹기 놀이를 하면서 마을회관 앞 흙바닥에 그은 선과 같은 것은 아닐까. 하루 종일 손이 찢어지도록 뼘을 넓히고, 온갖 사기와 권모술수로 땅을 많이 따 먹었던들 저녁이 되면 모두 부질없는 것이 되고 만다. 흔적만 남을 뿐, 영원히 가질 수는 없다. 밤이 되어 어머니가 어서 집으로 돌아오라고 부르면, 그 많던 땅도 다 소용없다. 그저 훌훌 털고 집에 가서 회초리를 맞는 일만 남을 뿐이다. 별 모사를 다 꾸미며 이루어낸 세상의 부와 성공, 명예와 소유도 인생의 저녁이 찾아오면 다 헛되고 부질없는 것이 된다. 온갖 욕망과 탐욕의 몸부림도 불꽃 앞에 팔락거리는 나방의 마지막 몸짓에 불과하다. 황홀한 불꽃은 환락의 순간이 아니라 심판의 미래다.

마을회관 앞에서 하루 종일 땅따먹기를 해도 서산으로 해가 지는 밤이 되면 집을 향해 빈손으로 돌아갈 수밖에 없지 않은가. 이것이 영원을 꿈꾸나 유한한 삶을 살고, 모든 것을 가지고 싶으나 한 줌 흙으로 돌아갈 수밖에 없는 인생인 것을. 한때는 밀림의 제왕으로 위용을 누렸으나, 이제는 죽기 위해 아무도 없는 곳을 찾아 홀로 황야를 터벅터벅 걷는 한 마리 늙은 사자의 뒷모습처럼, 언젠가 하늘에서 그만 오라고 손짓하면 손 털고 가야 할 인생인 것을.

그런 의미에서 가수 최희준 씨가 부른 〈하숙생〉은 인생 그 자체를 노래하고 있다. 이 곡은 비록 대중가요지만, 전도 집회에서 설교할 때면 인생무상과 천국의 소망을 이야기하려고 가끔 부르곤 한다. 물론 가사를 바꿔 부르지만, 그렇게 부르면 영락없이 복음성가와 같다. 최희준 씨도 선한 의도로 사용하는 것을 이해해주리라 믿는다.

인생은 나그네 길 어디서 왔다가 어디로 가는가.
구름이 흘러가듯 떠돌다 가는 길에
정일랑 두지 말자, 미련일랑 두지 말자.
인생은 겸손하게 하나님을 섬기고 예수님을 믿어야 산다.

세상은 오늘도 욕망과 탐욕의 땅따먹기로 혈안이 되어 있다. 어떻게든 더 크고 넓은 땅을 차지하려고 온갖 권모술수를 동원한다. 더 높은 명예와 재물, 권력을 차지하려고 땅따먹기에 미쳐 있다. 결국 해가 지면 아무것도 가지지 못하고 빈손으로 돌아가야 한다는 애처로운 사실을 알면서도.

고개를 들어 하늘을 보면 어떨까. 바쁜 걸음을 멈추고 길가에 핀 들꽃의 향기를 맡으면 어떨까. 겨울 밤하늘에 뜬 외로운 별의 이야기를 들으며 잠들 수 있다면 어떨까. 그대, 허리가 휘도록 땅따먹기만 하느라 하늘 한번 보지 못하고, 꽃 한 송이 쓰다듬지 못하며 살고 있지는 않은가.

달려라,
그대 심장이 뛰고 있을 때까지

IMF 외환위기를 졸업하던 2000년대 초반, 우리 사회는 활기와 열정이 넘쳤다. 벤처 사업 열풍, 사상 초유의 저금리 시대, 디지털 산업의 진보, 대형할인 마트, 온라인 홈쇼핑의 인기는 소비 심리를 자극하며 경제 활황을 이끌었다. 현대인은 자기계발서를 읽으며 스펙과 실력만 잘 갖추면 성공할 수 있다는 부푼 희망을 가졌다.

그러나 2003년에 카드대란 사태가 터졌다. 무차별적인 카드 공급 과잉으로 인한 필연적인 결과였다. 이 사태로 사회 분위기는 한순간에 가라앉았다. 그러면서 사람들은 점점 인생 2막이나 인생 하프타

임을 두려워하며 꿈의 보폭을 좁혔다. 그러다 2008년에 미국 월가에서 시작한 세계 금융위기는 인간이 지닌 휘장을 모두 벗겨버렸다.

그때 사람들은 개인의 의지로는 아무것도 바꿀 수 없다는 사실을 깨달았다. 그러한 분위기와 맞물리며 스스로 간절히 원하기만 하면 무엇이든 얻을 수 있다는 론다 번의《시크릿》이 열풍을 일으켰다. 사람들은 그 책에 마지막 희망을 걸었지만, 손에 쥐어지는 것은 아무것도 없었다. 사람들은 일자리, 소득, 내 집 마련, 결혼, 자녀교육, 미래에 대한 희망 등을 하나하나 포기하며 불안에 떨기 시작했다. 그리고 연이어 경제위기의 파고가 요동치기 시작하면서 불안과 냉소에 지친 대중의 마음을 위로하는 메시지가 나오기 시작했다. 그것이 바로 항우울제와 같은 위무의 책과 강연이었다.

최근 서점가에서 10위 안에 진입하며 인기를 끌고 있는 베스트셀러를 보면 대부분 항우울제와 같이 수동적인 순응과 이해를 가르치는 내용들이 많다. 현대인은 인생, 사랑, 관계, 만남 등 삶과 아주 친숙한 소재를 가지고 들려주는 솜사탕 같은 이야기에 빠져든다. 그러나 그것은 거기까지에 불과하다. 삶의 고난과 역경에 맞서는 야성을 심어주지 못한다. 그래서 이 시대의 청년들을 더욱 유약하고 수동적으로 만들고 있다는 비판을 받고 있다.

강인한 야성을 잃어버린 채 겨울 들판에서 속절없이 쓰러지는 청춘의 꽃들. 꽃을 채 피워보지도 못하고 스스로 목숨을 끊는 청년들의 기사를 접할 때마다 가슴이 아리고 눈시울이 젖는다. 얼마나 많은 이 시대 청춘들이 꿈을 잃은 채 좌절하고 쓰러져 있는지……. 붉은 꽃잎이 산산이 찢어져 내 영혼의 강물 위에 흩날린다. 고개를 숙인 청년들을 붙잡고 이렇게 외치고 싶다.

'절망은 너희 몫이 아니다. 길은 아직 끝나지 않았다. 달려라! 싸워라! 부딪쳐라! 그대 심장이 뛰고 있을 때까지!'

나는 집안 환경이나 학벌, 외모나 체형 등 무엇 하나 남들보다 좋은 조건을 갖지 못했다. 못생긴 나무였다. 작은 키에 소박한 얼굴(?), 뱀 장수 큰아들 같은 목소리를 가졌다. 더구나 지리산 산자락에서 유교적 가풍을 신줏단지처럼 모시고 살아가는, 서당 출신의 한 촌로의 아들로 태어났다. 목사가 되기에는 그 어느 것 하나 장점이 없는 최악의 조건이었다.

흔히 신학교에 가면 훌륭한 목사님의 자녀를 성골이라고 부르고, 믿음이나 재력이 괜찮은 장로님의 아들을 진골이라고 한다. 그런데 이것도 저것도 아닌 불신앙의 부모 밑에서 혼자 예수 믿고 신학교에 들어오면 육두품에도 못 들어가는 해골이라고 한다. 신학교를 다닐 때, 내 신분은 해골이었다. 아니 해골도 되지 못했다. 해골은 자손들이 신줏단지처럼 잘 모시기라도 하니까 말이다.

나는 소가니까 사골이었다. 그처럼 나를 둘러싼 모든 환경은 절망적이었다. 겨울 눈보라를 맞으며 집을 나와 신학교를 가고, 수박과 오이 등을 팔며 온갖 고생을 하면서 고학으로 졸업했다. 맨손으로 개척하여 4만여 명이 모이는 교회를 이루기까지 단 한 번도 절망하지 않았다. 오히려 시련이 닥칠 때마다 다시 일어서서 달렸다.

나는 단 하루도 꿈이 없이 잠들고 꿈이 없이 깨어난 적이 없다. 그래서 모든 불리한 조건과 절망적 운명을 거부하며 꿈을 향해 달렸다. 땀이 아니면 피로, 피가 아니면 영혼으로 맞서 싸웠다. 신학생 시절 때도 채플실에서 기도할 때 무릎을 꿇고 가장 늦게까지 남아서 울부짖으며 기도했다. 뿐만 아니라 아무도 없을 때 혼자 고장이 난 마이크를 들고 설교와 찬양 연습을 했다. 뒷산에 올라가서 수많은 잡목들을 성도라고 생각하며 막대기를 붙잡고 설교 연습을 했다. 만약 나를 둘러싼 조건만 보았다면 수백 번 포기했으리라. 그러나 시련의 밤을 견디면 눈부신 축복의 아침이 온다. 비바람을 맞으며 울고 있는 꽃들에게, 어두운 밤하늘 잠들지 못하는 별들에게, 꽃밭을 날지 못하는 나비들에게 전하고 싶다.

'그대여! 홀로 일어난 새벽을 두려워 마세요. 어둠을 바라보는 자는 아침을 맞이할 수 없으니까요. 별을 바라보며 달려보세요. 칠흑 같은 어둠을 지나 붉은 여명의 햇살이 그대의 발끝에 닿을 때까지. 다시 신발 끈을 동여매고 첫 새벽길을 떠나보세요. 청춘에게 가장 큰 죄는 실패가 아니라 도전하지 않는 것이니까요. 달리세요, 그대 심장이 뛰고 있을 때까지!'

산이 높으면 골짜기도 깊다

나는 산을 좋아한다. 그래서 틈만 나면 교회 뒷산을 오른다. 그런데 이런 뒷산 말고 정말 높은 산을 오르고 싶을 때가 있다. 그래서 한번은 장로님들과 함께 지리산 노고단 등반에 도전하기로 약속했다. 그런데 하필 그때 무리한 목회 일정을 소화하다 몸에 탈진이 왔다. 그래서 가만히 있어도 숨이 차고 속이 거북하여 구토가 나올 정도였다. 하지만 장로님들과의 약속을 지키기 위해 지리산 노고단 등반에 나섰다.

산을 좋아하지만 몸 상태도 좋지 않고, 특히 거칠고 가파른 돌길이라 보통 힘든 것이 아니었다. 중도에 포기하고 싶은 유혹을 물리치고 정상에 올라 보니 골짜기가 그렇게 깊을 수 없었다. 그 깊고 푸른 지리산 골짜기의 수려한 경관 앞에 경탄을 금치 못했다.

깊은 사상과 지혜는 시설 좋은 호텔이나 고급 저택에서 나오지 않는다. 역사를 보면 사상과 지혜는 궁궐이나 공작, 백작들의 집에서 나온 게 아니라 사막이나 광야, 수도원 같은 곳에서 나왔다. 산이 높으면 골짜기도 깊다. 꿈이 높으면 시련도 많다. 골짜기가 없는 산이 어디 있는가. 골짜기를 넘어야 정상에 다다를 수 있다. 낮은 산을 오를 때는 힘들이지 않고 골짜기를 넘는다. 그러나 높은 산을 오르려면 그만큼 깊고 험한 골짜기를 넘어야 한다.

사람들은 나를 볼 때 수만 명의 사람들 앞에서 설교하고, 강연하고, 집필하는 화려한 모습만을 바라보며 동경한다. 그러나 나의 인생에도 깊은 골짜기가 있었다. 아니 그 골짜기는 너무나 깊고 어두웠다. 내가 그 골짜기에서 쓰러졌다면 사람들이 나를 기억했을까. 지리산 산자락에서 자란 무명의 시골 소년이 집에서 쫓겨나 태어나서 처음으로 간 광주는 외롭고 험한 골짜기였다.

나는 당시 무인가 신학교였던 광주신학교에 진학했다. 아무런 빛도 희망도 보이지 않던 나날이었다. 그러나 내 가슴에는 꿈이 있었다. 길들여지지 않은 야성이 꿈틀거렸다. 그래서 20대 청년 시절, 모두가 반대하던 화순 백암리에 들어가서 교회를 개척했다. 불타는 꿈과 소명감으로 온몸을 던져서 목회를 하자 교회가 점점 부흥하기 시작했다. 그러자 마을에도 점점 저항의 바람이 불기 시작했다. 그리고 그 바람은 무서운 핍박의 태풍이 되어 나를 삼키려고 했다.

조그만 젊은 전도사 하나가 동네 사람들을 꾀어 조상 제사를 못 지내게 하고 부락 전통을 못 지키게 한다는 이유였다. 그리고 동네 한가운데에 교회를 지으면 그 마을의 복이 떠난다는 것이었다. 그래서 백암리 마을의 유지들은 교회에 대한 비상대책을 세우고, 교회에 나간 자는 벌금 1만 원, 이를 신고한 자는 상금 6천 원, 교인 집에서 일한 자는 벌금 1만 원, 게다가 만일 교회에 땅을 파는 사람은 아예 이 마을에서 추방한다는 이른바 마을 자치법을 세우게 되었다. 뿐만 아니라 밤마다 마을 청년들은 교회에 와서 오물을 뿌리고 갔으며, 천막 교회에 화약을 던져 구멍이 나게 했을 뿐 아니라, 차임벨 줄까지 끊어버렸다. 어떤 때는 남녀노소 100여 명이 술을 먹고 와서는 내 멱살을 잡고 얼굴에 가래침을 뱉으며 행패를 부렸고, 교회를 몰아내려고 수시로 마을 반상회를 열었다. 그뿐만 아니라 저녁에 예배를 드리고 가던 한 젊은 아낙은 갑자기 달려든 마을 사람에게 머리채를 뜯기고 구타를 당해 병원 신세를 지기도 했다. 또한 교회에서 사놓은 땅에 교회를 짓지 못하도록 면사무소, 군청, 도청에까지 민원을 제출하고, 나를 경찰서에 고소했다. 교회에 똥을 싸놓고 가지를 않나, 분뇨를 뿌리고 가지를 않나, 정말 사람으로서 못할 짓만 골라가며 괴롭혔다.

마을 분위기가 이쯤 되자, 교회 꼴은 말이 아니었다. 교인 수가 추풍낙엽처럼 떨어져 30명도 채 안 되었고, 그렇게 많던 주일학교 학생들도 40~50명밖에 안 되었다. 설상가상으로 교회에 빈집을 빌려준 집주인에게 압력을 넣어 그 빈집에서마저 쫓겨나고 말았다. 할 수 없이 교인 집의 옆방을 얻어 예배를 드릴 수밖에 없었다. 그뿐 아니라 마을 유지들은 승려와 용하다는 점쟁이를 데려와 마을에 절간을 짓도록 해주고 무당집을 차려주었다. 그리고 그들과 함께 마을 차원의 종교행사를 벌이기도 했다. 특히 낮에 신학교를 가고 없을 때면 무당이 마을을 다니며 점을 쳐주면서 교회를 다니면 몹쓸 일을 당한다는 흉흉한 소문을 내고 다녔다. 그러면 나는 저녁에 학교에서 돌아와 피곤한 몸을 이끌고 심방을 다니며 예배를 드리고 그들의 마음을 되돌려야 했다. 가슴이 미어지고 분하기 짝이 없었다. 사람을 괴롭혀도 이렇게 피가 마르게 할 수는 없을 것 같았다.

하지만 그 깊은 골짜기에서 절대 포기하거나 뒤로 물러서지 않았다. 오히려 불가능에 타협하지 않고 맞서 싸우며 걸었다. 눈밭 위에서도 무릎을 꿇고 엘리야의 하나님, 나의 하나님이라며 부르짖으며 기도했다. 그래서 결국 모든 사람들이 성공하지 못할 것이라고 비아냥대던 그곳에 교회를 세우고 복음의 꽃씨를 심을 수 있었다.

사람들은 꿈의 정상에 오를 생각만 할 뿐, 골짜기를 통과하려고 하지는 않는다. 그래서 조금만 힘들어도 절망하고 포기한다. 그러면 결코 정상에 오를 수 없다. 내가 20대 청년 시절에 첫 교회 개척에 실패했다면 오늘과 같은 큰 목회를 할 수 없었을 것이다. 그 험한 골짜기의 연단과 훈련이 있었기에 내 꿈은 더욱 불타올랐고, 영성은 금강석처럼 단단해졌다. 그리고 유연한 리더십과 함께 사랑과 섬김의 포용력을 갖추게 되었다.

꿈을 이루려면 쓰디쓴 고통의 땀과 눈물의 골짜기를 지나야 한다. 그제야 세상은 그대에게 달콤한 성공의 열매를 맛보게 할 것이다. 밤이 깊을수록 아침은 가깝다. 별이 지면 태양은 뜬다. 깊은 어둠의 골짜기를 지나면 정상에 설 수 있다. 우린 지금 어디에 서 있을까.

꿈에도 상처가 있다

한번은 거제도로 교역자 수련회를 간 적이 있다. 오전엔 세미나를 하고, 오후엔 유람선을 타고 외도를 관광했다. 그런데 외도로 가는 길에 보니 푸른 남해의 바람이 만들어낸 기암절벽이 한 폭의 유화처럼 눈앞에 펼쳐졌다. 푸른 파도와 섬의 도시 거제도, 해금강과 십자동굴, 100미터가 넘는 기암절벽은 경외감이 들 정도로 아름답고 신비로웠다. 바람의 손자국, 파도의 거친 부딪침이 최고의 예술작품을 만들어놓았다. 그중에서도 기암절벽 끝에 서 있는 낙락장송의 고고한 자태는 심장이 멎을 듯 벅찬 감동을 주었다. 어찌 금강산이나 설악산, 지리산에 그런 멋진 나무가 없으랴만, 오히려 바다 한가운데에 거친 파도와 세찬 해풍 속에서도 기어이 기암절벽에 뿌리를 박고 낙락장송으로 서 있는 자태는 어느 나무도 따라올 수 없는 절박한 아름다움을 노래하고 있었다. 그것은 위태로운 절경이며, 상처 난 꿈의 조각이었다. 그렇다. 꿈에도 상처가 있다. 꿈은 화려하고 빛나는 것만은 아니다. 조개의 상처에서 흐르는 눈물이 훗날 값진 진주가 되는 것처럼 상처가 나아야 꿈이 꽃핀다. 모든 꿈에는 상처의 흔적이 있다.

나에게도 상처가 있다. 나는 신학교를 졸업한 후에 오갈 데가 없었다. 부목사로 불러주는 교회가 없어서 개척을 해야만 했다. 그러나 말이 개척 준비지 거룩한(?) 백수생활을 한다는 것이 한 가정의 가장으로서 얼마나 힘든 일인가. 시간도 여유 있고 해서 개척 준비의 일환으로 운전면허를 따기로 결심하고 시험을 보았다. 왜냐하면 개척교회 목사는 승합차를 직접 운전해야 했기 때문이다. 나는 하루 만에 필기와 실기 코스 모두 합격했다. 너무도 기쁜 나머지 운전면허 합격증을 들고 집으로 돌아와 아내에게 자랑했다. 그런데 아내가 아들을 품에 안고 하는 말에 엄청난 충격을 받았다.

"아들아, 너희 아버지가 이제 운전면허를 땄으니 택시운전이라도 한다면 너를 굶기지는 않겠구나."

순간 나 자신이 너무 처량하고 서글펐다. 왜 아내는 나에게 그렇게 이야기할 수밖에 없었을까? 아내가 원망스럽기까지 했다. 별빛 같은 꿈으로, 불타는 소명감으로 충만했던 나에게 아내가 무심코 던진 말 한마디는 마음에 깊은 상처가 되었다. 그러나 오히려 나는 아내의 말에 자극을 받아 더욱 이를 악물었다.

'보란 듯이 이 고난을 이겨내고 승리하리라. 세상의 차별과 불가능의 벽을 넘어 반드시 꿈의 승리를 보여주리라. 나를 부르신 하나님의 살아 계심을 반드시 나타내 보이리라.'

사실 현실적으로 나의 개척은 실패로 돌아갈 가능성이 컸다. 맨손, 맨땅, 맨몸이었다. 단 한 사람의 개척 멤버도 없었다. 가진 것이 아무것도 없었다. 게다가 내가 개척을 준비하던 서울 가락동 주변에 조성된 교회의 담임목회자들은 서울대, 고려대, 연세대 출신들이 대부분이었다. 그러니 돈, 학벌, 사람이 없는 시골 출신의 내가 개척에 성공할 방법은 묘연해 보였다. 그래서 아내도 나에게 현실을 바로 인식하라고, 서울에서 개척할 것이 아니라 지방도시나 시골에서 개척하는 것이 어울린다는 애정 어린 말을 건넸는지도 모른다. 그러나 그것은 세상의 평가와 잣대지, 내 판단은 결코 아니었다. 그래서 나는 꿈을 향해 걷기로 했다. 그리고 마침내 불가능과 편견을 넘어 꿈을 이룰 수 있었다. 상처가 있었기에 자극이 되었고, 끝까지 포기하지 않고 꿈을 향해 달릴 수 있었다.

꿈을 생각하면 해금강의 기암절벽이 떠오른다. 천 년의 바람과 파도가 스치고 간 그 상처가 눈에 선하다. 마치 해금강 절벽에 서 있던 낙락장송이 바위틈에 피어난 난초들과 더불어 꿈을 잃어버린 사람들을 향하여 이렇게 말하는 것만 같았다.

'나를 보시오. 수천 년, 수만 년 해풍에 깎이고 다듬어지며 기암절벽을 만들었지 않소. 하지만 빛 하나 보이지 않는 칠흑 같은 밤의 고독은 아무도 모른다오. 꿈에도 상처가 있다오. 아니, 그 잔인한 상처를 견딘 자만이 위대한 꿈의 조각을 가슴에 새길 수 있는 거라오.'

가슴에 남은 집념의 불씨

나는 고등학교 시절에 학교 공부보다 문학책을 많이 읽었다. 특히 수학을 못해서 수학시간이 너무 지루하고 따분했다. 선생님 모르게 아예 문학책을 무릎 위에 올려놓고 읽었다. 그때 스릴 있게 읽던 《죄와 벌》, 《폭풍의 언덕》, 《대지》, 《노인과 바다》 등은 지금도 잊히지 않는다. 그중에서도 《바람과 함께 사라지다》라는 소설이 가장 기억에 남는다.

이 책의 작가는 마가렛 미첼이라는 여인이다. 그녀는 스물여섯의 나이에 다리를 다쳤다. 그래서 다니던 신문사를 그만두고 10여 년 동안 집에서 쉬면서 소설을 써서 탈고한다. 그러나 3년여의 시간이 지나도록 주목을 받지 못해 출판할 수 없었다. 하지만 그녀는 꿈을 포기하지 않았다. 그녀는 맥밀란 출판사의 편집장 레이텀이 출장을 가는 기차역까지 달려가 그에게 소설을 건네고는 꼭 한 번만 읽어달라고 부탁했다. 레이텀은 마지못해 원고를 받았으나 거들떠보지도 않았다.

레이텀은 기차를 타고 가던 중에 전보 한 통을 받았다. '꼭 한 번만 읽어주세요.' 그러나 레이텀은 여전히 그녀의 소설에 관심이 없었다. 다시 두 번째, 세 번째 전보가 왔다. 어쩔 수 없이 원고를 펼쳐 본 레이텀은 그녀의 소설에 푹 빠졌다. 이렇게 해서 출판된 그녀의 책은 하루에 5만 부가 팔릴 정도로 세기적인 베스트셀러가 되었다. 아마 미첼이 도중에 포기했다면, 작가의 꿈은 영영 이룰 수 없었을 것이다. 그러나 그녀는 꿈을 포기하지 않았다.

요즘 현대인들은 집념이 약하다. 특히 청소년과 청년들은 온실의 화초처럼 조금만 시련이 닥쳐도 불평하고 포기한다. 집념의 의지가 약하기 때문이다. 집념이 강한 사람은 결코 쉽게 꿈을 포기하지 않는다. 다른 사람을 원망하거나 불평하지도 않는다. 주변 상황이 어떻건 간에 반드시 자기 꿈을 이루기 위해 노력하기 때문이다.

내 닉네임은 '맨발의 소명자'다. 맨손, 맨땅, 맨몸으로 끝까지 포기하지 않고 기적처럼 교회 부흥을 이루었다는 의미에서 붙여진 이름이다. 그러한 집념은 청년 시절, 화순 백암교회를 개척할 때부터 시작되었다. 마을 사람들에게 그렇게 핍박과 고난을 당하면서도 포기하지 않았다.

어느 겨울 눈보라가 매섭게 치는 날이었다. 당시 나는 지금의 장모님인 정금성 권사님과 처남이 된 배영수 집사를 오토바이에 태우고 산에 올라가 눈이 오나 비가 오나 울부짖으며 기도했다. 그날은 날씨가 춥고 좋지 않았다. 출발하려니까 정금성 권사님이 이렇게 이야기했다.

"오늘은 날씨가 안 좋으니 하루만 쉬세. 내일 날씨가 좋을 때 기도하러 가면 될 것 아닌가?"

그러나 청년 시절의 나는 막무가내였다.

"열심히 기도해서 하루라도 빨리 백암교회를 건축해야죠. 날씨가 좋고 나쁜 게 무슨 상관이에요. 어서 빨리 타세요."

당시 나는 무모하리만큼 꿈을 향한 집념이 강렬했다. 눈에 아무것도 보이지 않았다. 어서 꿈을 이루어야 한다는 집념밖에 없었다. 그래서 잠바를 걸치고 오토바이 뒷자리에 정 권사님과 배 집사를 태우고 눈보라를 헤치며 산 기도를 하러 올라갔다. 그런데 그만 오토바이가 눈길에 미끄러져 우리 모두 땅바닥으로 떨어지고 말았다. 높은 언덕길을 오르다 오토바이가 미끄러지는 바람에 몸이 거꾸로 떨어졌다. 바닥에 돌부리라도 있었다면 크게 다칠 수도 있었다. 다행히 크게 다치지는 않았지만, 일이 이렇게 되니 정 권사님은 또다시 근심이 생겨 이렇게 말했다.

"거 보소. 내가 날씨가 안 좋으니까 내일 가자고 했잖은가? 괜히 고집을 부려서 이렇게 사람 다치게 하고. 오늘은 산 기도를 하루 쉬라고 하시는 것 같네. 어서 빨리 내려가세."

그런데 그때 나는 정 권사님의 목소리가 들리지 않았다. 땅바닥에서 일어나 오토바이를 일으켜 세우며 다시 산으로 올라가려고 시동을 걸었다. 그러면서 또다시 이렇게 외쳤다.

"거기서 뭐하세요. 빨리 산에 가서 기도해야죠. 우리가 기도하러 가다가 다친 것을 하나님이 아시면 얼마나 더 큰 복을 주시겠어요. 오늘이야말로 진짜 산에 가서 기도해야 하는 날이에요."

나중에 정 권사님은 세상에 살다 살다 이런 고집불통은 처음 보았다고 말했다. 한겨울에 오토바이를 타고 가다 눈길에 미끄러져 다리가 부러졌는지 허리가 부러졌는지도 모르는데 다시 오토바이를 타고 산 기도를 가자고 나서는 나를 보고는, 세상에 아무도 말릴 사람이 없다고 느꼈다면서 말이다. 그만큼 당시 내 집념은 강했다.

그렇게 다친 몸을 이끌고 다시 오토바이에 올라탔다. 산속에 들어오니 평소보다 몸은 더 춥고 넘어진 자리가 더 아팠다. 찬 겨울바람에 몸이 덜덜 떨리고 손바닥이 얼음장처럼 차가웠다. 그래도 조용히 두 손을 모았다. 어느새 손등으로 눈물방울이 뚝뚝 떨어졌다. 그것은 눈에서 떨어지는 눈물이 아니라 심장에서 떨어지는 눈물이었다. 그만큼 나의 청년 시절은 꿈에 목말랐고, 사명감에 불타올랐다. 불 속에라도 들어가라면 들어갈 수 있었다. 가시밭을 맨발로 걸으라고 해도 걸을 수 있을 것만 같았다.

그즈음 극적인 사건이 일어났다. 어느 날 백암리 아랫마을에 살던 최매실이라는 여인이 날 찾아왔는데, 이 여인이 들려주는 사연이 너무나 기막힌 이야기였다. 자신의 두 딸이 먼저 죽었는데, 두 딸이 밤마다 나타나서 엄마가 점상을 받으면 대한민국에서 제일가는 점쟁이가 될 거라고 말하며 괴롭힌다는 것이다. 그리고 자신의 눈에는 다른 사람의 미래와 과거와 운명이 보여서 도저히 괴로워서 살 수가 없다는 것이다. 결국 점상을 받고 무당이 되려고 도시에 나가 유명한 무당을 찾아다녔지만, 영발이 부족했는지 신이 내리지도 않았다고 한다. 그러다 이 여인은 아랫마을에 사는 무당 집에 찾아가게 되었다고 한다. 그때는 내가 산에 가서 목이 터져라 하나님의 살아 계심을 보여달라고 울부짖으며 기도하고 있을 때였다.

아랫마을에 살던 무당은 꽤나 유명해서 마담 무당이라고 불리며, 많은 새끼 무당을 배출했다고 한다. 여인은 자신의 처지를 이 무당에게 모두 이야기했다. 그랬더니 이 무당이 이런 말을 했다는 것이다.

"나는 너를 아주 능력 있는 무당으로 만들어줄 수 있어. 그런데 네가 아주 영특한 무당이 된다 할지라도 네 병은 안 낫는다. 그러니 병도 고치고 무당도 안 되려면 교회로 가거라. 저 윗동네에 교회가 있으니 거기 가서 고침을 받아라."

그런데 나는 그때까지만 해도 나이가 어리고 귀신 쫓는 일을 많이 해보지 않아 통 자신이 없었다. 그래서 만일 귀신을 쫓는다면, "나사렛 예수 이름으로 명하노니, 더러운 귀신아 물러갈지어다." 하고 담대하게 말했어야 했는데, 두렵고 떨리는 마음으로 아마 이렇게 말했던 것 같다.

"귀신아, 제발 부탁인데 여기서 나가주는 게 어떻겠니?"

그러나 나이가 어려도 하나님의 종은 역시 하나님이 쓰셨다. 그리고 정 권사님을 모시고 같이 기도를 하는데 힘과 능력이 생겼다. 그래서인지 기도를 받은 여인은 십자가처럼 쭉 누운 채로 노란 거품을 품더니 그 즉시 병이 나아서 신앙생활을 잘하게 되었다. 그리고 한 주에 14명까지 전도하기도 했다. 한 여인이 귀신에게서 해방되고 병이 고쳐졌다는데, 순수한 시골 사람들이 이런 간증을 듣고 교회로 오지 않겠는가? 뿐만 아니라 그 여인은 자신이 받은 응답이라며 이런 이야기를 하고 다녔다.

"누구든지 교회와 주의 종을 핍박하는 사람은 삼대를 빌어먹는다. 누구든지 본보기로 교통사고가 나서 죽을 것이다."

그런데 정말 그 말을 한 지 얼마 되지 않아 어떤 사람이 교통사고로 죽었다. 그랬더니 언제부턴가 교회에 나갈 때마다 만 원씩 내라던 마을의 벌금 제도는 스르르 사라졌다. 교회를 반대하던 분위기가 바람과 함께 사라진 것이다. 그 후로 교회는 더욱 부흥했고, 그해에 땅을 사서 예배당을 지을 수 있었다.

예배당을 짓기 위해 첫 삽질을 하는 순간, 감격의 눈물이 쉴 새 없이 쏟아졌다. 지하실을 팔 때는 안에 들어가 무릎을 꿇고 기도하며 울었다. 기둥이 올라가면 기둥을 끌어안고 울어댔다. 저녁이 되면 가마니를 깔아놓고 밤새 기도하기도 했고, 갑자기 마음이 격동하면 까끌까끌한 시멘트 벽돌에 입술을 대고 울고 또 울었다. 스물네 살짜리 햇병아리 전도사는 그렇게밖에 감격을 표현할 수 없었다.

오늘날처럼 인터넷이 발달하지 않았을 때에도 교계 신문에서는 도저히 불가능한 지역에 교회가 세워졌다며 대서특필했다. 어느덧 30여 년이 지났지만, 돌이켜보면 그때의 집념과 열정과 꿈의 불씨는 아직도 내 가슴에 남아 있다. 검은 재가 된 것 같지만, 바람이 불면 다시 살아나는 모닥불 속 붉고 붉은 불씨처럼 말이다.

푸른 버드나무의 꿈

아, 벌써 봄이 왔다. 눈보라가 휘몰아치고 강물이 얼어붙던 겨울이 따뜻한 봄바람 속에 잠들고 있다. 하지만 사시사철을 하루도 쉼 없이 달려왔기에 계절 변화를 느낄 여유가 없었다. 그러다 문득 서재에서 창밖을 본 순간 앙상한 버드나무 가지에서 푸른 싹이 터 오르는 것을 보았다. 싹만 나온 것이 아니라 나뭇가지가 봄바람에 흔들렸다. 그 순간 내 마음도 흔들렸다. 그리고 마치 우주의 공간이 흔들리는 것처럼 느껴졌다.

가녀린 나뭇가지의 흔들림에 광활한 우주의 질서와 생명이 숨 쉬고 있었다. 겨울나무도 생명이 있기에 봄 햇살 아래 새싹을 피운다.

생명은 감출 수 없다. 꿈과 열정은 무엇도 막을 수 없다. 바람에 흔들리는 나뭇가지에서 절박한 꿈의 몸부림을 봤다. 허공을 향한 생명의 절규를 들었다.

'나, 여기 살아 있어요. 보세요. 마침내 긴긴 겨울을 견디고 다시 살아나 새싹을 피웠잖아요.'

나도 저 푸른 버드나무 잎사귀처럼 꿈꿀 수 없을까. 꿈이 잠든 시대다. 겨울 버드나무처럼 말이 없다. 버려진 주검처럼 차갑다. 청년 실업과 자살, 사이코패스 범죄, 소돔과 고모라보다 더한 성적 타락, 이념, 지역, 계층 갈등, 경제공항 등 암울한 현실 속에 꿈이 보이지 않는다. 마치 메마른 겨울 버드나무처럼 보인다. 겉으로 볼 때는 죽은 나무 같다. 차가운 눈보라에 껍질이 벗겨져 나가고 상처투성이다.

그러나 난 보았다. 봄 햇살이 내리쬐는 오후, 바람에 흔들리는 버드나무 가지 끝에서 피어오르는 푸른 새싹을. 죽은 것처럼 보이지만 살아 있었고, 꺼져 있는 것 같았으나 그 속에는 붉은 불덩이가 타오르고 있었다는 것을. 절망과 상실의 시대라고 말한다. 그러나 아니다. 그 속에는 분명 생명의 씨앗이 있다. 희망의 노래가 숨겨져 있다. 푸른 버드나무는 차가운 새벽바람과 이슬을 맞으면서도 끝끝내 새싹을 피워 올리지 않는가.

우리의 새로운 삶, 제2막의 인생을 어떻게 시작할 수 있을까? 불행한 상황 앞에 절망하지 않고 내 안에 숨겨진 역동적 희망, 꿈의 푸른 에너지를 끌어올리면 어떨까. 내 안에 죽지 않고 꿈틀거리는 생의 의지를 발견할 수 있다면, 다시 푸른 희망의 노래를 부를 수 있지 않을까. 저 봄날 오후의 버드나무처럼 나 여기 살아 있다고 손짓하며 웃을 수 있지 않을까.

젊은 시절이 떠올랐다. 집에서 쫓겨나와 광주신학교라는 무인가 신학교를 다녔다. 처음 들어갈 때는 꿈을 갖고 갔지만, 현실은 너무 절망적이었다. 정교수는 얼마 없었고, 대부분 시간 강사인데 주로 고등학교 미션스쿨 교사들이 강의를 했다. 당시 전남대나 조선대와 비교하면 수준이 너무 떨어진다고 볼 수밖에 없었다. 그래서 몇 번이나 학교를 포기할까도 생각했다. 하지만 자신만만하게 신학교를 가겠다며 집에서 나와 광주까지 왔는데, 부모 형제에게 면목이 없었다. 그래서 나를 부르신 하나님의 체면과 내 자존심을 위해서라도 독기를 품고 날마다 도서관에서 살았다. 닥치는 대로 책을 읽고, 도서관에 책이 없으면 서점에 가서 읽고 또 읽었다. 당시에는 채플실이나 도서관이 아니면 나를 만나기가 힘들었다. 그만큼 지식에 목마른 잡식성 책벌레였고 공부벌레였다.

지나고 보니 요즘은 책을 읽어도 쉽게 잊어버리지만, 그때 축적한 지식이 지금까지 내 지적 인프라가 되고 있는 것 같다. 당시는 누구도 나를 주목하지 않았다. 부목사로 써주는 곳이 없어 학교를 졸업하고도 갈 곳이 없었다. 죽은 버드나무와 같았다. 앙상한 나뭇가지처럼 광대뼈만 튀어나온 가난하고 배고픈 신학생이었다. 하지만 나에게도 봄날이 왔다. 내 삶에도 향기가 나고 푸름을 자랑하는 싹이 나고 꽃이 핀 것이다.

이런 생각을 하며 창가로 다가가 봄날 오후의 버드나무를 바라보니 마치 내 젊은 날의 모습을 투사하는 것 같았다. 혹독한 겨울을 이겨내고 싹을 낸 버드나무는 춥고 가난하고 외로웠던 내 젊은 날의 모습이었다. 혼자 이렇게 고백해본다.

'버드나무야, 살아줘서 고맙다. 네가 겨울을 이기고 살아줘서 많은 사람들이 희망을 얻을 수 있는 거야. 겨울 끝에서 피어나는 너의 절박한 꿈이 많은 사람들을 살려낼 거야. 봄날을 향해 달려가는 너의 희망과 생명의 질주가 겨울 들판에 쓰러져 있는 사람들의 심장을 다시 뛰게 할 거야. 푸른 버드나무야, 너는 겨울마저도 봄이 오는 길목을 막을 수 없음을 보여주는 한 편의 시가 되었구나.'

눈물에 젖은
꿈일수록 빛난다

젊은 시절 참 많이 울었다. 한겨울에 집에서 쫓겨나 눈보라 속을 걸을 땐 손등으로 눈물을 훔쳤다. 가난한 신학생이라 양복이 없어 설교를 할 수 없을 때도 채플실 바닥에 엎드려 하염없이 울었다. 서울에 올라와 가락동에서 개척을 한 후에도 토요일이면 설교 연습을 했다. 아무리 노력을 해도 억센 전라도 사투리는 쉽게 고쳐지지 않았다. 설교 원고를 수정하고는 강단에 서서 예닐곱 번이나 소리 내어 연습했다. 내일 누가 올지도 모르는 절망적인 상황이었지만, 눈물을 흘리며 설교 연습을 했다. 뿐만 아니라 전도지를 들고 동네를 누비며 눈물로 전도하고 다녔다. 그때는 사람이 너무 그리웠다. 오죽하면 토요일 저녁에 빈 의자를 붙잡고 하염없이 울면서 기도한 적이 있다.

'주님, 이 빈 의자에 내일 사람을 앉혀주세요. 지나가는 거지가 되었든, 넝마주이가 되었든 사람을 앉혀주세요.'

그 눈물은 결코 비관과 절망의 눈물이 아니었다. 그 눈물은 도전과 희망의 눈물이었으며, 내 영혼을 살리는 꽃씨가 되었다. 영혼을 사르는 불덩이가 되었다. 아니, 이 땅의 불덩이를 넘어 절망과 어둠의 밤을 밝히는 꿈의 별이었다.

야곱도 요셉도 눈물로 꿈을 성취했다. 이사야와 예레미야 등 구약의 선지자들도 조국을 위해 피눈물을 쏟으며 울었다. 예수님도 감람산 언덕에서 훗날 예루살렘의 멸망을 바라보며 "예루살렘아, 예루살렘아." 하며 우셨다. 예수님은 당시 정치지도자들과 종교지도자들의 타락으로 인해 이스라엘이 당해야 할 처참한 심판을 예견하며 우셨다. 예루살렘은 무너졌지만, 주님의 눈물은 마침내 새 이스라엘을 이루지 않았던가.

젊은이들이 꿈을 잃고 방황하는 비극적 시대다. 직장을 잃은 가장들이 가족을 책임지지 못한 죄책감에 스스로 목숨을 끊는 절망과 상실의 시대다. 우리는 기억해야 한다. 꿈은 뜨거운 눈물에 젖을 때 빛난다는 사실을. 눈물을 적시지 않으면 꿈은 빛나지 않는다. 눈물은 아픔과 통증, 고독과 가난, 치를 떨게 하는 외로움의 젖은 고백이 아닐까. 꿈은 아픔을 동반한다. 시련과 역경의 채찍에 맞아야 꿈틀거리며 깨어난다. 그러므로 힘들고 어려워도 눈물을 쏟아야 한다.

인생을 쉽게 포기하는 사람들을 보면 너무 마음 아프다. 연예인, 정치인, 관료, 학자, 사업가 등 많은 이들이 고난을 이겨내지 못하고 스스로 삶의 꽃을 꺾어버린다. 차라리 울어야 한다. 그냥 울기만 해도 새 희망이 솟아날 수 있다. 삶이 너무 고통스럽고, 고난이 첩첩산중으로 막혀 도피할 수 없을 때 그저 하염없이 눈물을 쏟아보면 어떨까.

산천도 고요하고 밤의 적막에 휩싸였을 때, 그 깊은 슬픔의 끝에서 가느다란 희망의 실타래를 붙잡을 수 있을지 모른다. 더 나아가 나만을 위한 눈물이 아니라 아픈 시대를 위해서 울고, 타인의 상처를 보듬으며 울고, 미래의 역사를 바라보며 울고 또 울어본다면 더 맑은 영혼으로 정화되는 것을 느낄 수 있으리라.

울어야 살 수 있다. 울어야 희망이 있다. 차디찬 새벽 도로에 쓰러져 잠든 청춘이여, 인생을 비관하고 절망에 빠진 상처받은 이들이여, 누군가 당신을 위해 울고 있다는 생각을 해보았는가. 상처받은 갈대를 꺾지 않고 꺼져가는 등불을 끄지 않는 그분의 사랑이 당신을 지키고 있다는 것을 알고 있는지. 도시의 밤이 냉혹하고 어둠에 쌓여도 콘크리트 벽에 사랑의 이름을 새겨 넣는 이가 있다. 잠긴 창문 너머로 반짝이는 별들이 당신을 향한 누군가의 눈물이라면, 가을 강가의 은빛 갈대가 당신을 향해 손을 내미는 그분의 사랑의 손길이라면.

외로워야 길을 떠난다

세찬 눈보라가 치는 겨울날, 봄 잠바 하나 걸치고 집을 나오는데 뜨거운 눈물이 두 볼을 타고 흘렀다. 아무리 손등으로 훔쳐도 눈물은 그치지 않았다. 길 위에 멈추어 서서 성경을 펼치고 시편 121편을 읽었다.

> 내가 산을 향하여 눈을 들리라 나의 도움이 어디서 올까.
>
> 나의 도움은 천지를 지으신 여호와에게서로다.
>
> 여호와께서 너를 실족하지 아니하게 하시며 너를 지키시는 이가 졸지 아니하시리로다.

이스라엘을 지키시는 이는 졸지도 아니하시고 주무시지도 아니하시리로다.
여호와는 너를 지키시는 이시라 여호와께서 네 오른쪽에서 네 그늘이 되시나니,
낮의 해가 너를 상하게 하지 아니하며 밤의 달도 너를 해치지 아니하리로다.
여호와께서 너를 지켜 모든 환난을 면하게 하시며 또 네 영혼을 지키시리로다.
여호와께서 너의 출입을 지금부터 영원까지 지키시리로다.

눈송이가 성경책 위로 흩날렸다. 목사가 되는 것을 반대한 부모님을 설득하지 못하고 결국 신학교에 진학하기 위해 홀로 광주로 떠났다. 그곳은 나에게 제2의 고향이나 마찬가지다. 광주는 나름대로 내 보금자리였으며, 얼마든지 안주할 수 있는 곳이었다. 그곳에서 문정남 장로님을 만났다. 그분은 성형외과 의사였는데, 당시 나에게는 대단한 분이었다.

문 장로님이 200평에다가 조립식 건물을 지어줄 테니까 광주에서 개척을 하자고 했다. 그때 난 그 제안을 뿌리쳤다. 안락하고 포근한 둥지를 거부하고 나왔다. 나의 가슴속에는 더 큰 꿈이 있었다. 그래서 광주를 떠나 서울로 향했다. 그리고 누구의 지원이나 지지도

없이 홀로 외롭게 개척했다. 지금은 4만여 명의 성도들과 함께 예배드리며 행복한 목회를 하고 있다. 그날의 고독과 쓸쓸함, 뜨거운 눈물은 오늘의 찬란한 축복으로, 기적과 꿈의 꽃으로 피어났다.

아브라함도 "본토 친척 아비 집을 떠나 내가 지시할 땅으로 가라!"는 하나님의 명령을 듣고 그대로 순종하여 모든 것을 버리고 떠났다. 그리하여 하늘의 별과 같이 셀 수 없이 많은 자손을 얻는 축복의 조상이 되었다. 그만큼 사람은 안락하고 편안하면 떠나지 않는다. 힘들고 외로워야 떠난다.

정호승의 〈달팽이〉라는 시를 보면, "내 마음은 연약하나 껍질은 단단하다. 내 껍질은 연약하나 마음은 단단하다. 사람들이 외롭지 않으면 길을 떠나지 않듯이, 달팽이도 외롭지 않으면 길을 떠나지 않는다."는 구절이 있다. 특히 "달팽이도 외롭지 않으면 길을 떠나지 않는다."는 문장이 가슴을 뭉클하게 적셨다. 우리는 외롭지 않으면 길을 떠나지 않는다. 외로워야 길을 떠난다.

알랭 드 보통이 쓴 《여행의 기술》을 보면, 여러 예술가들의 삶과 작품을 예로 들면서 더 넓은 세계를 보기 위해서는 자유로운 상상과 고독을 찾아 떠나라고 한다. 성경의 위인들인 아브라함, 야곱, 요셉, 바울도 처절한 외로움과 고독을 견디며 길을 떠난 사람들이다. 그들은 불가항력적인 힘에 끌려 인도되기는 했지만, 인간으로서는 도저히 견딜 수 없는 고독과 맞서 싸워야 했다.

우리는 얼마나 외로움을 두려워하는 존재들인가. 단 한순간도 혼자 있지 못하고 누군가를 찾는다. 끊임없는 전화 통화와 인터넷 뉴스, SNS를 통하여 누군가와 소통하며 이야기하기를 원한다. 물질문명으로는 채울 수 없는 실존의 외로움을 느끼기 때문이 아닐까. 외로움은 인간의 운명과 같은 것이 아닐까.

삶이란, 순례자의 고단한 여정이다. 하늘의 본향을 향해 길을 떠나는 나그네의 오후다. 두 발은 땅을 딛고 있지만 마음은 늘 하늘에 두고 뜨거운 사랑으로 살아야 한다. 세속적 쾌락에만 도취하여 산다면 어찌 그 희락을 헤아릴 수 있으랴. 한 걸음, 한 걸음 걸어가는 나그네의 넉넉한 마음을…….

현대인들은 지독한 외로움을 잊기 위해 욕망의 진화를 거듭한다. 벼랑을 향해 질주하는 폭주 기관차 같다. 하지만 브레이크 없는 욕망의 끝에는 죽음과 파멸이 있을 뿐이다. 그래서 더욱 세상의 모든 욕망을 훌훌 털어버리고 길을 떠나는 나그네의 삶은 행복하다. 오늘은 가슴 펴고 창문을 열어보면 어떨까. 그리고 하늘 먼 곳을 응시한다면, 외로운 자만이 떠날 수 있는 눈부신 꿈과 사랑의 멀고 먼 길이 보일지도 모른다.

코르사코프 항구는 울지 않는다

러시아 작가 안톤 체호프는 사할린을 '슬픔의 틈새'라고 표현했다. 그만큼 역사의 고통과 서러움, 애환이 서린 땅이다. 특별히 우리 민족에게 사할린은 망각의 땅이요, 철저하게 외면당한 역사적 공간이다. 나는 목회를 하면서도 언젠가는 반드시 사할린을 방문하여 그곳에 남아 있는 한민족을 위로하고 특별히 일본군 위안부 할머니들을 만나서 사죄의 절을 올리고 자그마한 정성이라도 답례하리라는 마음을 먹고 있었다. 그래서 바쁜 목회 일정 가운데 한일기독의원연맹 지도목사로 김영진 의원과 함께 사할린을 방문한 적이 있다. 비행기에서 내리자 사할린의 바람이 가슴을 쳤다.

마치 역사적 아픔과 고통의 칼바람이 밀려오는 듯 가슴이 먹먹했다.

'아, 이제야 이 고통의 땅, 외로움과 서러움의 땅에 왔구나. 그동안 마음의 구석에 짐처럼 남아 있던 땅, 사할린을 찾아왔구나.'

그곳에서 사할린 주정부의 국제위원장을 비롯해서 주의회 부의장 등 여러 인사들과 만나서 한민족을 따뜻하게 배려해주고 품어준 것에 대해 감사하다는 말을 전했다. 그리고 사할린에 강제 징용을 당해서 노역을 하고 전쟁을 하며 일본군 위안부로 고생하신 어르신들을 방문했다. 그중에서도 특별히 다른 분들보다 더 고생한 분들을 다른 방으로 모셔서 민족의 이름으로, 가슴에 죄스러움과 송구함을 안고 사죄의 절을 했다. 거기에는 일본군 위안부 할머니도 몇 분 계셨다. 한 분 한 분 어머니의 손을 잡듯 그분들의 손을 잡고 위로했을 때, 어떤 할머니는 울먹거리며 말을 잇지 못했다.

"우리를 잊지 않고 찾아온 것만으로 감사합니다, 우리를 이렇게 기억해준 것만으로도 감사합니다."

나는 그분들을 바라보며 그들의 얼굴에 우리 민족의 모진 역사가 온전히 새겨져 있음을 느꼈다. 구겨지고 찌든 얼굴에 한 많은 청춘의 역사, 아니 피맺힌 한민족의 역사가 기록되어 있음을 느낄 수 있었다. 차마 죽지 못해서 수치와 통한의 눈물을 훔치며 살아온 인고의 세월들, 거기에 바로 한민족의 역사가 있고 대한민국의 역사가 있음을 느낄 수 있었다. 그래서 나는 마음속으로 절하면서 이렇게 고백했다.

'불쌍한 우리 어머니들이여, 이제야 찾아와 엎드려 절함을 용서해 주세요, 얼마나 나약한 조국을 원망하셨습니까? 한민족으로 태어난 것이 얼마나 서럽고 한이 맺히셨습니까?'

사할린의 역사는 우리 민족의 상처요, 아픔이라 할 수 있다. 특별히 코르사코프 항구 이야기는 나를 눈물짓게 했다. 끊임없는 전쟁 야욕에 혈안이 되어 있던 일본은 사할린에 군사시설을 짓기 위하여 조선의 남자들을 강제로 끌고 갔다. 사할린에 강제 징용된 사람들은 그야말로 짐승과 같은 취급을 받으며 탄광, 비행장, 도로 건설 현장에서 일하게 되었다. 하루에 주먹밥을 두 개밖에 못 먹으면서 피눈물 나게 일한 것이다.

그러다가 1945년 8월 15일, 조국이 해방되었을 때 코르사코프 항구로 수만 명의 사람들이 모여들었다. 그곳에는 한국인도 1만여 명이 족히 넘었다. 당시 배 세 척이 코르사코프 항구에 왔는데, 모두 일본 배였기에 일본 사람들만 태워 돌아간 것이다. 한국인은 발을 동동 구르며 어머니 품으로 돌아가고 싶어서, 사랑하는 아내의 품으로 돌아가고 싶어서 배가 오기만을 기다린 것이다.

코르사코프 망향의 언덕에서 조국을 바라보며 통곡하며 기다려도 끝끝내 배는 오지 않았다. 그러자 절망감에 자살하기도, 쓰러져 죽기고, 미쳐 죽기도 했다. 그중에는 굶어 죽은 사람도 있었다. 그래도 남은 이들은 조국에서 배가 오기를 기다렸다. 하지만 당시 조국은 배 한 척을 보낼 여력이 없었다. 사람들은 그곳에서 끼니를 해결하며 끝까지 남아 배가 오기를 기다리고 기다렸다. 그래서 그 언덕을 '망향의 언덕'이라고 부른다고 한다.

하지만 사할린 동포들은 좌절하지 않았다. 고국으로 돌아갈 꿈을 포기하지 않았다. 언젠가는 고국으로 돌아가고 말겠다는 꿈을 꾸며 더 열심히 일했다. 그래서 러시아인에게 조선인은 부지런하고 지혜로운 사람으로 인정받기 시작했다. 그리고 조선인은 점점 사할린의 주류사회로 진입했다. 그들은 역사의 수레바퀴 아래 무참히 짓밟혔지만 들풀처럼 다시 일어서서 꽃을 피웠다. 지금은 사할린에서 없어서는 안 될 엘리트 계층이 되고 주류사회를 이룬 것이다.

우리 영혼의 항구에는 절망과 좌절의 배가 정박할 수 없다. 꿈과 소망의 배만이 정박해 있다. 우리는 그 소망의 항구에서 배를 타고 꿈의 신대륙을 향해 떠나는 사람들이다. 우리 사회에 더 이상 소망이 없다고 말하는 이들이 있다. 그리고 패배와 좌절의 바이러스는 번져간다. 그러나 코르사코프 항구는 우리에게 말한다. 가장 큰 비극은 우리의 가슴에서 꿈과 소망을 지우는 것이라고, 고난과 역경의 바람에 쓰러져 좌절하고 절망하는 것이라고.

사할린의 강제이주민들은 그리운 고향으로 돌아갈 꿈을 결코 포기하지 않았다. 그리고 결국 고국으로 돌아와 안산 고향마을에 거주

하는 꿈을 이루기도 했다. 그들은 고국에 오고 싶을 때 언제든 올 수 있는 부와 여력을 갖추게 되었다.

코르사코프 항구는 더 이상 울지 않는다. 그곳은 지금도 여전히 가장 처참한 비극적 역사의 칼바람에 굴하지 않은 승자의 미소, 그 눈물겨운 꿈의 스토리가 해안가를 떠도는 바람과 함께 거닐고 있다.

강릉 옛길을 거닐며

나는 산을 좋아한다. 가끔 스님이 되었으면 유명한 고승이 되었을 것이라고 농담하기도 한다. 하지만 워낙 일정이 바쁘다 보니 산에 갈 시간이 없다. 기껏해야 교회 뒷산이나 분당에 있는 불곡산, 죽전 인근에 있는 법화산 정도를 오르는 것이 전부다. 그런데 모처럼 가까운 곳이 아닌 먼 길을 떠나 강릉 옛길을 걷게 되었다. 워낙 산을 좋아해서 가까운 산은 종종 오르지만, 평일에 그처럼 먼 곳으로 산행을 간 경우는 처음이었다.

강릉 옛길은 신사임당과 율곡, 천재시인 김시습과 같은 과거 조상들이 한양을 가기 위해 오고 가던 길이다. 뿐만 아니라 청운의 뜻을 품고 과거시험에 응시하기 위하여 옛 선비들이 숨을 헉헉거리며 터벅터벅 넘어간 길이기도 하다. 그래서 이 길은 꿈으로 가득한 길이요, 청운의 꿈이 나무 잎사귀 하나하나에 매달려 빛나는 아름다운 숲길이다.

과거시험에 장원급제한 선비라면 이 강릉 옛길을 환희에 차 내달렸을 것이다. 잠시 나무에 기대었을 때 장원급제한 선비를 맞는 고향 사람들의 꽹과리 소리와 북 치고 장구 치는 신명난 잔치 소리가 들리는 듯하다. 강릉 옛길에는 수많은 선비들이 흘린 땀과 눈물의 끈적끈적한 채취가 묻어 있다.

그러나 어찌 성공한 이들만 있었겠는가? 십수 년 동안 학문을 닦아도 성공하지 못하고 낙방하여 돌아오는 한 선비의 처진 어깨와 어두운 그림자……. 그가 터벅터벅 쓸쓸히 혼자 걸었을 강릉 옛길은 세상에서 가장 고독하고 외로운 길이 아니었을까. 그는 얼마나 죽고 싶은 심정에 몸부림치며 성공하지 못한 자기 인생을 원망했을까? 매번 낙방할 때마다 죽고 싶은 심정으로 저 높은 나뭇가지를 바라보기도 했으리라. 어떤 선비는 황진이의 시조 한 수를 읊으며 흐르는 냇물을 넋 놓고 바라보았을지도 모른다.

산은 옛 산이로되 물은 옛 물이 아니로다.
주야에 흐르니 옛 물이 있을소냐.

인걸도 물과 같도다 가고 아니 오노매라.

강릉 옛길을 걸으며 참으로 오랜만에 회색빛 도시를 벗어나 깊은 상념과 자연의 정취를 느꼈다. 그러면서 나와 현대인들이 처한 오늘의 상황을 떠올려보았다. 젊음을 다 바쳐 일해도 오십이 넘으면 명예퇴직을 당하기 일쑤고, 구조조정의 칼날에 불안한 삶을 살아야 하는 현대인들의 초조하고 불안한 삶. 그 어디에 참된 행복과 안식이 있을까? 너무도 오랜만에 도심을 떠나 깊은 산길을 걸으니 마음이 편안해 '그냥 여기서 살까?' 하는 생각이 들 정도로 행복했다. 동심에 젖기도 하고, 천재시인 김시습의 시비를 읽으며 옛 선조들의 숨결을 느껴보기도 했다.

그러나 그런 순간도 잠시, 다시 목회자의 자리로 돌아와 오늘도 불안한 마음으로 상실의 시대를 살아야 하는 현대인들과 힘겨운 삶의 현장에서 몸부림치는 성도들을 생각했다. 각박하고 삭막한 세상에서 온갖 스트레스와 공포, 우울증에 시달리는 현대인들에게 목사와 교회는 어떤 존재가 되어야 할까? 정말 그들에게 함께 걷는 것만으로도 마음이 따뜻해지는 길동무가 되어주고, 마음의 편안을 주는 숲과 같은 교회가 되어야 한다는 생각이 바람처럼 스치고 지나갔다. 과거시험에 낙방하여 죽고 싶은 심정으로 강릉 옛길을 걷고 있는 선비에게 말을 건네는 시냇물처럼, 그늘을 드리워 더위를 식혀주는 나무처럼, 교회는 일주일 동안 세상에 시달려 지치고 힘든 성도들의 영혼에 편안한 안식처요, 길동무가 되어야 하리라. 그리고 어깨를 두드려주며 이렇게 말하는 것이다.

"다시 일어서세요. 당신은 잘할 수 있을 거예요. 비록 지금은 실패했지만, 포기하지만 않는다면 당신은 반드시 성공할 수 있을 거예요."

그러나 과거에 떨어진 한 선비가 죽고 싶은 마음으로 터벅터벅 걸어갔을 때 아무리 아름다운 강릉 옛길이라 하더라도 어찌 그의 마음을 다 위로할 수 있었을까. 어디에나 아쉬움과 회한은 남기 마련이다. 나 또한 아직 젊은 목사로서 모든 사람들의 아픔과 상처를 하나하나 달래주지 못하고, 그들의 눈물 하나하나 닦아주지 못하는 아쉬운 마음을 강릉 옛길에 묻어두고 터벅터벅 내려왔다. 숲 속에 무심한 발자국 소리만을 남겨둔 채.

정상에 오르는 것만이 전부는 아니다

산이 그리워 산에 왔는데도
산이 더욱 그리운 이유가 무엇입니까.
산을 사랑하여 산속에 왔는데도
가슴이 저리도록 외로운 이유가 무엇입니까.
산이 되고 싶어 산을 찾아왔는데도
마음이 시리도록 눈물이 나는 이유가 무엇입니까.

나의 시 〈심산(心山)〉에 나오는 구절이다. 고요한 청산처럼 살 수 있다면 얼마나 좋을까. 콘크리트 도시 속에 살면서 영혼의 때를 묻히고 살아가는 나로서는, 산에 발걸음을 하는 것조차도 미안할 때가 있다. 그래서 산에 와도 산이 그립고 외롭고 마음이 시려 눈물이 흐른다.

산행은 인생과 같지 않을까. 우린 지금도 끊임없이 정상을 향해 거친 숨을 몰아쉬며 가파른 언덕을 오르고 있으니까. 가끔 장로님들과 함께 오대산이나 지리산 등지로 등반할 때가 있다. 나보다 산을 더 잘 타는 몇몇 장로님도 있지만, 대부분 연세가 있기 때문에 내 뒤에 처지곤 한다. 그래서 등산을 하더라도 중턱까지만 가려고 하거나, 아예 밑에서 식사 준비를 하겠다며 빠지려는 장로님들이 있다.

특히 우리 교회 강정식 장로님은 어차피 다시 내려올 산을 왜 힘들게 올라가느냐며 이런저런 핑계를 대면서 빠지기 일쑤다. 전국 팔도 강산의 맛집을 다 꿰고 있을 정도로 유명한 미식가에다 당뇨도 있는 분이 운동을 잘 안 하려고 하니 늘 걱정된다. 그래서 일부러 산행을 할 때면 강 장로님을 꼭 데리고 올라간다. 처음에는 목사님 혼자 가시라고 말하며 어떻게든 뒤로 빠지려고 한다. 하지만 나는 끝까지 포기하지 않고 강 장로님을 격려하면서 함께 오른다. 그러다 보니 아무래도 산행 시간이 꽤 걸린다. 조금 올라왔다 싶으면 다시 속도가 늦어지고 포기하려고 한다. 어깨가 처지고 다리에 힘이 풀려 숨을 헉헉거린다. 몇 번이나 포기하려고 하지만, 나는 끝까지 장로님을 기다려주고 함께 오른다. 다시 언덕을 넘고 숲길을 지나 힘겹게 오르다 보면, 서로의 땀과 거친 숨결의 끈적끈적한 체취가 느껴진다. 그렇게 어느새 함께 정상에 오르게 된다. 물론 일행 중에서는 다른 사람은 안중에도 없고, 그저 자기 체력만 믿고 이미 정상에 올라간 사람도 있다. 하지만 과연 그것이 진정한 산행일까?

독불장군이나 정복자 유형의 사람은 어떻게든 먼저 정상을 차지하려고 한다. 과정은 별로 중요치 않다. 자기 혼자 정상에 오른 뒤 스포트라이트를 받으면 그만이다. 주변에 뒤처지는 사람에게는 관심이 없다. 왜냐하면 자신이 정상에 오르는 것만이 중요하다고 생각하기 때문이다. 그러나 정상의 진정한 의미를 아는 사람은 뒤처지는 동료를 격려하며 함께 오른다. 정상은 우리가 함께 꿈을 꾸며 걸어가야 할 방향으로서 존재할 때 의미가 있다. 그 자체가 목적이 되어 서로를 돌보지 않고 파괴하는 도구로 사용되면 안 된다.

산악인 엄홍길은 얼음절벽 로체샤르를 등반해 세계 최초로 히말라야 16좌 등정에 성공했다. 그러나 그도 산을 생각할 때마다 두렵고 떨린다고 한다. 엄홍길 씨는 2003년 로체샤르 2차 도전을 하다 눈사태로 숨진 박주훈, 황선덕 두 동료의 사진을 배낭에 넣고 등반해 큰 감동을 주었다. 그는 혼자 산에 오른 것이 아니라 가슴에 묻은 두 동료를 생각하며 절대고도, 최정상의 자리에 올랐다고 회고했다.

영국 최고의 산악인 조지 말로리는 '왜 산을 오르느냐?'는 기자들의 질문에 산이 거기 있기 때문이라고 말했다. 산악인 엄홍길도 내가 산을 정복한 것이 아니라, 산이 나를 허락한 것이라고 언급한 바 있다. 역시 정상보다 중요한 것이 있다. 그것은 서로 사랑하고 섬기며 함께 정상에 오르는 것이다. 잠시 산행을 멈추고 뒤처진 이들을 격려하고 희망을 주는 것이 더 아름답다는 것을 새삼스럽게 깨닫는다.

우리에게 정상보다 중요한 것이 무엇일까? 그것은 혼자가 아닌, 좀 늦더라도 모두 함께 오르는 것이 아닐까. 나 홀로 정상에 오르는 것보다 강 장로님과 함께 정상에 올랐을 때 더 행복한 미소를 지었던 것처럼, 정상 위의 또 다른 정상을 함께 바라볼 수 있던 것처럼.

먼지도 햇빛을 받으면 광채를 발한다

옛날 시골의 밤은 유난히 추웠다. 찢어진 창호지 사이로 바람이 불면 차가운 냉기에 몸이 떨렸다. 그럴 땐 방 안에 있는 식구들이 이불 하나를 가지고 싸움을 하곤 했다. 몸을 덮으려고 한쪽에서 이불을 잡아당기면 다른 쪽은 추위에 떨고, 다시 반대편에서 이불을 잡아당기면 또 다른 쪽이 추위에 떨었다. 그렇게 겨울 추위와 싸우며 밤새 이불 전쟁을 하다 날이 새면 제일 늦게 일어난 사람이 이불을 갰다. 그때 먼동이 틀 무렵, 동녘 하늘에서는 말할 수 없이 아름다운 아침이 밝아온다.

어둠 속에서는 전혀 보이지 않지만, 이불을 갤 때면 꼭꼭 처닫은

문틈으로 마치 레이저 쇼를 하듯 찬란한 빛 한줄기가 기어이 찾아들었다. 문틈으로 비치는 햇빛을 보면 얼마나 많은 먼지 입자가 날리고 있었는지……. 그 먼지 입자는 밤하늘에 별이 빛나는 것처럼, 광활한 우주 속에서 빛나는 행성들처럼 광채를 발하며 날아다닌다.

그때서야 '아, 방 안에 이렇게 먼지가 많았구나.' 생각하면서 문을 활짝 열어놓는다. 그러면 빛이 레이저 폭탄처럼 쏟아진다. 그 속에서 먼지는 비로소 자유를 얻었다는 듯 황홀한 빛을 발한다. 사소한 먼지나 공중의 티끌도 햇빛을 받으면 광채를 발한다. 세계적인 대문호 괴테도 말하지 않았는가. 먼지도 햇빛을 받으면 빛을 발한다고. 어쩌면 우리는 공중의 티끌이나 먼지만도 못한 존재가 아닐까. 시편 8장 4절을 보면, "사람이 무엇이관대 주께서 저를 생각하시며, 인자가 무엇이관대 주께서 저를 권고하시나이까."라고 말한다.

우리는 먼지만도 못한 존재다. 별들의 광야인 저 우주의 신비에 비춰 볼 때 우리는 얼마나 작은 존재일까. 항성과 행성이 거대한 우주의 초침을 밀고 가는 시간의 수레바퀴 아래서 인간은 얼마나 유약한 존재일까. 그러나 하나님의 은혜의 빛, 사랑의 광채가 비출 때 인간 존재는 저 우주의 신비보다 더 아름다운 오로라의 향연으로 빛난다. 그것은 우리 스스로가 가진 아름다움과 위대함이 아니라 하나님의 사랑과 은혜의 광채 때문이다.

나 또한 얼굴이나 키, 뱀 장수 큰아들 같은 목소리만 보면 볼품없는 존재다. 배는 툭 나오고, 걸음걸이도 깡패 두목 같다는 말을 듣는다. 신사다운 면이 없다. 더구나 도시 출신이 아니고, 여전히 시골스러움이 배어 있는 투박한 사람이다. 그런 내가 고등학교 3학년 때 교회 여름수련회에서 주님의 빛을 받았다. 그리고 신학교를 다니면서도 주님의 은혜의 빛을 받으려고 몸부림을 쳤다. 그런 내가 지금은 4만여 명의 대형교회 목사가 되었다. 그리고 한국교계에서 큰 집회에 초청을 많이 받는 사람 가운데 하나가 됐다. 시쳇말로 잘나가는 사람이 되었다. 내 설교와 글에는 중독성이 있다고 한다. 그래서 전국이나 해외 어디를 가든 소강석 마니아들이 있다.

그 이유가 뭘까? 사실 나는 먼지 같은 존재다. 스스로 돌아봐도 티끌 같은 인생이라는 것이 실감난다. 창세기를 보면 하나님이 사람을 흙으로 지었다고 한다. '흙'은 히브리어로 '아파르(aphar)'라 불리고, '먼지'나 '티끌'이라는 의미를 갖고 있다. 그런데 이런 먼지 같은 존재에게 하나님은 광채를 비춰주셨다. 물론 여기서 광채는 세상의 영광을 말하는 것이 아니다. 나를 통해서 기쁜 소식이 들려지고, 많은 사람이 도전을 받고 새로운 희망을 품게 되는 것을 말한다. 주님의 빛이 먼지 같은 나를 비추었을 때 먼지도 광채를 발할 수 있게 된 것이다. 밤하늘이 검고 맑다. 창문을 열고 별들에게 속삭이듯 읊조린다.

'우리가 무엇이관대 하나님이 저 시공간의 동심원을 넘어서 복음의 광채, 은혜의 광채를 비추셨을까. 내 모습 어디가 아름다워 주님이 나를 사랑하시고 십자가를 지셨을까. 우리는 너무나 약하고 부족한 먼지와 같은 존재일 뿐이야. 그러나 주님이 사랑의 광채를 비춰주셔서 먼지와 티끌 같은 우리로 하여금 주님의 광채를 발하게 해주셨던 거야.'

오늘도 우리는 네온사인이 반짝이는 도시의 밤거리를 걷는다. 사람들은 자기 자신을 알리고 빛나게 하기 위하여 얼마나 몸부림을 치며 살아가는가. 스스로 높아지려고 성을 쌓고, 귀족의 옷을 입으려고 얼마나 발버둥을 치는가. 그러나 도시의 불빛도, 별도, 달도 스스로 빛나는 것은 아니다. 빛을 받아야 빛을 발한다.

누더기를 걸치더라도 주님의 광채를 받아야 진짜 빛의 존재가 된다. 당신도 진정으로 광채 나는 삶을 살려면 거룩한 빛을 받아야 한다. 여러분이 알아야 할 것이 있다. 여러분이 빛나고 아름다운 것은 주님의 사랑과 은혜의 빛을 받고 있기 때문이라는 것을.

누구나 돌아가야 할 영혼의 고향이 있다

어릴 때 사람이 죽으면 상여를 메고 가는 것을 많이 보았다. 요즘이야 장례식장에서 다 해버리지만, 옛날 어린 시절에 상여 나가는 일은 온 동네의 행사였고 크나큰 일이었다. 그런데 상여가 나갈 때마다 내가 항상 하는 아르바이트가 있었다. 바로 그것은 상여 앞에서 공포를 들고 가는 일이었다. 공포란 명정 뒤에 들고 가는 것인데 삼베 쪼가리를 장대에 다는 것을 말한다. 공포를 들면 부잣집에서는 200원, 보통은 100원을 주었다. 다른 것을 들고 가도 다 똑같이 100원씩을 주는데 왜 하필 그것만 들었느냐 하면, 다른 것은 무덤에 묻거나 불로 태워버리지만 삼베만큼은 집으로 가지고 갈 수 있었기 때문이다.

옛날 애들한테 100원은 지금의 어린아이에게 10만 원보다 큰돈이었다. 게다가 삼베 조각도 집으로 가져갈 수 있어서 끝까지 고집해서 그 일을 했다. 그렇게 100원과 함께 삼베 조각을 얻어다 어머니께 갖다 드리면, 어머니는 행복한 모습으로 입이 찢어지도록 웃으시며 칭찬해주셨다.

"아이고 우리 막둥이가 살림꾼이네, 또 살림 벌어 왔네. 우리 막내는 공부도 잘하지, 말도 잘하지, 성격 좋지, 이렇게 어릴 때부터 돈도 벌어 오고, 삼베도 얻어 오고. 세상에, 우리 막내 같은 아들이 어디에 있을까."

당시 어머니는 많이 아프셨다. 어떤 점쟁이가 어머니에게 당신은 시름시름 앓다가 50세도 못 넘기고 죽을 팔자라고 이야기했다. 그때부터 어머니는 온갖 점쟁이들을 다 찾아다니면서 다른 점을 받으려고 하셨다. 점도 틀릴 수 있으니 오래 살 거라고 이야기해주는 점쟁이를 만나려고 그렇게 찾아다니셨다. 그러다 보니 그때부터 어머니는 특별히 아픈 곳도 없으신데 그냥 방 안에 앓아누우셨다.

그런 어머니께서 내가 공포를 들어서 100원과 삼베 조각을 받아 집에 들어가면 방에서 벌떡 일어나셔서 입이 찢어지시도록 웃으며 행복해했다. 어머니의 그 모습이 너무 좋아 나는 또 공포를 들었다. 내가 그렇게 어머니께 칭찬을 들은 날이면 큰누님과 형들은 기가 죽어서 밥도 못 먹었다. 그러나 나는 그때 뭇국에다 고춧가루를 풀어 먹으면서 어깨에 힘을 주고 '핫, 핫, 핫' 웃으면서 "어머이, 다음에 상여 나가면 또 벌어 올께요."라고 말하며 밥을 대견스럽게 먹었다. 그렇게 50세를 못 넘긴다던 어머니는 87세까지 건강하게 사시다 하나님의 품에 안기셨다. 그런데 어릴 때는 항상 어머니께 칭찬 받고 싶어서 동네에서 할아버지와 할머니들만 보면 마음속으로 이런 생각을 했다.

'저 할아버지, 할머니들은 언제 죽나?'

그때 내가 공포를 드는 일을 너무 잘하니까 학교 다니기 전부터 그 일을 시작했는데, 학교를 다니고 나서도 무조건 사람이 죽으면 조퇴를 해서라도 공포를 들 정도로 마을에서 인정을 받았다. 왜냐면 상여가 나갈 때 다른 아이들은 선소리꾼의 소리에 신경도 안 쓰고 자기들끼리 웃고 장난을 치느라 발도 안 맞추는데, 나는 완전히 점잖게 처지지도 않고 템포를 맞추어 익숙하게 들고 갔기 때문이다. 그래서 마을에서 사람이 죽었다 하면 공포 드는 일은 나의 독점 아르바이트가 되었다.

지금도 상여 나갈 때 듣던 만가 소리가 귀에 선하다. 어디로 향하는지도 모른 채 이생의 마지막 길을 떠나며 죽음의 허무만을 노래하고 있는 선소리꾼의 만가. 나는 지금도 그 선소리꾼의 구슬픈 만가가 귓전에 생생하다.

가네 가네 나는 가네 정든 집을 두고 나는 가네.
어젯밤에는 안방에서 잤건만 오늘 저녁은 북망산천
산천초목은 변함이 없건만 우리네 인생은 어디로 가는고.

그러다가 만가 행렬은 조그마한 도랑이 나오면 절대로 도랑을 그냥 건너지 않았다. 그러면 선소리꾼은 온갖 괴성을 지르며 이렇게 노래하기 시작한다.

황천길에는 노자가 없어서 배가 고파서 갈 수가 없구려.
이리저리 눈치나 보지 말고 노잣돈이나 풍성히 거소.

그러면 상주들이 1,000원, 500원, 300원씩 걸어준다. 그렇게 하고 나서 장지에 도착을 하면 관을 땅에 묻는 모습을 보았다. 그런데 여름에는 송장이 썩어서 썩은 피가 관에서 줄줄 흘러내렸다. 그 송장 썩는 냄새가 얼마나 지독한지 누에 썩은 냄새보다도 열 배나 더 독했다. 하지만 그 냄새를 맡으면서도 삼베 조각을 집에 들고 갔을 때 환한 웃음을 지으며 칭찬해주는 어머니의 모습을 떠올리며 참고 참았다.

공포를 들던 날 저녁이면 혼자 잠이 들면서 자문자답을 하곤 했다. '인생이란 무엇인가. 어디로부터 왔으며 어디로 갈 것인가. 저 맑은 하늘 찬란하게 반짝이는 별들 너머에는 누가 살고 있을까. 사람이 죽으면 땅에만 묻히는가? 아니면 우리의 영혼이 저 반짝이는 별들 너머로 날아가서 또 산단 말인가. 언젠가 우리 아버지 어머니도 돌아가시겠지. 그리고 나도 죽겠지.'

그런 생각을 하다 보면 죽은 사람의 두 눈이 동그렇게 내 눈과 마주치는 것 같아 잠 못 들던 때도 있었다. 그런데 요즘은 시골에 가도 만가 소리를 들을 수 없다. 만가를 부르던 어른들이 모두 돌아가시고, 지금은 상여를 메도 녹음기를 튼다고 한다.

그런데 어린 시절에 교회 다니는 사람들의 장례식을 보고 신선한 충격을 받은 기억이 난다. 예수 믿는 사람의 상여를 메고 가는 사람들의 노랫소리와 분위기는 완전히 달랐다. 젊은 사람이 앞에서 지휘를 하면서 상여꾼들과 함께 노래를 부르며 가는데, 그 노래에는 다시 만날 날에 대한 소망이 담겨 있었다. 요단강 건너가서 무언가를 많이 먹고 마신다는 그런 노래를 부르는 것 아닌가? 그때 우리 어린아이들의 귓전에는 꼭 이런 소리로 들렸다.

'멸칫국, 멸칫국, 요단강 건너서 마시세.'

그래서 옛날에는 이런 생각을 했다.

'예수 믿는 사람들은 요단강 건너가서 멸칫국을 먹나 보구나. 나야 교회를 안 다니니까 남의 집 호박에다 말뚝도 박고 똥도 싸놓고 나쁜 짓도 하는데, 예수 믿는 사람들은 모범적이고 거짓말도 안 하고 착하게 사니까 요단강 건너가서 멸칫국을 먹나 보구나. 예수 안 믿는 사람들은 배가 고파서 황천길도 못 가는데, 예수 믿는 사람들은 요단강을 건너가서 멸칫국을 배 터지게 먹는가 보구나.'

그 옛날 못 먹고 못 살던 시대에도 시집가고 장가가면 멸칫국에 풀어주던 국수가 그야말로 꿀맛이었다. 그러니까 예수 믿는 사람이 죽으면 멸칫국을 먹는 줄 알았다. 그런데 나중에 예수를 믿고 보니까 그것은 멸칫국이 아니었다. 며칠 후, 며칠 후 요단강을 건너가 모든 성도가 함께 만나는 부활과 천국의 소망을 노래하는 것이었다.

'며칠 후, 며칠 후, 요단강 건너가 만나세.'

기독교 장례식은 이별이 아니라 만남이다. 인간적인 슬픔이야 어찌할 수 없지만, 죽음 이후의 내세를 믿기 때문에 그 속에 새로운 소망이 담겨 있다. 이 땅 위에 죽지 않는 사람은 없다. 죽음을 초월하고자 몸부림을 쳐도 결국 인간은 죽는다. 그러나 사람들마다 죽음을 대하는 자세는 너무나 다르다. 어떤 사람은 몸서리치는 공포 속에서 죽기도 하고, 또 어떤 이는 잠을 자듯 평온한 상태로 죽기도 한다. 사람은 죽음을 접하면서 성숙하는 게 아닐까. 어린 시절, 만가 행렬 속에서 어렴풋하게 인생과 죽음에 대한 허무함과 덧없음을 느꼈던 것 같다. 사람에게는 누구나 돌아가야 할 영혼의 고향이 있음을 기억하며 살았으면 좋겠다. 그 아름다운 하늘 본향을 가슴에 품고서…….

인생이라는
아름다운 소풍

초등학생 시절 소풍을 가기 전날 밤이면 잠을 설쳤다. 너무 가슴이 설레고 들떠서, 혹시 비라도 오지 않을까 몇 번이고 잠에서 깨어 창문을 열고 밤하늘을 보기도 했다. 오십 줄을 넘어선 나이에도 그때를 생각하면 입가에 행복한 미소가 번진다. 인생을 소풍처럼 살 수만 있다면 얼마나 행복할까. 그러나 우리는 인생을 전쟁처럼 살 때가 많다. 부질없고 헛된 몸부림이 아닐까. 그래서 한 번뿐인 인생, 다시 돌아오지 않을 인생을 소중하고 값지게 살아야 한다.

소풍을 갈 때면 어머니가 보통 10원을 용돈으로 주셨다. 기분이 좋으면 20원을 줄 때도 있었다. 물론 부잣집에서는 50원도 주고 100원도 주었는데, 나는 최고로 많이 받아본 것이 20원이었다. 그러면 그 20원이라도 소중하고 값지게 써야 하는데, 금방 덤벙덤벙 쓰고 말았다. 옛날에 소풍을 갈 때는 보따리 장사꾼들이 교문에서 운동장 안까지 진을 치고 있었다.

그런데 나는 교문 앞에 가자마자 "아주머니, 이 빵 몇 원이요?"라고 물었다. 그러면 "하나에 10원"이라고 답하신다. 그러면 당장 20원을 주고 두 개를 사버렸다. 교문 앞에 서 있는 장사꾼에게 기분파 사나이가 돼버리고 만 것이다. 그러고 나서 폼을 재고 운동장 안으로 들어가 보면 얼마나 사고 싶은 것들이 많이 있었는지 모른다. 오히려 안에 정말 사고 싶은 것들이 많았다. 그리고 운동장 안에서는 똑같은 것을 20원에 세 개 팔기도 했다. 그러나 그것을 사고 싶어도 이미 돈을 전부 써버린 뒤였다. 두고두고 후회를 하며 "아이 씨, 아이 씨" 하고 구경만 하고 다녔다.

그런데 어떤 애들은 운동장을 몇 바퀴 돌면서 신중하게 고민하면서 물건을 사기도 했다. 아니 그보다 더 쫀쫀한 애들은 소풍 가는 최종 목적지에 도착하기 전까지는 돈을 안 썼다. 그런데 장사하는 사람들은 소풍 장소까지 머리에 물건을 이고 따라왔다. 그러다가 소풍이 끝나고 돌아올 때쯤 물건이 남으면 10원짜리를 5원에 떨이로 팔기도 했다. 그때 쫀쫀한 친구들은 20원을 주고 10원짜리를 네 개나 샀다. 나는 그것을 보고 얼마나 후회하고 또 후회했는지 모른다.

'아, 내가 20원을 너무나 덤벙덤벙 썼구나.'

어린 시절 아이스케이크를 먹을 때도 그랬다. 옛날 아이스케이크는 얼마나 맛이 있었는지, 정말 누가 죽어도 모를 정도로 그 맛은 달콤하고 감미롭고 꿀맛 자체였다. 그 아이스케이크를 하나 사 먹으려면 찌그러진 양은 냄비, 빈 병, 수저, 젓가락까지 가져다주어야 했다. 그러면 그 맛이 너무 달고 시원해서 이로 한 입 베어 씹어 먹었다. 그러나 쫀쫀한 녀석들은 베어 먹지 않고 쪽쪽 빨아서 아껴 먹는 것이 아닌가? 나는 이미 다 베어 먹고 막대기만 쪽쪽 빨고 있을 때, 쫀쫀한 녀석들은 그때도 아이스케이크를 빨아 먹고 있었다.

그때 나는 여전히 아이스크림을 빨아 먹고 있는 그 쫀쫀한 애들을 얼마나 미워했는지 모른다. 내 앞에서 너무 여유 있고 넉넉한 모습으로 아이스크림을 빨아 먹는 그들이 밉기도 했지만, 한편으로는 후회하기도 했다.

'아, 내가 너무 덤벙덤벙 빨리 베어 먹었구나.'

나는 이런 추억들을 인생의 깊은 교훈으로 삼고 살고 있다.

'아, 나는 인생을 덤벙덤벙 살지 않으리라. 교문 앞에서 기분파로 물건을 사듯이, 아이스케이크를 먹을 때 금방 베어 먹어버리듯이, 인생을 그렇게 살지 않으리라. 한 번뿐인 인생을 진지하고 소중하게 살아야 하리라. 아니, 나는 이제부터 인생을 쫀쫀하고 쩨쩨하게 살리라.'

인생은 값지고 소중한 것이다. 천상병 시인은 〈귀천(歸天)〉이라는 시에서 인생을 소풍에 비유하기도 했다. 그리고 미국의 유명한 사회학자요, 복음주의 신학자인 토니 캄폴로는 95세 이상의 노인 100명을 대상으로 이런 설문조사를 했다.

"당신은 인생을 다시 산다면 어떻게 사시겠습니까?"

그런데 그분들에게서 나온 대답은 주로 두 가지였다. 첫째, 인생을 좀 더 진지하게 살겠다. 둘째, 죽음 이후에도 계속될 일을 위해 내 인생을 투자하겠다. 대단히 장수한 분들이지만, 살아온 인생을 되돌아보니 인생이 너무나 짧고 허무하게 느껴지며, 죽음 이후의 내세가 불안하기만 한 것이다. 사람이라면 누구나 죽음을 두려워한다. 왜 그럴까? 죽음은 이 땅 위 모든 것과의 관계를 끊기 때문이다. 한마디로 이 세상과 아무 관계가 없는 존재가 되어 사라지는 것이다. 그렇게 애지중지 아끼고 모은 재물도 소용없다. 사랑하는 아내, 자녀, 친구와의 관계도 영영 단절된다. 정든 집, 아끼는 물건, 그동안 쌓아온 명예와 권력 등 이 세상 모든 것과 단절된다.

죽음 앞에서 인간은 얼마나 허무한 존재인가? 그러므로 한 번뿐인 인생을 소중하고 진지하게 살아야 한다. 육체의 쾌락과 욕망을 채우는 데만 인생을 허비하지 말고 내세를 준비하는 삶을 살아야 한다. 인생은 얼마나 아름다운 소풍인가? 우리는 인생이라는 소풍을 매순간 값지고 소중하게 살아야 한다.

꿈꾸는 나비가 꽃을 피운다

어린 시절 나비와 벌을 잡으려고 하루 종일 산과 들을 뛰어다닌 적이 있다. 옛날에는 꿀이 너무나 귀했는데, 엿이나 설탕은 꿀 다음으로 귀한 것이었다. 그래서 명절이 되면 설탕을 선물로 주고받았다. 심지어는 사카린, 당원 같은 것도 귀했다. 그래서 양푼에 탄 사카린 물을 아버지부터 시작하여 순서대로 온 가족이 차례를 기다렸다 마시던 시절이 있었다.

그때는 옥수수 줄기를 베어 껍질을 까서 씹어 먹기도 했다. 거기에 나오는 단물이 정말 달콤해 빳빳한 줄기를 먹다가 입술이 베어도 아랑곳하지 않고 흡족한 표정으로 먹었다. 그때는 꿀이 너무나 귀해서 꿀 대신 다른 대체 식품으로 단물을 먹은 것이다.

어릴 적에는 꿀 대신 꿀벌을 잡아먹기도 했다. 검은 고무신짝을 벗어서 꿀벌이 앉은 곳에 살금살금 다가가 재빨리 꿀벌을 덮친다. 그리고는 재빠른 동작으로 일곱 바퀴 정도를 돌린 다음에 땅바닥에 던진다. 그러면 벌이 정신을 못 차리는데, 그때 얼른 잡아서 침을 잘 뺀 다음에 꽁지를 입에 대고 쪽쪽 빨아먹었다. 그때 코끝을 찡하게 하는 달콤한 꿀의 향기, 아, 어찌 그 맛을 잊을 수 있을까. 그런데 친구들 중에 조금 어수룩한 아이가 이 방법을 듣고 침을 뺀다는 게 그만 털을 뽑고 빨아먹다가 벌침에 쏘였다. 혓바닥이 주먹만큼 커져 된통 고생하고 친구들 놀림을 받은 기억이 난다. 그럼에도 그 일이 있은 지 일주일 만에 그 친구는 다시 벌을 찾아 여기저기 고무신짝을 들고 헤매고 다녔다. 달콤한 꿀맛이 너무나 그리워서 말이다.

지금도 눈을 감으면 벌에 대한 아련한 추억이 떠오른다. 그런데 벌보다 친근한 것이 나비였다. 나비에게는 꿀이 나오지 않았다. 그들은 꽃들 사이를 우아하게 춤추며 날아다닌다. 호랑나비, 흰나비, 노랑나비 등 여러 나비가 있는데, 나비를 잡을 때는 고무신짝을 가지고 잡지 않는다. 최대한 자세를 낮추고 살금살금 다가가서 손가락으로 잡는다. 벌은 가끔 잡다가 놓칠 수가 있는데, 벌이 직선으로 쏜살같이 날아가기 때문이다. 그런데 나비는 그렇지 않다. 날아다니는 모습이 우아하고 기품이 있다. 나비를 잡으려면 사뿐사뿐 가서 잡아야 한다. 하지만 나비를 잡아서 무엇에 쓰겠는가. 그냥 다시 놔줄 뿐이다.

나비는 도망갈 때 직선으로 날지 않는다. 훨훨 춤을 추면서 천사처럼 날아간다. 그러고 나서 나비는 몇 바퀴를 돌다가 다시 꽃 위에 앉는다. 이런 것을 볼 때 나비는 겁도 없고 꽃과 떼려야 뗄 수 없는 관계다. 꽃이 없으면 나비가 없고, 나비가 없으면 꽃도 없다. 나비가 꽃가루를 묻혀서 수정해주어야 꽃이 피듯이, 나비 없는 꽃은 의미가 없다. 반대로 꽃이 없다면 나비도 살아갈 수 없다. 그러니 나비와 꽃은 천생연분이요, 인연 중의 인연이다. 나중에 커서 생각해보니 꽃을 피우는 건 역시 꿈꾸는 나비였다.

나비는 애벌레에서 태어날 때부터 꽃을 피우기 위한 꿈을 꾼다. 그냥 꿈만 꾸는 것이 아니라 또 다른 꽃, 꽃 다음의 꽃을 피우는 꿈을 꾸고 태어난다. 그래서 나비는 꽃가루를 묻히고 이 꽃 저 꽃을 다니며 꽃씨를 맺게 한다. 그러니까 꽃을 피우는 건, 꿈꾸는 나비다. 이런 생각을 시로 옮겨본 적이 있다.

나비의 로맨스

봄 향기 그윽한 작은 동산에서
당신은 꽃 피고

나는 당신의 나비되고 싶습니다.

꽃이 핀 지 오래되고
다른 나비가 이미 지나갔어도
난 그대가 좋고 또 좋을 뿐입니다.

그대의 향내음에
나비는 어쩔 수 없어
그대만 사랑하고 또 사랑하렵니다.

바람이 불 땐
그대 품속에 안겨 있고
비 오는 날도
그대 품속에 움츠려 있다가
그대 꽃잎 떨어질 때
나도 함께 떨어질 것입니다.

나의 날개가 쭈그러들고
나의 호흡이 끊어질 때도
그대 향취에 젖어

한 번밖에 없는
후회 없는 삶이었다고
웃음 지으며 땅에 떨어지렵니다.

내 인생은 꿈꾸는 나비와 같았다. 어린 시절에는 누구보다도 지기를 싫어했다. 벌처럼 톡 쏘는 오기와 패기, 오만 같은 배짱이 넘쳤다. 이런 성격은 신앙생활을 할 때도 나타났다. 오죽하면 아버지, 어머니가 그렇게 교회 다니는 것을 핍박해도 굴복을 하지 않았을까. 그리고 신학교를 다니면서도 벌과 같이 야망을 가지고 날아다니며 꿈을 꾸었다. 기도를 하더라도 제일 늦게까지 남아서 끝까지 기도했다. 무등산의 소나무를 성도들이라 생각하고 설교 연습을 했다. 화순 백암교회를 개척할 때도 불타오르는 꿈으로 눈이 이글거렸다. 그 거친 야성과 야인의 세월들, 그때 나는 땅벌 같았다.

맨손, 맨발, 맨몸으로 서울에 올라와 개척을 할 때도 벌과 같았다. 그런데 어느덧 교회가 부흥하고 커지면서 잠시 그 야성의 질주, 야망과 꿈의 직선 질주를 멈추고 생각해보았다. 그 순간, 어린 시절 꽃들 사이를 우아하게 춤을 추며 날아다니던 나비가 생각났다. '아, 벌보다 나비가 더 위대하다. 벌처럼 나를 만나는 사람에게 꿀을 전하고 꿀 같은 행복을 주는 것도 중요하지만, 우아하게 춤을 추며 꽃을 피우는 꿈꾸는 나비가 되고 싶다.'

그래서 가슴속 심연에서부터 꽃을 피우는 건, 꿈꾸는 나비라는 고백이 나왔다. 4만 명이 모이는 대형교회 목사지만 자칫하면 성도들에게 벌처럼 상처를 줄 수가 있고 목표 성취에만 몰두할 수 있다. 앞만 보고 달려 주변을 돌아보지 못한 채 정상만을 향해 질주할 수 있다. 그러므로 나는 나비처럼 우아하게 날아서 꽃가루를 묻히고 더 새로운 꽃을 피우는 꿈을 꾼다. 이제는 꿈을 꾸더라도 남에게 상처를 주지 않는 꿈이요, 그 꿈을 이루더라도 남에게 아픔을 주지 않는 성취를 이루고 싶다. 그래서 벌보다는 나비의 모습으로 살고 싶다.

아, 오늘도 나는 꿈꾸는 나비이고 싶다. 아니 나는 어쩌면 나비가 되기 전부터 꽃을 피우는 꿈을 꾸었고 꿈꾸는 나비이고 싶었을 것이리라. 그래서 오늘도 꽃을 헤집고 다니면서 꽃들을 격려하고 싶다. 그리고 더 새롭고 더 많은 꽃을 피우고 싶다. 아니, 그 꽃을 넘어서 또 다른 꽃을 피우는 꿈꾸는 나비이고 싶다. 그러다가 지쳐서 어쩔 수 없이 꽃들 아래로 떨어지는 그날, 햇빛 반짝이는 마지막 날의 오후가 찾아올지라도, 행복한 웃음을 지으며 세상을 떠나고 싶다. 나로 인해 더 많은 꽃들이 피어날 꿈을 꾸면서, 세상이라는 황무한 광야를 저 이스라엘의 사론 평야와 같은 황홀한 화원으로 만발하게 하는 꿈을 꾸면서…….

2부

상처에도 향기가 있다

풀잎이 바람결에 몸을 부딪친다. 그러다 상처가 난다. 그런데 그 상처 때문에 풀의 향기가 밤 구름 사이로 번져간다. 그것이 바로 상처의 향기다. 우리의 상처가 꽃이 될 수 있기를. 세상이 조금 더 부드럽고 아름다워지기를.

이야기,
그 황홀한 상상의 세계

깊은 밤이면 별이 도시를 찾는다. 그러나 도시의 불빛이 너무 밝아 별이 잘 보이지 않는다. 고향의 밤하늘은 투명하고 맑았다. 주먹만 한 별들이 대숲의 바람 사이에서 푸르게 빛났다. 콘크리트 건물에 갇혀 사는 도시인이지만, 내 마음속에는 고향의 별들과 바람과 나무들이 숨 쉬고 있다.

또 한 가지 잊을 수 없는 추억. 그것은 어린 시절 할머니와 어머니, 누나로부터 들었던 무수한 이야기의 성찬이다. 그것은 마치 내 유년 시절의 보물창고와 같다. 그 속에는 아무리 꺼내고 꺼내도 사라지지 않는 수많은 보석들이 빛난다.

나는 어린 시절부터 이야기를 좋아했다. 이야기를 듣다 보면 시간이 가는 줄 몰랐다. 그리고 스스로 이야기를 만들기도 했다. 그야말로 이야기는 황홀한 상상의 세계였다. 아마도 내가 이야기를 좋아할 수 있던 건 막내로 자랐기 때문이다. 아버지께서 형이나 누나는 천자문, 수학, 구구단 암기 등 늘 엄하게 공부를 시켰다. 시험 점수를 올리는 지식 교육을 많이 시킨 것이다. 하지만 막내인 나는 비교적 자유로웠다. 그래서 할머니, 어머니, 누나로부터 옛날이야기를 많이 듣고 자랐다. 귀신, 도깨비, 보릿고개 이야기, 6·25 한국전쟁 때 고생한 이야기 등 그야말로 꿈과 환상의 보물섬이었다.

그중에서도 지극한 효자 이야기가 생각난다. 어머님이 병환으로 위독해지자, 효자 아들은 죽은 사람의 다리를 잘라 삶은 물을 마시면 살 수 있다는 이야기를 듣는다. 효자는 어느 깊은 저녁 공동묘지를 찾아 한 묘지를 골라 파헤친 후 시체를 꺼내어 다리를 자른다. 할머니가 이런 이야기를 할 때면 나는 마치 내가 공동묘지에 있는 것처럼 벌벌 떨면서 이야기에 빠져들었다. 나도 모르게 손에 땀이 나고 숨을 죽였다.

마침내 다리를 자른 효자가 옷섶에 시체의 다리를 숨기고 밤공기를 가르며 숲 속을 달린다. 어디선가 승냥이의 울음소리가 들리는 것만 같다. 나도 함께 달린다. 숨이 차고 심장이 터질 것 같다. 그때 뒤에서 하얀 소복을 입은 여자가 긴 머리카락을 풀어 헤치고는 달려온다. 그리고 도망가는 효자의 뒷덜미를 잡는다.

"내 다리 내놔, 내 다리 내놔."

효자는 질겁하고 도망을 간다. 할머니가 갑자기 내게 손을 뻗으며 "내 다리 내놔!" 하면 놀라서 이불 속으로 숨었다. 그리고 몸을 덜덜 떨면서도 할머니의 이야기에 귀를 쫑긋 세웠다. 마침내 효자는 집에 와서 다리를 삶아서 어머니께 봉양한다. 그런데 아침에 보았더니 그것이 산삼이었다. 이런 이야기를 들으면 상상의 세계가 놀랍도록 커진다.

이야기는 사람을 매혹시키는 힘이 있다. 나는 이야기가 끝나면 또 해달라고 졸랐다. 그러면 할머니와 어머니, 누나들의 이야기보따리는 금세 떨어졌다. 결국 거짓말로 이야기를 지어서 해주곤 했다. 그때 들었던 이야기들 때문에 내겐 독특한 상상력과 창의력, 문학성이 길러질 수 있었다. 즉 사람들을 웃기고 울게 하는 내러티브의 힘이 생겼다. 목회자로서 설교를 할 때도 이야기 설교를 한다. 어떤 딱딱한 교리나 이론적인 설교를 해도 이야기로 들린다. 그래서 사람들은 마음을 열고 이야기에 빠진다. 마치 어린 시절의 내가 그랬던 것처럼.

난 이야기만 좋아했지 글자 공부를 하지 못했다. 그래서 다른 아이들은 학교를 들어가기 전에 한글을 배우고, 구구단을 외우고, 천자문도 배웠지만 나는 까막눈으로 학교에 들어갔다. 가슴에 큰 손수건을 하나 차고 초등학교에 입학을 했으니 얼마나 우스웠을까. 그 큰 수건으로 누런 코를 윤기가 나도록 닦기도 했다. 나중엔 소매 끝으로 코를 얼마나 닦았는지 내 옷소매는 늘 반들반들했다. 그러나 나는 금방 한글을 익혔고, 초등학교 글짓기 대회에 나가서 고향인 남원 전체에서 1등을 했다. 5학년, 6학년 때는 웅변대회와 고전 읽기 대회를 나가 전라북도에서 교육감상을 받기도 했다. 웅변대회에 나가서 이승복 이야기나 어머니 은혜 등을 가지고 이야기를 하면 사람들이 엉엉 울어버릴 정도였다. 글자 공부를 하지 않았지만 어린 시절에 옛날이야기를 많이 들으며 자랐기 때문이다. 뿐만 아니라 노래도 잘해서 전교에서 1등을 했던 기억이 난다.

아, 생각만 해도 얼마나 아름다운 날들이었는지. 초등학교 5학년 때는 마을 콩쿠르에 나가서 인기상을 받았을 정도로 노래를 좋아했다. 유년 시절에 들었던 그 모든 이야기와 노래는 아마도 내게 삶에 대한 사랑을 가르쳐준 것만 같다. 내가 학교와 군청, 도교육청에 가서 웅변, 글짓기, 고전 읽기 상을 받아올 때마다 우리 동네 친구들은 아버지들에게 얼마나 야단을 많이 맞았는지 모른다.

"야, 이놈아! 너는 학교를 뭐 하러 다니느냐? 강석이나 졸졸 따라다녀라."

이미 한글도 다 알고 구구단도 다 외우고 학교에 들어간 아이들이었지만 이야기에 대한 풍부한 상상력이 없으니 문장력과 웅변력이 떨어질 수밖에 없었던 것이 아닐까.

미래학자 롤프 옌센이 말한 《드림 소사이어티》의 핵심은 스토리다. 이야기가 있는 사회를 말한다. 지금은 이야기가 있는 사람이 인정받고 주목받는다. 특별히 지도자에게는 스토리가 있어야 한다. 내러티브가 있는 사람이 청중을 감동시키고 설득한다. 나의 힘도 이 스토리텔링에서 나온다.

나는 50대가 되었지만 아직도 도시적, 지성적 세련미가 부족하다. 여전히 시골스럽고 투박하고 야성으로만 똘똘 뭉쳐 있는 것 같다. 그래서 가끔 내성적이고 유약한 사람들에게는 거부감을 줄 수 있다. 그러나 반면에 내게는 이야기의 힘이 있다. 그래서 상대적이긴 하지만 내 설교는 중독성이 있다. 그 이야기 설교의 힘으로 맨몸으로 개척하여 4만 명의 성도 부흥을 이룰 수 있었다. 지금도 어디를 가서 집회를 하면 경직된 청중을 무장해제하고 마음의 문을 열게 하는 저력이 있다. 그래서 우리 교회뿐만 아니라 어디를 가더라도 이야기 공동체를 이룬다.

돌이켜보면 할머니, 어머니, 누나들은 정말 연약한 여인들이었다. 그러나 그분들은 나를 놀라운 이야기의 세계로 인도한 위대한 안내자였다. 오늘도 수많은 이야기들이 쏟아지고 있다. 함박눈처럼, 꽃비처럼, 여름날의 소나기처럼. 이야기, 그 황홀한 상상의 세계를 걷는다.

상처에도 향기가 있다

나의 무의식에 자리 잡은 하나의 풍경이 있다. 너른 들녘에서 어머니는 밭을 매고 계신다. 난 뽕나무 아래 소쿠리에 뉘어져 있다. 배가 고파서 젖을 달라고 울고불고 난리를 친다. 하지만 등을 돌린 채 밭을 매고 있는 어머니는 대답이 없다. 어디서 왔는지 구렁이, 독사, 지네 등 땅을 기어 다니는 온갖 짐승들이 울고 있는 내 배 위로 하나하나 올라온다. 갓난아기인 나는 더 자지러지도록 울고 보챈다. 정말 무서워서 벌벌 떤다. 그래도 누구 하나 나를 돌봐주는 사람이 없다. 이 이야기는 내가 커서 어머니께 들은 이야기를 재구성해본 것이다.

프로이트 심리학에 의하면, 인간의 온갖 내적 상처는 무의식에 저장된다. 그리고 열등의식으로 잠재된다. 그래서 끊임없이 자아를 굴절시키고 어둡게 지배한다. 사람은 누구에게나 상처가 있다. 어린 시절 나의 무의식에 저장된 그때의 충격은 장성한 어른이 된 후에도 상상의 세계에 공존한다. 불과 몇 십 년 전의 일이지만 우리 세대는 다들 이렇게 크고 자랐다. 가난하고 배고팠으며, 외로움과 고독 속에 방치된 채 자랐다.

상처를 잘 보여주는 이야기가 있다. 전주에 가면 콩나물 국밥집을 하는 욕쟁이 할머니가 있다. 얼마나 욕을 잘하는지 욕으로 시작해서 욕으로 끝난다.

"××놈아, 뭐하고 처박혀 있다가 이제 나타나, ××할 놈 같으니라고. 아나, 처먹어라!"

식당에 들어가면서부터 나올 때까지 사람들은 할머니의 욕을 들어야 한다. 그런데 사람들은 그 욕을 듣기 위해 국밥집을 찾아간다. 참 이상하지 않은가. 할머니가 살아오신 세월이 너무도 험하고 거칠어서 가슴에 맺힌 한이 욕으로 나오는 것이다. 할머니의 욕은 우리의 잠재된 상처와 반항의식을 대변한다. 그래서 사람들은 통쾌해한다.

대개 예전 부모들은 자녀에게 욕을 아주 잘했다. 그런데 자칫 거친 욕이나 가난, 고통, 소외감 등이 심리적 열등감으로 자리 잡으면 문제가 될 수 있다. 심리학자 아들러의 말에 따르면, 어릴 때부터 신체적으로 허약한 아이는 같은 상황에서 다른 아이들보다 힘들어하는 자신을 의식한다고 한다. 그래서 세상은 나를 비웃는 곳, 나에게 실망을 안겨주는 곳이라는 열등의식을 형성한다는 것이다. 결국 아이는 계속해서 다른 사람과 함께 어울리는 것을 피하려고 한다. 뿐만 아니라 자신의 약점, 능력의 한계를 지나치게 연민하거나 초라하게 여기게 된다. 그래서 우울한 열등감이 어두운 밤처럼 찾아든다.

이런 상처와 열등의식이 얼마나 위험한 것인가를 잘 보여주는 이야기가 있다. 유태인을 학살한 히틀러는 그림 그리기를 좋아하여 미술학교에 진학하려고 했다. 그러나 두 번이나 낙방할 정도로 성적이 좋지 않았다. 특히 히틀러는 함께 학교에 다니던 유대인 학생들에게 놀림의 대상이었다. 그래서 그는 유대인을 향한 깊은 상처와 분노를 갖게 된다. 나중에 이 소년은 600만 명에 이르는 유대인을 학살하는 홀로코스트의 괴물이 되고야 만다.

사람은 누구나 상처가 있다. 나는 인생의 상처를 예수님의 복음으로 치유했다. 내 죄를 위해 십자가를 지신 예수 그리스도의 사랑을 경험하고 상처에서 벗어날 수 있었다. 사실 나는 예수님을 믿을 사람이 아니다. 그런데 불가항력적인 예수님의 방문을 맞이하고, 거부할 수 없는 만남을 가졌다. 그때 내가 경험한 하나님이 엿장수 같은 하나님이다.

엿장수가 어떤가. 돈 대신 폐품 쓰레기를 받고 달콤한 엿을 주었다. 내가 만난 주님은 우리의 도의나 선행을 받지 않는다. 그저 십자가 앞에 내놓은 우리의 상처, 죄, 아픔과 같은 폐품 쓰레기를 받았다. 그것을 어떤 헌금이나 헌신보다 아름다운 예물로 받는다. 그리고 달콤한 엿가락을 한 아름씩 주신다. 엿장수 하나님의 사랑을 경험할 때 거기서 용서의 힘이 나오고, 화해와 치유의 능력이 나오는 것이다.

나는 본래 타고난 성질이 급하지만, 목양의 현장에서는 나름 맷집이 좋은 목사로 통한다. 아무리 큰 잘못과 실수를 해도 어지간하면 다 용서하고 받아준다. 공동체의 질서를 악의적으로 파괴하려는 것이 아니라 순간의 연약함으로 인한 실수라면 눈감고 포용해준다. 그만큼 타고난 기질은 급하고 강하지만, 예수님을 만난 후 포용적으로 변하여 화해와 치유 목회를 하고 있다.

인간의 영혼은 십자가를 경험할 때 상처의 굴레로부터 자유로워진다. 뽕나무에 오른 삭개오도 예수님을 만난 후 내면의 상처가 치유되었고 새로운 삶을 살았다. 나 또한 그리스도를 만나서 새로운 삶을 살게 되었다. 그래서 지금은 또 다른 사람들의 상처를 치유하고 있다. 얼마나 행복한 삶인가.

풀잎이 바람결에 몸을 부딪친다. 그러다 상처가 난다. 그런데 그 상처 때문에 풀의 향기가 밤 구름 사이로 번져간다. 그것이 바로 상처의 향기다. 우리의 상처가 꽃이 될 수 있기를, 세상이 조금 더 부드럽고 아름다워지기를.

화해를 이루는 중보자가 되고 싶다

사람은 싸우는 존재다. 첫 인류였던 아담의 후손 카인과 아벨도 싸웠다. 아니 그냥 싸운 게 아니라 살인을 저질렀다. 사람은 누구나 다 공격 본능을 가지고 있다. 특히 자존심을 건드리면 상처 받고 싸움을 한다.

옛날에 나의 부모님께서는 참 많이 싸웠다. 대부분의 이유는 작은아버지 때문이었다. 당시 작은아버지께서는 일본을 왕래하면서 사업을 할 정도로 영리했고, 처음에는 크게 성공했다. 그런데 잘나가던 사업이 하루아침에 망해버렸다. 그래서 빚만 잔뜩 남기고는 서울로 도망을 가버렸다. 어쩔 수 없이 우리 아버지가 집안의 장손이고 큰아들이다 보니까 제일 많이 책임을 져야 했다. 형제끼리 모여서 의논을 한 끝에 논과 밭을 팔아서 급한 불을 껐다. 동생 때문에 가산을 거의 다 팔았으니 아버지 가슴이 얼마나 미어졌을까. 그때 우리 어머니가 아버지에게 이렇게 위로를 했으면 얼마나 좋았을까?

"영감, 비록 형제간의 일 때문에 논과 밭은 팔았어도 나는 우리 영감이 존경스러워요. 당신 마음씨 하나는 대단해요. 그 착한 마음과 공덕 때문에 하늘에서 당신에게 반드시 복을 주고 보호해줄 겁니다. 우리 힘들어도 열심히 일하면서 절약하며 삽시다. 형제간도 알고 보면 다 남인데, 남을 위해 좋은 일 했다고 치면 하늘이 감동해서 복을 줄 거 아니겠어요?"

그랬더라면 아마 아버님도 눈물을 흘리며 어머니한테 오매불망 충성을 했을 텐데. 우리 마누라가 최고라고 말하면서 시도 때도 없이 이렇게 노래를 불러주시지 않았을까?

'젖은 손이 애처로워 살며시 잡아본 순간 거칠어진 손마디가 너무나도 안타까웠소. 시린 손끝에 뜨거운 정성 고이 접어 다져온 이 행복, 여민 옷깃에 스미는 바람 땀방울로 씻어온 나날들, 나는 다시 태어나도 당신만을 사랑하리라.'

그런데 그것은 나의 바람일 뿐 현실은 정반대였다. 어머니는 작은아버지의 사업 실패 이후로 아버지에 대한 불만과 한을 표현하기 시작했다. 아버지가 작은아버지 때문에 팔아야 했던 논은 비가 오지 않아도 저수지에서 물이 내려와 농사를 지을 수 있는 좋은 땅이었다. 그 좋은 땅 다 팔아버리고, 어머니는 천수답 몇 마지기 가지고 농사를 지어야만 했다.

초등학교 때, 어느 해 봄엔가 비가 안 와서 모내기를 못 하고 있었다. 세상에 논을 호미로 파서 모를 심을 정도가 되었다. 산속에서 자잘하게 흘러내리는 물을 받아서 물지게로 아버지가 옮겨와서는 논에다 붓고 호미로 파서 모를 심어야 했다. 그때 우리 어머니는 소리내어 울었다. 그 좋은 논 다 두고 이런 논에다 모를 심는다고 말이다. 그 썩을 놈, 염병할 놈의 형제 때문에 온 식구가 다 고생한다고 울면서 넋두리를 했더랬다. 그러면 아버지는 기가 팍 죽어가지고 물지게로 물을 길어다 논에다 부으면서 말 한 마디도 못 하셨다. 허리가 끊어지게 일하면서도 자기 형제 때문에 그랬으니 아무 말도 할 수 없었다. 당시 아버지의 그늘진 표정을 잊을 수 없다. 형이나 누나도 아무 소리를 못 했다. 그런데 당시 초등학교 1학년이었던 나는 어머니에게 이렇게 말했던 기억이 있다.

"어머니, 지나간 일 탓해봤자 뭐할 거요? 그렇게 팔자 탓하고 작은아버지 욕해서 뭐할 거요? 지금 농사라도 잘해야 우리 식구 안 굶어 죽지. 지금이라도 하늘이 비 내려주면 안 굶어 죽고 우리 식구 살 수 있어요."

그러니까 어머니께서 눈물을 닦으시면서 이렇게 말했다.

"이놈의 자식, 막내 자식은 언사도 좋고 성격도 좋다."

아버지, 어머니, 우리 다섯 남매가 침울하고 침통할 때, 막내인 내가 어머니를 달래며 가정의 웃음과 평화를 만들었다. 지금 생각해도 어떻게 어린 꼬마가 그런 말을 했는지 참 대견스럽다. 아무튼 아버지는 죄인이기에 아무 말씀도 안 하시고 열심히 일만 하셨다. 겨울에 군불도 때주고, 소죽도 다 끓이고, 제사 돌아오고 큰일 돌아오면 물지게로 물 길어다 주고, 떡방아도 다 찧어주었다. 그런데 그렇게 충성스럽고 마누라에게 죄송한 마음이 가득했던 아버지도 어디서 술만 드셨다 하면 술주정이 보통이 아니셨다. 평소에 속에 있는 스트레스를 그냥 발설했다. 그래서 술 취한 날은 아버지가 어머니에게 먼저 싸움을 걸었다. 온 동네가 쩌렁쩌렁 울리도록 소리를 고래고래 지르면서 괜히 시비를 걸며 소리쳤다.

"어이, 대산댁, 대산댁은 대감 딸이고 정승 딸이여. 도도하고 자존심도 강하고 말이여. 자존심 강한 여자, 한번 나와 봐."

아버지가 이렇게 소리를 치면 어머니가 작은 집이나 이모 집으로 빨리 피해버리거나 아니면 살살 달래거나 해야 하는데, 그러지를 않았다. 아버지 말에 질세라 우리 어머니도, "그려, 나는 대감 딸이고 정승 딸이여. 그려, 나는 도도한 여자여. 그러니 어쩔 것이여!" 하고 오히려 더 큰소리를 치는 것이었다. 그만큼 서로가 울분이 쌓였다는 증거였다. 동생 때문에 재산 날린 것이 씻을 수 없는 상처로 남았기 때문이다. 아무튼 그렇게 싸움이 시작됐다. 그런데 우리 아버지는 술 기운에도 어머니를 때리지는 않았다. 어머니를 밀어뜨리는 건 봤지만 때리지는 못하셨다. 마음은 선한 분이 사는 게 힘겨우니까 울분을 토로하는 것일 뿐이었다. 그러면 그때 내가 아버지 다리를 붙잡고 말씀드렸다.

"아부지! 제발 방에 들어가서 자씨오. 우리 친구 아부지들은 술 묵으면 다 잡디다. 그러니 주무씨요."

그래도 아버지는 어머니에게 화를 다 못 푸니까 절구대를 가지고는 장독대로 갔다. 이놈의 집구석 다 부서뜨려 버린다면서 장독 하나를 먼저 깼다. 그때 어머니가 가서 "아이고, 영감 참아요. 내가 잘못했구만요." 하면 얼마나 좋았을까. 하지만 어머니는 "그래, 다 깨버려라. 된장, 간장 단지까지 다 깨라. 이 집구석 망하게 다 깨버려라." 라고 말씀하셨다. 그러면 아버지도 자존심이 상해서는 "내가 못 깰 것 같으냐?" 하며 장독들을 모두 깨버리는 것이었다. 그래서 한번은 간장을 담가놓은 항아리가 깨져서 간장이 마당까지 흘러 도랑을 만들 때도 있었다. 그때 형과 누나는 무서워서 모두 도망갔다. 그런데 나는 그런 아버지 손을 붙잡고서 말했다.

"이거 깨서 뭐하실라요. 아버지는 진짜 우리 집이 망하기를 바라시는 거요? 이러시면 우리가 부모님께 뭘 배우겠어요."

그때 우리 아버지는 너는 애비 편이냐 니 애미 편이냐며 물었다.

그러면 나는 어머니 편도 아니고 아버지 편도 아니고 두 분 모두의 편이라고 말하면서 아버지 마음을 누그러뜨렸다. 그러면 아버지는 막내 때문에 참는다는 핑계를 대며 장독 깨는 것을 그만두셨다. 이처럼 나는 어릴 때부터 집안의 갈등과 다툼을 많이 보았다. 그리고 싸움을 말리면서 평화를 만드는 방법을 배웠다. 그래서 화해 목회를 했다.

지금 한국교회는 수많은 갈등과 싸움으로 몸살을 앓고 있다. 서로 기득권을 잡으려고 힘 싸움을 하며 공멸의 절벽으로 달려가고 있다. 그러나 우리 교회는 단 한 번도 싸운 적이 없다. 가락동에서 분당으로 올 때도 한 번의 마찰이 없었다. 물론 분당으로 왔을 때 처음에는 가락동 교인들과 분당 교인들 사이에 마찰의 위험이 있었지만 화해와 섬김의 리더십과 마인드로 화해시키고 한마음을 이루었다.

그 화해와 하나됨의 힘으로 다시 분당에서 죽전으로 이전하여 당시만 해도 대한민국에서 최고로 큰 예배당을 지었다. 그런데도 기존의 교인들이 한 명도 떨어지지 않았다. 그만큼 온 교인들이 한마음을 이루었다. 지금도 우리 교회는 화해와 섬김과 일치가 저력이다. 우리 모두 손을 치켜들고 싸우려고 하지 말고 그 곁은 손을 살며시 잡아줄 수 있다면 얼마나 좋을까. 우리 사회는 이념, 지역, 계층, 세대 간의 갈등이 얼마나 심한가.

어린 시절 화해의 중재자가 되어 부모님의 싸움을 말렸던 나는 한 교회를 담임하는 목사로서, 한 사람의 국민으로서 여전히 평화의 징검다리가 되고 싶다. 계속해서 화해의 중보자가 되고 싶다. 심지어는 언젠가 내가 더 큰 영향력이 있을 때 정부에서 대북 특사로 보내주면 남북의 평화통일을 위해 나의 화해의 삶과 리더십을 발휘하고 싶은 꿈이 있다. 성 프란치스코의 〈평화의 기도〉라는 한 편의 시처럼, 화해의 선율처럼…….

평화의 기도

주여
나를 평화의 도구로 써 주소서.

미움이 있는 곳에 사랑을
다툼이 있는 곳에 용서를
분열이 있는 곳에 일치를
의혹이 있는 곳에 믿음을
그릇됨이 있는 곳에 진리를
절망이 있는 곳에 희망을
어두움에 빛을
슬픔이 있는 곳에 기쁨을

가져오는 자 되게 하소서.

위로받기보다는 위로하고
이해받기보다는 이해하며
사랑받기보다는 사랑하게 하여 주소서.

우리는 줌으로써 받고
용서함으로써 용서받으며
자기를 버리고 죽음으로써
영생을 얻기 때문입니다.

인생의 진짜 주인을 만나다

나는 교회를 나갈 사람이 아니었다.

어린 시절 초등학교 짝꿍이 시골교회 전도사님의 아들이었다. 그런데 나는 교회 다니는 사람들을 상놈 취급하던 고지식한 아버지를 닮아서 그 친구를 몹시 괴롭혔다. 교회에서 아무리 크리스마스라고 사탕을 주고 성경학교라고 공책을 줘도 그런 미끼에 걸려서 교회 가는 사람이 아니었다.

"왜 종교를 가지냐? 차라리 선행을 하며 살아야지."

오히려 불교에 더 가까웠다. 시골에서 시주를 하러 오는 스님들과 친근했다. 그래서 쌀이 되었건 보리쌀이 되었건 퍽퍽 퍼주면서 인심을 쓰곤 했다. 그러다가 고등학교를 진학하며 군산으로 유학을 가게 되었다. 군산은 내 영혼의 은빛 포구와 같았다. 그러나 태어나서 처음으로 혼자 생활하다 보니 외롭고 쓸쓸했다. 특별히 사춘기였기 때문에 정체성의 위기가 오면서 혼돈과 방황의 시간을 보낼 수도 있었다. 그때 후배 녀석이 내게 교회에 한번 가자고 말하는 것이었다. 그래서 내가 왜 교회를 가냐고 했더니, 그 녀석은 이렇게 말했다.

"교회에 예쁜 여자애가 하나 있는데, 우리 제일고등학교 학생들을 무시해, 형이라면 그 애를 꼬실 수 있을 거야, 그러니까 한번 가자."

후배의 말을 듣고는 예쁜 여학생을 꼬시고야 말겠다는 마음으로 처음 교회를 가게 되었다. 그런데 그 여자애를 본 순간 첫눈에 반해 버렸다. 그 여자애도 내가 교회를 가니까 "형제님, 형제님" 하며 상냥하게 대해주는데, 예배와 찬송을 열심히 안 드릴 수가 없었다. 나중에야 후배 녀석과 그 여자애가 나를 전도하려고 둘이 일부러 짜고 그랬다는 것을 알게 되었다. 그래도 그 여자애에게 잘 보이려고 성가대, 주일학교 교사, 교회 청소 등 누구보다 열심히 교회를 위해 봉사했다. 그러다가 하나님을 만나버렸다. 이것이 첫사랑의 시작이었다. 나는 예수 믿으러 교회를 간 것이 아니라 여학생 때문에 간 것이었다. 하지만 그것이 내 첫사랑의 시작이었다.

그러던 어느 날, 그녀에게 잘 보이기 위해 부지런히 교회를 다니다가 예수님과의 뜨거운 만남을 체험하게 되었다. 순정만화 속의 주인공처럼 백합화처럼 빛나는 한 소녀를 만나기 위해 교회를 처음으로 가게 되었다. 그런데 그 순수한 호기심과 첫사랑의 마음은 내 생애를 불살라버릴 소명의 사랑으로 승화되었다.

사실 처음 교회에 가게 된 것은 어떤 면에서 불순한(?) 동기였지만, 난 정말 그곳에서 가슴을 활활 불사르는 진정한 영혼의 사랑을 만났다. 그리고 그제야 진정한 첫 신앙, 첫사랑을 경험했다. 내가 호기심에 찾아가 만난 그 소녀가 아니라, 나를 위해 십자가에서 죽으신 예수님을 만났으니 그분이 영혼의 진정한 첫사랑이었다. 그래서 나의 첫사랑은 열정 그 자체였다. 한 달 만에 찬송가를 100곡이나 익혔고, 교회의 모든 예배는 물론 새벽기도까지 다녔다. 교회에 너무 열심히 나간다고 기숙사에서 쫓겨날 정도였다. 방을 얻어 자취를 하면서도 나의 첫사랑은 더 불타올랐다. 무덤이 많은 뒷산의 나무에 십자가를 걸어놓고 매일 밤 기도시간을 가질 정도였다. 그 열심 때문에 세례도 받기 전에 중고등부 학생회장이 되었고, 어린 나이에 주일학교 교사가 되기도 했다. 그리고 교회의 많은 사람들이 까까머리 고등학생 시절부터 나를 아예 소 목사라고 불렀다. 그러니 나는 첫사랑을 만나기 위해 교회를 갔다가, 진정한 첫사랑을 만나게 된 것이다.

그래서 대형교회의 목사가 된 지금에도 그 어떤 사람이든 교회에 오는 사람은 다 환영을 해준다. 그 사람이 보험 영업을 목적으로 교회에 등록을 했든지, 정치 후보생으로서 앞으로 당선을 위해서 전략적으로 등록을 했든지, 아니면 식당이나 학원, 부동산, 옷 가게, 카센터, 그 어떤 사업적 목적을 가지고 등록을 했든지 그것은 문제가 되지 않는다. 한번은 선거철에 교회를 찾아오는 후보들을 교인들 앞에서 너무 따뜻하게 홍보해준다고 해서 선관위 조사를 받은 적도 있다. 그때 나는 어린 시절 나의 이야기를 해주었다.

"나도 처음에 여학생 꼬시러 교회 나갔다가 예수님을 만난 사람입니다. 그래서 우리 교회에 오는 어떤 사람이든지 진심을 다해 환영하고 그들을 배려해주는 것일 뿐입니다."

그러면서 오히려 선관위 직원들에게 전도를 했다. 그러면 선관위 직원들도 이렇게 말한다.

"목사님, 설교 듣고 은혜 받았습니다. 집이 서울이라 집 근처에 있는 교회에 나가는데, 기회가 되면 가겠습니다."

그러다가 선관위 직원도 예배 드리며 설교를 듣다가 등록을 하는 경우도 있었다.

누가 어떤 목적으로 교회를 왔더라도 결국에 정말 자신의 인생을 살아가야 할 진정한 목적을 찾게 된다면 그것 또한 하나님이 원하시는 일이 아닐까. 물론 그가 교회를 이용하여 사사로운 개인의 목적을 이루려고 왔다는 사실을 안다. 그러나 물리치지 않고, 환대하고 박수를 쳐준다. 왜냐하면 나 또한 고등학생 시절 예쁜 여학생을 만나러 갔다가 인생의 진짜 주인, 아름다운 사랑을 만났기 때문이다.

잊지 말아야 할 떠돌이 삶

떠돌이, 방랑자, 나그네, 같은 듯 다른 말이다. 떠돌이는 거주하고 싶으나 머물 곳이 없는 사람이다. 방랑자는 머물 수 있으나 스스로 방황을 선택한 자다. 나그네는 어떤 목적지를 향해 걸어가는 길 위의 존재다. 그래서 떠돌이란 말은 더욱 쓸쓸하고 고독하다. 고등학교 3학년, 한창 집안에서 부모의 따뜻한 사랑을 받으며 대학입시를 준비해야 할 나이에 나는 떠돌이 생활을 했다. 목사가 되겠다고 선언을 한 다음에 결국 집에서 쫓겨났기 때문이다. 무작정 고등학교를 다니던 군산으로 올라왔지만 머물 곳이 없었다.

남원 읍내에 사는 중학교 동창이 군산 갈 차비를 줘서 올라왔지만 갈 곳은 없었다. 어떤 날은 교회 지하실에서 일주일을 보냈다. 낮에는 성경을 읽고 밤에는 기도를 했다. 물론 밥은 먹는 날보다 굶는 날이 많았다. 생전 처음으로 일주일을 굶으니 걸어 다닐 힘도 없고 하늘이 노랗게 보이기 시작했다. 배가 고프니 더 추운 것 같았다. 너무 추우면 침낭 속에 몸을 넣고 송장처럼 누워 기도를 했다. 차디찬 의자의 냉기가 허리에 닿으면 얼음장 위에 누운 것만 같았다. 지하실 바닥은 온기 하나 없어 가만히 누워 있어도 얼굴에 찬바람이 부는 것 같았다. 그렇게 오들오들 떨다가 잠이 들기도 했고, 새벽까지 밤을 새우기도 했다. 어떤 날은 노숙자나 다름없는 내 형편을 알고 어떤 분이 데려다가 식사 대접을 해주기도 했다. 어린 소년이 감당하기에는 힘겨운 떠돌이 인생이었다. 이 집 저 집을 전전하며 밥을 얻어먹고, 친구 집에서 며칠 신세 지기도 했고, 그러다 다시 교회 지하실 바닥에 몸을 누이며 잠들기도 했다. 그때의 삶은 외로운 집시 생활이었다.

그래도 마음은 한없이 즐거웠다. 가슴이 얼마나 뿌듯했는지 모른다. 몸이 덜덜 떨릴 만큼 새벽의 차가운 냉기가 온몸을 덮을 때도 심장은 불덩이 같았다. 그때는 이유를 몰랐지만 지금 와서 생각해보니, 비록 가난하고 잠잘 곳 하나 없는 떠돌이였지만 나에게는 누구에게도 빼앗길 수 없는 꿈이 있었다. 그 꿈이 있었기에 고통이 고통은 아니었으며, 외로움이 외로움은 아니었다. 떠돌이 행성의 신세였지만 어느 별보다 내 별은 빛났다. 왜냐하면 내게는 꿈이 있었기 때문이다. 그래서 그 이후로 하루도 꿈 없이 잠들고 꿈 없이 일어난 적이 없었다.

이런 삶은 광주의 신학교 기숙사에서도 계속되었다. 왜냐하면 기숙사에서는 여름과 겨울방학이면 신학생들을 모두 퇴사시켰기 때문이다. 고향 집이 있는 사람들은 집으로 돌아가면 됐지만 집을 나온 나는 갈 곳이 없었다. 그래서 어떤 때는 숙식을 제공해준다는 기도원으로도 가고, 어떤 때는 노방전도를 다니면서 떠돌이 노숙인의 삶을 살았다. 그때는 진짜 하루하루를 살았다. 내일 일은 생각할 겨를도, 알 수도 없었다. 그래서 춥고 배고픈 풍찬노숙을 하면서 이런 노래를 부르면 나도 모르게 눈물이 흘러내렸다.

> 내일 일은 난 몰라요 하루하루 살아요.
> 불행이나 요행함도 내 뜻대로 못 해요.
> 험한 이 길 가고 가도 끝은 없고 곤해요.
> 주님 예수 팔 내미사 내 손 잡아 주소서.
> 내일 일은 난 몰라요 장래 일도 몰라요.
> 아버지여 날 붙드사 평탄한 길 주옵소서.

그러나 떠돌이에게도 떠돌이만의 자유와 행복이 있다. 그것은 그 어떤 것에도 얽매이지 않는다는 것, 더 이상 잃을 것이 없다는 것이다. 그래서 세상의 그 어떤 것이든 선택할 수 있고 도전할 수 있는 용기가 있었다. 세상에 대한 두려움이 사라지면 그때부터 꿈의 도전은 시작된다. 나의 떠돌이 생활은 본능적인 야성을 심어주었다. 그런데 나는 그런 떠돌이 생활을 지금도 계속하고 있다. 하지만 예전의 떠돌이 생활은 아니다. 이젠 어쩔 수 없는 상황 때문에 떠돌이 인생을 사는 것이 아니기 때문이다.

이제는 남부럽지 않게 살 수 있는 충분한 삶의 여유가 생겼다. 그러나 안주하지는 않는다. 나의 의지와 계획에 따라 선택한 떠돌이 인생이다. 전국과 전 세계 구석구석을 다니면서 복음을 전하고 민간외교관으로서 대한민국을 홍보하고 평화의 가교 역할을 한다. 해마다 6·25 전쟁 기념일이 되면 한국전 참전용사들을 초청하여 보은행사를 한다. 한국 민간인 최초로 맥아더 장군 추모회에서 기조연설을 했고, 일본과 독도 문제를 놓고 첨예하게 대립하고 있을 때 우리 교회가 초청했던 참전용사들과 함께 미국의 백악관에 서신을 보내기도 했다.

또한 한일기독의원연맹 지도목사로서 한일 간의 화해와 동반 협력을 위해 일한 공로를 인정받아 마틴 루터 킹 국제평화상을 수상하기도 했다. 역사적 섬김 사역과 민간 외교 활동을 인정받아 국민훈장을 받았으며, 자랑스러운 한국인상을 수상하기도 했다. 나는 과거의 고독한 떠돌이 삶을 잊지 않고, 결코 안주하지 않는 떠돌이 정신으로 전국과 세계를 누비며 선한 영향력을 끼치려고 노력하고 있다.

그래서 나에게 떠돌이 시절의 삶은 결코 잊지 않아야 할 보화와 같다. 명절이나 여름휴가 때가 되면 당시 나를 먹여주고 재워주고 용돈 준 분들을 찾아다니며 감사의 마음을 표한다. 대한민국이 원조를 받는 나라에서 원조를 하는 나라가 된 것처럼 나도 결코 지난 시절의 은혜를 잊지 않고 보답하려고 한다. 명절 때 대통령에게 선물이 와도 한 번도 뜯어보지 않고 그대로 이런 분들에게 보낸다. 그만큼 나의 떠돌이 시절이 소중한 기억으로 남아 있기 때문이다.

청년기를 보내고 50대가 된 지금에도 나에게는 떠돌이의 야성이 있다. 세상이 길들일 수 없는, 길들여지지 않는 꿈의 야성 말이다. 청소년기의 떠돌이 삶이 가져다 준, 돈으로는 살 수 없는 재산인 셈이다.

지금 떠돌이 인생을 산다고 해서 슬퍼하거나 좌절할 필요는 없다. 누구나 떠돌이 인생을 산다. 아니, 떠돌이 인생을 살다가 다시 본향으로 돌아간다. 그러나 떠돌이 시절을 잊어서는 안 된다. 그리고 그 떠돌이 자아가 부유하게 된 오늘 우리의 내면 안에도 자리 잡고 있어야 한다.

책 없이는 못 살아

나는 유난히 책 욕심이 많다. 해외에 나갈 때도 책을 한 보따리씩 싸 간다. 그러면 집사람은 가서 읽지도 않을 책을 뭘 그렇게 많이 들고 가냐고 핀잔을 준다. 정말 가서 다 읽지 못하는 경우가 대부분이다. 그런데도 이상하게 책이 없으면 허전하고 어딘지 모르게 불안하다. 아무리 현대사회가 인터넷이 발달했다고는 하지만, 늦은 밤에 한 장 한 장 손으로 넘겨가며 읽는 독서의 은은한 향취와 어찌 비교할 수 있을까.

나는 인터넷을 자유자재로 다루지 못하기 때문에 아무래도 빠른 정보와 폭넓은 지식은 부족할 수 있다. 그러나 책을 가까이하기 때문에 어떤 이야기를 해도 내 나름의 확신을 갖고 이야기한다. 글을 써도 분명한 논조가 있다. 어렴풋하게 이야기하지 않고 분명한 관점과 주장을 펼친다. 그것은 가난한 신학생 시절부터 습관처럼 손에 놓지 않고 읽어온 책 때문이다. 나에게는 책을 한 장 한 장 넘기는 밤이야말로 조용한 가운데 수많은 글의 향연이 펼쳐지는 환희의 순간이다. 독서의 매력은 블랙홀처럼 한 번 빠지면 벗어날 수 없다.

신학교를 다니던 4년 내내 장학금을 받았다. 아무도 도와줄 사람이 없던 나에게 장학금은 생존을 위한 조건이었다. 그래서 치열하게 공부하여 꼭 장학금을 탔다. 학비 걱정은 안 했지만 먹고살 대책은 없었다. 기숙사에 들어가려고 해도 돈이 있어야 했고, 120원짜리 식권을 살 돈도 없었다. 굶기를 밥 먹듯이 했고, 수돗물로 배를 채울 때가 많았다.

그런데 그렇게 가난했을 때도 포기하지 못한 욕심이 하나 있었다. 책 욕심이었다. 왜 그리도 책 욕심이 많았던지 밥은 굶어도 책은 꼭 사서 읽었다. 지금도 책 욕심은 누구에게도 뒤지지 않는다. 가끔 손님이 내 서재를 방문하면 깜짝 놀란다. 지방 대학의 작은 도서관 정도가 되는 어마어마한 크기 때문에 말이다. 당시 책 욕심 때문에 돈이 없어 밥을 굶다 보니 제일 힘들 때가 다다미 침대에 누워 잠을 청할 때였다. 캐시밀론 봄 이불 하나를 깔고 누워서 잠을 자려면 찬 나무 바닥에서 올라오는 냉기로 허리가 시렸고, 배는 허리에 딱

붙어서 잠이 오질 않았다. 그리고 몸이 허약해져서 그런지 왜 그토록 꿈자리가 사나웠는지, 밤이면 내 어깨 위로 바위 같은 고통의 짐이 짓눌렀다.

잠들었다 깨다를 반복하다 보면 대략 새벽 세 시쯤일 때가 대부분이었고, 온몸은 땀으로 젖어 있곤 했다. 잠에서 깨어보면 한 방을 사용하는 다른 사람까지 잠을 깨곤 했다. 그때마다 너무 미안해서 견딜 수가 없었다. 잠에서 깨어 몸을 뒤척거리다가 새벽기도를 나가려면 정말 일어나기조차 힘들었다. 배가 허리에 닿을 정도로 쑥 들어가 힘이 없어서 못 일어날 정도였다. 그래도 다다미 침대 기둥을 붙잡고 겨우 일어나 예배실로 향했다. 예배실로 가기 전에는 물배라도 채우려고 수돗물을 한 그릇 떠먹었다. 배가 고프면 두 다리가 후들거렸다. 그럴 때면 3층 예배실로 가는 계단이 유난히 가파르고 험하게 느껴졌다. 비틀거리며 올라가다가 넘어지기도 했고 무릎이 까지기도 했다.

하루는 점심시간이 되어 예배실에 올라가 기도를 하고 있었다. 괜히 120원짜리 식권이 없어서 굶고 있는 내 모습이 처량하기도 하고 초라하기도 해서 그냥 앉아서 기도를 하려니 눈물이 계속 쏟아지기만 했다.

'아, 정말 이렇게까지 공부를 해야 하는가, 차라리 책을 몇 권 덜 사더라도 식권을 사서 밥을 먹자.'

이런 생각을 하고 있을 때면 나 자신이 너무도 초라하게 느껴졌다. 그래도 책 욕심을 포기할 수는 없었다. 그렇게 배가 고파서 고생을 하고 나서도 또 돈이 생기면 어김없이 서점으로 달려가서 이 책 저 책을 뽑아 고르며 행복해하는 나를 보고 있었으니까. 정말 누구도 말릴 수 없는 책 욕심, 책 사랑이었다.

식권 한 장이 없어서 밥을 굶던 가난한 청년이 이제는 오히려 너무 잘 먹어서 당뇨 걱정을 하는 중년이기도 하다. 먹고 싶은 것이 있으면 무엇이든지 원하는 대로 먹을 수 있다. 그러나 난 오히려 식권을 포기하고 밥을 굶으면서도 그 돈을 모아서 책을 한 권씩 사 보던 그 시절이 더 행복했다. 그 가난한 날의 행복이 더 그립다. 그 시절의 책 욕심이 지금의 나를 살게 한다. 그때 식권이 아니라 책을 선택한 것이 오늘의 나를 있게 한 것이다. 그래서 난 앞으로도 책 욕심을 포기하지 않으려 한다.

내 주변에는 자동차든, 침실이든, 책상이든 그 어디나 책이 있다. 늘 책을 가까이 두는 이유는 틈이 날 때마다 읽기 위해서다. 그래야 퇴보하지 않는다고 생각한다. 책을 몇 주만 읽지 않아도 금방 언어가 낡아지고 상상력이 마비된다. 창의적인 기획과 아이디어가 떠오르지 않는다. 그러면 사람들을 주도하며 끌어가는 리더십을 발휘할 수 없다. 독서는 나를 살게 하는 삶의 방식이다. 아, 정말이지, 밥은 굶어도 책 없이는 못 산다.

지금 그녀를 만난다면

추억의 낡은 수첩에 잉크로 써 내려간 달빛의 언어들. 나는 그날 밤의 기억을 고백하지 않을 수 없다. 신학교 1학년 때 광주 금남로5가에 있는 중앙극장에서 주기철 목사님의 순교를 소재로 한 영화 〈저 높은 곳을 향하여〉를 관람했다. 얼마나 은혜로웠던지 영화를 마칠 때까지 옷깃이 축축하도록 울고 말았다. 그래서 우유와 빵을 사 먹으면서 같은 영화를 보고 또 보고, 마지막 상영시간까지 계속 앉아서 감상했다. 영화가 끝나는 순간까지 정말 남이 보면 창피할 정도로 주체할 수 없이 눈물이 마구 쏟아졌다.

마지막 영화가 끝나서야 겨우 자리에서 일어섰다. 벌써 밤은 깊었다. 극장을 나왔지만 머리와 가슴속에는 온통 주기철 목사님의 순교 장면이 담긴 영상으로만 가득 차 있었다. 그 누구와 말이라도 나누면 이 감동이 사라질 것만 같아 묵묵히 앞만 바라보며 마냥 서 있었다. 그런데 문제는 그다음에 발생했다. 영화관에서 학교로 오려면 길을 건너 버스를 타야 하기에 감동에 취한 채 길을 건너 무작정 버스를 기다리고 있었다. 밤이 늦어 인적이 드물었고 버스를 기다리는 사람은 거의 없었다. 그때 한 아가씨가 다가오더니 요란스레 껌을 씹으면서 무엇인가를 물어보는 것이 아닌가. 무슨 말인지 알아듣지 못한 나는 "예?" 하고 되물었다.

그러자 이 아가씨가 "잘해줄게, 놀다 가요."라고 말하는 것이다. 그때까지만 해도 그 말이 무슨 뜻인지 전혀 몰랐다. 그래서 또 "예? 뭐라고요?" 하고 되물었다. 그랬더니 이 여자가 내 손을 덥석 잡더니 "이리 와, 임마! 얌전한 척하면서 아무것도 모르는 척해?" 하며 나를 꽉 안아 저만큼 떨어진 골목 쪽으로 미는 것이었다. 순간 온몸에 소름이 쫙 끼쳐왔다. 가까이서 보니 시뻘겋게 칠한 입술과 푸르스름하게 칠한 눈이 눈에 들어왔다. 그제야 나는 그 여자가 창녀라는 사실을 직감할 수 있었다. 순간 나도 모르게 "주여!" 하고 큰 소리를 외치며 젖 먹던 힘을 다해 그 여자를 밀었다. 얼마나 힘껏 밀었는지 여자가 뒤로 넘어져 '퍽' 하는 소리가 났을 정도였다. 여자가 넘어지는 것을 보고 나는 그 길로 도망쳤다. 죽을힘을 다해 달렸다. 금남로5가에서부터 얼마나 힘차게 뛰었는지, 임동에 있는 일신방직 공장 옆 철도가 있는 곳까지 한 번도 쉬지 않고 단숨에 뛰었다. 계속 그녀가 쫓아오는 것만 같았기 때문이다. 한참을 뛰다가 뒤를 돌아보니 따라오는 사람은 아무도 없었다. 그제야 철길 가에 푹 주저앉아 숨을 몰아쉬었다.

"세상에 내가 창녀에게 유혹을 받다니……."

그때까지도 마음이 진정되지 않고 쿵쿵거렸다. 눈앞에는 달빛 아래 철로가 빛나고 있었다. 나는 서서히 일어나 마음을 진정시켰다. 조심스럽게 철로 위를 걸었다. 그리고 운암동에 있는 신학교를 향해 걸었다. 그러자 문득 내가 너무 세게 밀어서 그 여자가 다치지는 않았을까 하는 생각이 들었다. 그냥 조심스럽게 밀치고 왔으면 되었을 텐데, 너무 갑작스러운 일이라 순간 당황해서 벌어진 일이었다. 그래도 마음 한편으로는 순결을 지킨 것에 대한 안도감이 찾아왔다.

물론 나도 똑같은 죄인이다. 이 세상에 어찌 죄가 없는 사람이 있을까. 그러나 우리가 그 죄의 부끄러움을 알고 회개하고 눈물 흘릴 수만 있다면 죄사함의 은총을 누릴 수 있다. 그래서 우리는 매번 죄를 짓고, 또 회개하고, 또 죄를 짓고 회개하는 어쩔 수 없는 죄의 실존으로서 살아가는 것이 아닌가. 젊은 날의 그날 밤 사건은 나에게 지금까지 잊히지 않는 기억으로 남아 있다. 그런데 35년 가까이 지난 지금에 와서 보면 꼭 그렇게 매몰차게 물리쳐야 했는가 하는 생각을 한다. 그때 그 여인의 상처를 위로하고 구원의 도를 전할 수 있었다면, 그 여인을 여자 이전에 사랑이 필요한 상처받은 한 영혼으로 바라볼 수 있었다면, 상한 갈대처럼, 꺼져가는 등불처럼 바라볼 수 있었다면……. 그러나 그때는 어쩔 수 없었다. 20대 청년의 가슴은 활활 타오르는 화약고요, 휘발유를 담은 통과 같다. 자칫하면 나도 걷잡을 수 없는 죄의 충동과 유혹에 넘어지고 말았으리니. 그래서 지금도 그 여인에게 죄인이 된 기분이요, 송구한 마음이 든다.

다시 그를 만난다면 구원의 도를, 사랑의 마음을 전할 수 있을 텐데 말이다. 아, 그 깊고 푸른 밤의 길목에서 남자 대 여자로서의 감정이 아닌 뜨거운 소명에 불타오르는 순수한 신학생의 영혼과 어쩌면 자신의 삶을 바른 길로 인도해줄 사랑의 안내자를 찾고 있었을지도 모르는 상한 갈대의 그림자로서, 서로를 위로하며 만날 수는 없었을까.

청춘은 길 위에서 쓰러지지 않는다

5월의 기억은 무슨 빛깔일까? 어떤 이에게 5월은 아버지의 손을 잡고 놀이공원을 가던 화창한 봄날이다. 또 어떤 이에게는 사랑하는 여인에게 장미꽃을 바치며 프러포즈를 하던 설렘이다. 나의 5월은 광주 금남로 위에 서 있었다. 광주신학교에 입학한 그해에 5·18 광주민주화운동이 일어났다. 광주항쟁이 발생하자 광주 시내는 파리 새끼 한 마리 날아다니지 않을 정도로 고요했다.

수요일 날 교회는 텅텅 비었고, 사람 하나 다니지 않았다. 버스도 택시도 다니지 않았다. 그래도 수요일이 돌아오자 나는 담담하게 예배를 드리러 교회로 향했다. 저 운암동 골짜기에서 조선대 앞에 있는 서광교회까지 걸어야 했다. 그런데 그곳에 가려면 반드시 금남로를 거쳐야 했다. 당시 금남로에는 전일빌딩과 광주은행 빌딩, 도청 건물 안에 공수단들이 M16 소총을 장전하고 있었고, 길을 걷는 젊은 사람이 보이면 언제든지 쏠 수 있는 때였다.

그래도 나는 얇은 봄 잠바를 걸친 채 성경찬송을 들고 금남로를 걸어갔다. 그때 누구든지 나를 보고 총이라도 한 방 쏘아버렸다면 어떻게 되었을까? 5월의 광주 금남로 위에 쓰러지고 말았을 테지. 그러나 나는 무슨 용기와 배짱이었는지 그 사선의 거리를 걸어서 교회로 향하고 있었다. 그것도 큰 목소리로 찬송을 부르면서 말이다. 그때 부른 찬송은 그냥 찬송이 아니었다. 주기철 목사님께서 못 자국 위를 걸어가시면서 순교를 할 때 부르던 찬송이었다. 아마 누가 보면 미친 사람이라고 했을지 모른다. 아니 죽고 싶어서 환장한 사람이라고 할지도. 나는 그렇게 5월의 금남로 거리를 노래 부르며 걸었다.

"저 높은 곳을 향하여 날마다 나아갑니다. 내 뜻과 정성 모두어 날마다 기도합니다. 내 주여 내 발 붙드사 그곳에 서게 하소서. 그곳은 빛과 사랑이 언제나 넘치옵니다."

그때 금남로를 걸어가는 사람은 나 혼자뿐이었다. 내 발자국 소리와 함께 찬송 소리가 금남로 위에 메아리쳤다.

"그곳은 빛과 사랑이 언제나 넘치옵니다."

찬송 소리가 건물과 건물 사이를 메아리치며 울릴 때 영혼의 전율을 느꼈다. 이윽고 교회 안으로 들어가니 평소 700명이 넘게 모이는 교인이 열두어 명으로 줄어 있었다. 주위에 사는 장로님 한두 분과 교역자들뿐이었다. 그런데 금남로를 통해 걸어온 나를 담임목사님께서 보시더니, 평소 얌전한 분께서 갑자기 화를 내며 이렇게 말씀하시는 것이 아닌가.

"소강석, 너 죽으려고 환장했어?"

그러나 나는 "목사님, 저 예배드리러 왔어요. 오늘 은혜 받고 갑니다."라고 말하고는 다시 찬송을 부르며 기숙사로 돌아왔다. 지금 생각해보면 정말 위험한 모험이었다. 어디에서 그렇게 죽음을 두려워하지 않는 용기와 담대함이 생겼는지 알 수 없었다.

나는 지금도 가끔 곰곰이 생각한다. '그때 왜 공수단 중에 한 사람이 나를 쏘지 않았을까?' 아마도 내가 너무 당당하게 노래를 부르며 걸으니 쉽사리 총을 쏠 수 없었을 거라고 생각한다. 청춘이란 그런 게 아닐까? 두려움이 없는 것, 길 위에서 멈추지 않는 것, 주저함 없이 끝까지 달려가는 것. 실패는 용납할 수 있으나 도전하지 않는 것은 용서할 수 없다. 야수와 같은 패기와 멈추지 않는 질주 본능, 그것은 젊음의 특권이다. 청춘은 길 위에서 쓰러지지 않는다.

나에겐 그 젊음의 특권 위에 신앙이 있었다. 신앙이 있었기에 물불을 안 가리는 패기와 야성을 지닐 수 있었다. 죽음의 도로를 담대하게 걸을 수 있는 무모함도 청년 시절에 가슴을 불태우던 신앙이 있었기 때문이리라. 지금도 그해 5월의 금남로 검은 아스팔트 위를 걷고 있다. 그것은 나를 가로막는 불가능과 두려움을 향한 저항이다. 아무리 짙은 어둠이 쌓이고 장벽이 곳곳에 놓여도 나의 길을 막을 수는 없다. 그것은 나의 욕망, 성공을 위한 길이 아니기 때문이다. 어느새 내 가슴 한복판에 뚫린 5월의 봄길, 어둠 내린 금남로 아스팔트 도로, 달빛 아래 빛나던 십자가 종탑, 그 푸르른 젊은 날의 초상이 떠올랐다.

외톨이 청춘

가난한 신학생 시절, 다른 학생들은 기숙사에 있다가 금요일이면 갈 집이 있었지만 나는 오갈 데가 없었다. 그냥 싸늘한 기숙사에 홀로 있었다. 그때 나는 외톨이 청춘이었다. 그 시절의 소외감과 고독은 허름한 방, 벽에 번진 습기 자국처럼 아직도 가슴 한편에 얼룩져 있다. 특히 월요일 저녁이 되면 소외감을 더 크게 느꼈다. 집에 다녀온 학생들은 쥐포, 오징어, 카스텔라, 혹은 누룽지를 가져와 자기들끼리 나눠 먹었다. 물론 나도 조금씩 나눠주었지만 얻어먹는 것도 한두 번이지 자존심이 상할 때가 많았다. 그래서 그들이 올 때가 되면 아예 수돗물로 배를 채우고 도서관이나 예배실로 올라가 혼자 시간을 보냈다.

거기서 책도 읽고, 기도도 하고, 노래도 마음껏 부르면 어느새 울적한 마음이 풀렸다. 소외감, 열등감, 자기 연민 같은 것들이 다 떠나가버린 것만 같았다. 그리고 깊은 밤 동료들이 모두 잠들었을 때 기숙사로 돌아와 잠을 자곤 했다. 그 밤의 적적함, 쓸쓸함, 고독과 상실의 기억은 참담했다.

난 외톨이 청춘이었다. 그러나 나 혼자만 외톨이일까? 이 세상의 모든 사람은 다 외톨이다. 태어남도 혼자요, 사는 것도 혼자요, 죽음도 혼자 맞는다. 누구도 함께해줄 수 없다. 이 세상의 어느 누가 출생과 성장, 죽음을 대신해줄 수 있을까? 그래서 사람들은 본능적으로 외톨이가 되는 것을 두려워하는 걸까? 혼자가 되지 않으려고 부지런히 사람을 찾아 떠도는 걸까?

지금은 어느 정도 성공한 목회자가 되었지만 외톨이 생활을 하는 것은 마찬가지다. 너무나 바빠서 어떤 모임도 잘 나가지 못한다. 대학 강의, 세미나, 외부집회, 교회 일정과 심방 등으로 빈틈이 없다. 너무나 바빠서 목사들의 모임에도 거의 나가지를 못한다. 그러자 어느 목사님이 진담 반 농담 반으로 이렇게 전화를 주셨다.

"소 목사! 그러다가 왕따가 되면 어떻게 하려고 해? 계속 안 나오면 외톨이 된다고."

외톨이, 정말 오랜만에 들어보는 말이었다. 그러나 나는 정말 외톨이 생활을 하고 있다. 고독하고 외로울 때가 많다. 인(人)의 장막에 둘러싸여 있지만, 정말 마음을 편하게 터놓고 이야기를 나눌 수 있는 사람이 몇이나 될까? 한때는 왕따가 아니라 따로 왕이 되면 된다고 생각했다. 그러나 인간은 누구나 실존적 외로움을 느낀다. 고독은 참고 참다 흘리는 뜨거운 눈물 같은 것이 아닐까. 참을 수 없는 것, 숨길 수 없는 것, 그것이 외로운 인간의 실존이다.

흙 웅덩이에 빗물이 고인다. 처음엔 온갖 부유물들이 떠 있다. 그러나 오랜 시간이 흐르고 나면 부유물이 침전되고 손으로 떠먹어도 될 것 같은 맑은 물이 된다. 사람은 외톨이가 되었을 때 영혼이 맑아지고 본래의 모습을 찾기도 한다. 외로움이 우울증과 같은 독한 병이 되지 않는다면 영혼의 항체가 된다. 화려한 스포트라이트를 받으며 대중의 사랑을 받는 스타들도 눈물겹고 서러운 외톨이 시절이 있었다. 그들이라고 왜 지독한 외톨이 시절을 원망하고 자포자기하며 보내고 싶지 않았겠는가. 그러나 눈동자는 젖었을지라도 지친 날개를 퍼덕이며 허공의 고독을 견딘 자들이 별 중의 별이 되는 것이리라.

지금 외롭다고 느껴지는가? 나도 모르게 눈물이 쏟아지는 밤이 있는가? 그땐 그저 당신의 메마른 손등으로 눈물을 훔치면 된다. 아니, 그냥 그 뜨거운 눈물이 두 볼을 타고 바닥에 흘러내리도록 놔두어도 된다. 다만 당신을 그토록 외롭게 하는 그 고독과 쓸쓸함의 실체가 무엇인가를 기억하면 된다. 그 뜨거운 눈물 자국을 지우지 않아도 된다. 그 지독한 외로움의 기억은 당신의 미래를 위한 자양분이 될 것이므로. 외로움을 견디는 시간은 고통스럽지만 그 시간을 견디고 나면 더 큰 외로움을 이겨낼 수 있는 영혼의 항체가 된다. 이 세상의 모든 외톨이들이여, 헐벗은 영혼의 떨림이여, 가슴 저린 사랑이여.

가출 소년과
가출 소녀의 만남

유난히 똑똑하고 꿈이 많은 소녀가 있었다. 하지만 그 소녀의 어머니는 도무지 자식들에게는 관심이 없는 것처럼 보였다. 닭을 잡아도 자기에게는 국물도 맛보이지 않고 교회 목사님께 갖다 드렸다. 자식들은 맨입으로 숟가락만 빨아야 했다. 농사를 지어 추수를 해도 교회에 먼저 갖다 바치고, 돼지 팔고 논 팔아서 교회 건축 헌금을 드렸다.

소녀는 그런 어머니가 미쳤다고 생각했다. 가난한 목사님, 어려운 교회는 보이는 대로 도와주면서 자녀들을 먹이고 입히는 데는 거의 신경을 못 쓰는 어머니를 보면서 알 수 없는 반항감과 저항심을 갖게 된다. 그래서 목사에 대한 피해의식이 생기게 되었고, 나중에 커서 절대로 엄마처럼 살지 않겠다고 결심을 하게 된다. 그리고 끝내 가출했다. 온갖 고생을 다하며 이를 갈고 눈물을 흘리며 고학했다.

'나는 결코 엄마처럼 살지 않으리라. 피눈물 나게 공부해서 부자로 살고, 내 자녀를 그렇게 고생시키며 키우지 않으리라.'

그 소녀가 바로 나의 아내 배정숙 사모이고 그녀의 어머니는 나의 장모님이신 정금성 권사님이다. 두 모녀의 심리전과 갈등은 성숙한 처녀로 자라나 결혼 적령기가 되었을 때까지 유지되었다. 그런 그녀의 마음을 훔쳐야 하는 내 심정은 오죽했을까. 아내는 처음부터 나와 결혼할 마음이 전혀 없던 사람이다. 처녀 시절부터 목사 사모는 절대로 안 하겠으며, 특히 나 같은 사람과는 죽어도 결혼을 안 하겠다며 모질게도 나를 뿌리치고 피해 다니던 사람이었다.

자기 엄마보다 더했으면 더했지 절대 덜하지 않은 열성파 예수쟁이 전도사와 결혼을 하라니 펄펄 뛰는 것은 당연한 일이었다. 게다가 키도 작고 못생기고 가진 것 하나 없는 남자니 말이다. 사실 그때까지만 해도 나는 키가 작은 줄 모르고 살았다. 가난이 뭔지도 모르고 살았다. 그러나 그때 비로소 내가 키가 작고 못생겼으며 가난한 줄 알게 되었다. 그래도 나는 밀어붙였다. 그런데 아내는 내가 전화를 하면 육두문자부터 쏟아냈다. 편지를 써도 뜯어보지도 않고 봉투째 찢어버릴 정도로 외면했다.

아무리 나의 모든 감성을 다 동원하여 편지를 잘 써도 한 자도 읽어보지를 않으니 어떻게 할 수가 없었다. 그녀가 간호사로 근무하는 종합병원 옆 다방에서 7시에 기다리겠다고 편지하고 나가면 8시, 9시가 되도록 어항 옆에 앉아 물고기만 바라보다 오기가 일쑤였다. 직접 찾아가면 욕 세례를 퍼부으며 모욕을 주었다. 꽤 말을 잘하는 나였지만 그 여자 앞에서는 속수무책이었다. 그렇다고 같이 맞받아치지도 못하는 형편이었다.

사실 그것은 그녀가 욕을 잘해서 그런 게 아니라 나와 죽어도 결혼을 하지 않으려는 쇼였다. 그렇게 무식하게 행동하면 포기할 줄 알았던 모양이다. 하지만 그것은 그녀만의 어림없는 생각이었다. 나는 그녀를 절대 포기할 수 없었다. 연애 경험이 없는 나는 데이트도 믿음으로 밀어붙였다. 그러나 너무 밀어붙였더니 그녀는 해외근무 수속을 밟기 시작했다. 너무나 귀찮고 스트레스를 받는다고 아예 해외로 도망을 가버리겠다는 것이었다.

발등에 불이 떨어졌다. 그래서 미래의 장모님이 될 정금성 권사님께 무작정 매달렸다. 그랬더니 권사님께서 이렇게 말하는 것이 아닌가.

"딸이 내 말을 들으면 얼마나 좋겠는가? 그런데 저렇게 결혼하지 않겠다고 날뛰니 나라고 어떻게 할 방법이 없네. 차라리 거시기 해불소."

"예? 거시기라고요?"

"내가 방 열쇠를 줄 테니까 거시기 해 블란 말이시."

"아, 네. 거시기요."

나는 그제야 거시기의 의미를 파악하고 열쇠를 받아 장모님의 뜻을 받들어 거시기(?)를 하기 위해 밤에 그녀의 방을 찾아갔다. 그런데 열쇠를 따고 들어가자마자 귀청이 찢어질 것 같은 고함소리와 함께 물건들이 날아왔다.

"이 미친 ××야! 너 나한테 죽어볼래!"

얼마나 모질게 욕을 하고 물건을 던지며 발버둥을 치던지 거시기는 고사하고 본전도 못 챙기고 도망칠 수밖에 없었다. 아무래도 방법이 틀렸다는 느낌이 들었다. 그래서 이번에는 일주일을 작정하고 기도하면서 전략을 세웠다. 먼저 하나님께 충분한 자금을 신청했다. 그것을 일주일 내에 주시면 제 전략이 먹혀들 것이라고 믿었다. 그런데 며칠 만에 미국에 계시던 박종삼 목사님으로부터 돈이 송금되었다. 미국에서 돈을 송금하면 며칠 이상이 걸리는데 하나님이 내 기도를 들으시고 이미 그 이전부터 예비를 해주신 것이라 생각했다.

드디어 일주일 후 토요일이었다. 그녀가 근무하는 적십자병원 앞에 나는 뭉칫돈을 주고 택시 한 대를 대기시켜 놓고 잠복을 했다. 물론 이 전략은 그녀의 어머니 정 권사님과 짜낸 지혜였다. 드디어 잠복을 시작한 지 정확히 33분 후에 병원에서 5명의 여자들이 나왔다.

그중에 권사님의 딸인 배정숙 자매도 있었다. 일행 중에는 수간호사와 간호과장인 듯한 분도 있었다. 어쩌면 나의 기도대로 일이 착착 진행되는지……. 나는 그들을 계속 미행했다. 물론 내 뒤로 멀찌감치 택시가 따라오고 있었다.

그들이 병원에서 번화가 쪽으로 가던 중 한 여자가 전화를 하기 시작했다. 무슨 약속이나 모임이 있어 보였다. 바로 그때였다. 머리 모양도 특별히 신경 쓴 데다 양복에 구두까지 맞춰 잘 차려입은 나는 배정숙 자매 앞으로 가서 입을 열었다.

"정숙씨! 어떻게 된 겁니까? 나하고 1시 반에 만나기로 약속해놓고 지금 2시가 되었는데, 어디 가는 거예요? 미스 배가 먼저 나에게 만나자고 했잖아요?"

그녀는 얼빠진 사람처럼 아무 말도 못 하는 것이었다. 간호과장과 수간호사가 있는 곳에서 평소처럼 나에게 욕을 퍼부을 수도 없었으니 답답했을 것이다. 얼굴이 홍당무가 된 그녀의 손을 자연스럽게 잡았다. 정말 그럴 수 있는 분위기였다. 그러자 대기시켜 놓은 택시가 앞에 와서 섰다. 나는 자연스럽게, 그러나 엄중한 자세로 그녀를 택시로 밀어 넣었다. 그녀는 그 순간부터 일방적인 태도에 압도당했는지 아무 말도 못 했다.

나는 속으로 침이 마르고 초조했지만 겉으로는 품위 있는 모습을 지키며 여유 있는 체했다. 택시는 내장산으로 달렸다. 택시 안에서 침묵은 계속되었고, 나는 다소곳한 그녀의 손을 꼭 잡고 있었다. 영화에서나 볼 수 있는 모습이 벌어진 것이다. 내장산에 도착하자, 금방 눈에 띄는 벤치로 가서 나란히 앉았다. 가을바람이 산들산들 불어왔다. 한 1분쯤 침묵이 흘렀을까? 미리 꾸민 거룩한 각본대로 자리에서 일어나 정숙 씨의 머리에 손을 얹고 안수기도를 해버렸다.

"주여! 주의 종이 사랑하는 딸의 머리에 손을 얹었습니다. 오늘 사랑하는 딸에게 목사 사모가 되고 싶은 마음을 주소서, 특별히 저같이 가난하고 가진 것 없지만 오직 하나님만을 사랑하는 목사 후보생 사모가 되고 싶은 마음을 허락하여 주소서."

내 평생 그렇게 간절하게 뜨거운 마음으로 안수기도를 해본 적은 없었다. 그 기도 덕분에 배정숙 자매는 나를 향하여 마음을 열게 되었다. 기도를 마치고 데이트를 하기도 어색해져서 더 이상 내장산에 있을 필요가 없어진 우리는 바로 차를 타고 다시 광주로 왔다. 광주로 오면서 창밖을 내다보았다. 푸른 하늘이 빛나고 있었다. 가난했지만 부족함이 없었고 외로웠지만 행복함이 가득했던 날이었다. 그녀는 그 아련한 영혼의 길 위에서 나의 신부가 되어주었다. 시쳇말로 우리 가정은 가출 소년과 가출 소녀가 만나 신앙의 명가를 이루었다. 하지만 난 아내를 생각하면 미안한 마음 그지없다. 나는 교회 일로, 다른 외부 일정으로 인하여, 또 서재에서 연구를 하느라 집에도 들어가지 못하는 날이 많다. 그래서 아내는 외로운 세월을 살았다.

오늘도 깊은 밤 서재에서 책을 읽고 연구하며 글을 쓴다. 벽에 걸린 가족사진 속 나의 아내가 환하게 웃고 있다. 난 그녀의 웃음을 지켜주며 사는 남편일까, 한 여인의 가슴에 행복의 꽃다발을 안겨주는 사내일까? 잠시 책을 덮고 펜을 놓는다. 의자에서 일어나 창밖을 본다. 어둠에 싸인 뒷산의 나무들이 바람에 몸을 뒤척이며 잠들어 있다. 아무도 듣지 못한 나 혼자만의 독백을 유리창에 찍힌 하얀 손바닥 지문처럼 남겼다.

'여보, 비록 그것이 인간적인 사랑의 달콤한 향기는 아닐지라도 당신과 내가 함께 걸어온 이 길이, 그리고 앞으로도 함께 걸어가야 할 이 소명의 길이 사랑 위의 또 다른 사랑이요, 행복 너머의 행복이라 나는 믿어야 하오. 그래야 이 길을 걸을 수 있소. 당신의 이마 위에 따뜻한 손 얹어 쓰다듬어주지 못해도, 나의 미지근한 체온이나마 어딘가에서 상처 받고 길을 잃어 방황하는 영혼을 인도하는 손길이 되려고 하는 것이니, 잠시나마 우리의 이별을 견디어주오. 나의 사랑, 나의 신부, 내 영혼의 깊은 강물이여.'

미안하오, 도선생

결혼은 인생 최고의 축제다. 화려한 결혼 예복과 예물, 달콤한 사랑으로 떠나는 신혼여행, 둘만의 아늑한 신혼 방, 알콩달콩한 신혼살림. 하지만 나는 아내에게 어느 것 하나 제대로 해주지 못했다. 내게는 단칸방 하나 얻을 돈도 없었다. 결혼식 날도 신부는 빌려서 드레스를 입었지만, 나는 돈이 없어 헌 양복을 입어야 했다. 결혼 예물도 길거리 리어카에서 산 1,500원짜리 모조 반지가 전부였다. 방을 얻을 돈이 없으니 처음에는 장모님, 처남과 함께 몇 달을 살다가 나중에야 다른 집을 구할 수 있었다.

단칸방을 함께 쓸 때의 일화는 지금도 웃음을 짓게 한다. 대부분은 아내 품에서 깨어나지만, 어떤 날은 날씨가 우중충해 개운치 않은 듯 깨어나면 아내 품이 아닌 장모님 주변에서 깨어나곤 했다. 쓸쓸하고 슬픈 현실이었지만, 한 편의 드라마처럼 평생 잊지 못할 가난의 행복을 누리고 있었는지도 모른다.

돈을 빌려 신혼여행도 가고 신혼집도 구할 수 있었지만, 당시 내 관심사는 현실의 안위가 아닌 미래를 향한 꿈과 도전이었다. 모든 생각과 목표를 현재의 부와 명예에 두지 않고 미래를 향한 개척정신에 두었다. 그렇다고 아내를 소홀히 하지는 않았다. 아내는 누구보다 사랑하는 세상, 무엇보다 귀한 나의 보배, 나의 사랑 십보라였다. 모세가 애굽에서 도망쳐 광야의 객이 되었을 때 이드로의 딸 십보라를 만나 가정을 이루었듯, 나 또한 광주라는 광야에서 그녀를 만나 가정을 이루었으니까.

내 꿈과 열정을 알기에 아내는 점점 나를 이해하기 시작했다. 오히려 나의 불타오르는 열정에 서서히 동화되어 갔다. 두 사람이 한마음이 되고 같은 꿈을 꾸게 되자 우리의 미래는 점점 찬란한 빛으로 밝아왔다. 비록 가난하고 외로운 신혼생활이었지만 말없이 고생을 참아낸 아내를 생각하면 어느새 두 눈에 눈물이 고인다.

한 가지 안타까운 것은 우리 부부의 사연이 담긴 1,500원짜리 모조 반지 예물이 지금은 사라지고 없다는 것이다. 도선생께서 집에 특별 심방을 와서는 가져갔기 때문이다. 그걸 잘 보관해서 성도에게 자랑하고 신학교 집회를 갈 때도 교육 자료로 삼으려고 했는데 말이다.

"여러분, 저도 이렇게 모조 반지 차고 결혼할 정도로 가난했지만 하나님의 축복을 받았습니다. 지금 가난하다고 좌절하지 마십시오. 저처럼 맨땅에 헤딩한다는 식으로 부딪쳐보세요. 중요한 건 우리의 믿음과 꿈입니다. 유형의 재산보다 무형의 재산이 더 중요합니다. 반지가 중요한 것이 아니라 우리 마음속 꿈이 중요한 것입니다!"

하지만 이미 도선생께서 가져가버렸으니 원망스러울 따름이다. 돌이켜보면 반지를 가져간 도선생에게 미안하고 송구한 마음이 든다. 1,500원짜리 모조품이라는 것도 모르고 반지를 가져갔으니 나중에 얼마나 실망했을까. 값비싼 반지인 줄 알고 보석상에 팔려다가 창피만 당하지 않았을까. 훗날 전국으로 집회를 다니며 그분을 찾았지만 아직도 그 주인공은 나타나지 않고 있다.

요즘도 가끔 그 모조 반지가 그립다. 다른 사람에게는 1,500원짜리 모조 반지에 불과하지만 나에겐 세상 어떤 것보다 값비싼 보석이기 때문이다. 하지만 그 반지는 여전히 내 마음 깊이 보관되어 반짝이고 있다. 오히려 도선생이 가져갔기에 나에게는 영원히 잊을 수 없는 다이아몬드가 되어 내 마음에서 빛나고 있는 것은 아닐까.

'미안하오, 도선생. 당신이 모조 반지를 훔쳐 갔지만, 내 가슴엔 여전히 그 반지가 반짝이고 있다오. 이 세상 누구도 그 반지를 훔쳐 갈 수는 없다오.'

걸레 반장

아들 성군이가 분당으로 전학을 와서 초등학교 2학년 때 반장 선거에 나간 적이 있다. 전학 온 학생이 반장이 된다는 것은 그리 쉬운 일이 아니었다. 그때 나는 이런 연설문을 써주었다.

'여러분, 여러분이 저를 반장으로 뽑아주신다면 여러분의 걸레가 되겠습니다.'

그랬더니 몰표가 쏟아져 반장에 당선이 되었다. 3학년 때는 '여러분이 저를 반장으로 뽑아주신다면 여러분의 보디가드가 되어드리겠습니다.'라는 연설문으로 똑같이 반장이 되었다. 4학년 때는 내가 바빠서 못 써줬더니 떨어지고 말았다.

사실 걸레는 혐오스런 물건이다. 걸레를 좋아하는 사람은 없다. 청소할 때도 걸레질을 자청해서 하는 사람이 있을까? 그러나 걸레처럼 깨끗한 것도 없다. 왜냐하면 우리의 모든 더러운 것을 닦아내기 때문이다. 사람들은 걸레의 겉모습만을 보고 더럽다며 피한다. 하지만 우리 사회에는 이렇듯 걸레와 같은 역할을 하는 사람이 필요하다. 다른 사람의 허물과 상처, 실수와 잘못을 덮어주고 씻어내고 깨끗하게 만들어주는 사람, 바로 걸레 반장이 필요하다.

그러나 누가 걸레 반장을 자처할까. 서로 높아지려고 하고 깨끗하고 폼 나는 자리만 맡으려고 한다. 하지만 진짜 명품 인생은 걸레가 되고 보디가드가 되는 사람이다. 남을 배려하지 못하고 교만해져서 목이 뻣뻣해진 사람은 결코 명품 인생을 살 수 없다. 우리 사회에서 큰 성공을 이루거나 대중적인 스타가 된 사람들 대부분은 먼저 남을 배려하는 따뜻한 마음을 가졌다. 남을 짓밟아야 성공할 수 있다는 잘못된 인식이 자리 잡고 있지만, 정말 성공한 사람은 자신을 먼저 낮추는 겸손의 비결을 안다.

삼국지의 유비와 조조의 이야기를 보더라도 결국 겸손한 자가 세상을 얻는다. 유비는 힘이 없었을 때 여포에게 근거지를 빼앗기고 말았다. 어쩔 수 없이 조조의 힘을 빌리기 위해 그를 찾아갔다. 조조는 함께 술을 마시며 유비에게 물었다.

"당신은 지금 천하의 영웅이 누구라고 생각하시오?"

유비는 잠시 생각을 하다가 손책, 원소, 원술 등의 이름을 말했다. 조조는 그런 유비를 내려다보며 이렇게 말했다.

"지금 천하의 영웅은 당신과 나 두 사람밖에 없소."

유비는 조조의 그 말을 듣고 젓가락을 떨어뜨리고야 말았다. 조조는 이미 세상을 향한 유비의 야망을 다 알고 있던 것이다. 그때 갑자기 천둥이 쳤다. 유비는 천둥소리에 놀란 척하며 급히 몸을 굽혀 상 아래로 숨었다. 그리고 바보처럼 덜덜 떨었다. 그런 모습을 보고 조조는 생각했다.

'천둥소리 하나에도 저렇게 놀라는 겁쟁이라면 경계하지 않아도 되겠군.'

만약 유비가 몸을 낮추지 않았다면 꽃을 피우기도 전에 조조의 손에 죽음을 당했을 것이다. 진정한 힘은 낮아짐에서 나온다. 먼저 몸을 낮추어 다른 사람의 신발 끈을 묶어줄 수 있는 사람, 남이 실수로 흘려놓은 것을 걸레로 닦아줄 수 있는 사람, 바다와 산처럼 모든 것을 품고 사랑할 수 있는 사람, 그런 사람이야말로 진짜 큰사람이요, 명품 인생이다.

나도 걸레 목회를 하고 있다. 진리의 본질에 대해서만큼은 결코 양보하지 않는다. 목숨 걸고 지킨다. 그러나 성도의 멍든 가슴과 얼룩진 상처를 닦아주어야 할 때는 걸레 목회를 한다. 일단은 그 사람의 상처를 먼저 치유해주고, 나중에 옳고 그름을 이야기하며 사리분별을 하게 한다. 이것이 다른 사람의 상처와 실수를 닦아주는 걸레 목사의 행복이다. 자신은 시커먼 때가 묻고 갈기갈기 찢겨도 바닥을 깨끗하게 닦아내는 걸레처럼, 우리도 서로의 상처를 닦아줄 수 있다면 얼마나 좋을까. 걸레 반장은 아무나 할 수 있는 것이 아니다. 걸레질을 하고 있어도 전혀 부끄럽지 않을 만큼 강한 자존감과 자신감을 가진 사람만이 할 수 있다. 당신 곁의 걸레 반장은 누구일까?

아들이 쓴 편지

아들 성군이를 생각하면 초등학교 때까지는 정말로 정성스럽게 잘 키웠다는 생각이 든다. 원대한 꿈을 갖게 했고, 멋진 사내대장부로 키웠다. 그러나 아들이 중학생이 되면서 교회가 부흥하고 내가 바빠지자 집에 자주 못 들어가며 아이를 잘 돌보지 못했다. 그때 아들은 사춘기에 접어들면서 학교생활에 반항하며 집에선 엄마와 대립하기 시작했다. 남자답게 키웠으면 사춘기 때도 심리적인 갈등을 잘 살펴야 했는데, 전혀 그렇게 하지 못한 것이 원인이었다.

아빠가 가장 필요한 때에 아이와 목욕탕이나 산에 함께 갈 시간을 마련하지 못했다. 그러는 사이에 녀석은 사춘기의 이유 없는 반항을 하며 어릴 때의 꿈을 다 버렸다. 꿈이 너무 부담이 되어서 반항하고 갈등하기 시작했다. PC방이나 비디오가게를 다니며 목표를 상실한 채 방황하는 아들을 볼 때, 내 마음은 참으로 쓰리고 아팠다. 그때 아들은 이런 말을 했다.

“집에도 안 들어오는 아빠, 교회 일로 너무 바쁜 아빠, 아들이 어떻게 지내는지도 모르고 늘 집회나 다니는 아빠는 싫어요.”

아들이 방황을 하니 집사람도 늘 우울했다. 그리고 자꾸 이렇게 채근했다.

“여보, 제발 성군이 좀 미국으로 보내요. 성군이는 미국 체질이라니까요.”

그러나 형편상 보낼 수가 없었다. 교회도 어느 정도 성장했고, 돈도 어느 정도 마련할 수는 있었다. 그러나 당시에는 교회 건축을 위해 땅을 사서 건물을 올리려던 중이었다. 교인들은 물질 드려 헌신하는데, 나 혼자 좋겠다고 아들을 미국으로 유학 보내는 것은 도저히 마음이 허락하지 않았다. 그래서 아들을 미국으로 유학 보낼 수가 없었다.

사실 당시 우리 교회도 어려웠지만, 어느 선교사가 선교비 지원을 해달라고 하여 정말 있는 힘을 다해 도왔다. 우리 자녀는 좋은 학원 한 번 보내주지 못하고 외국 유학도 보내지 않으면서 말이다. 그런데 그렇게 힘들게 도왔던 선교사님의 자녀들이 영어 공부도 잘하고 좋은 환경에서 열심히 공부하여 나중에 서울대나 연세대에 들어가는 것을 보았다. 그랬더니 성균이가 어느 날 하는 말이, 그때 그 돈으로 나를 좋은 학원에 보내주든지 유학을 보내주었으면 지금보다 훨씬 더 좋은 대학에 들어갔을 것이라며 억울한 심정으로 말하는 것이었다. 그때 마음이 얼마나 아팠는지 모른다.

정말로 나는 자신의 사명과 꿈만을 위해 자식을 희생시킨 부족하고 못난 아버지란 말인가. 눈물이 주르륵 흘렀다. 그 아이들이 좋은 조건에서 공부할 수 있도록 후원을 해주지는 못했지만, 그래도 끝까지 아들을 믿고 격려했다. 너무 바빠서 만날 시간이 없으면 휴대폰 메시지를 통해서라도 계속 칭찬해주었다.

'아들아, 아빠는 너를 사랑한다. 나는 너를 믿는다. 넌 반드시 위대한 사람이 될 것이다.'

그랬더니 언제부턴가 성균이가 스스로 공부하겠다고 결심하며 마음을 돌이키기 시작했다. 곧 이어 학교 성적이 상위권에 진입했다. 무엇보다 어린 시절의 꿈을 회복했다. 그리고 언젠가 나에게 이런 편지를 써서 보냈다.

'아빠! 저같이 못난 아들을 끝까지 믿어주셔서 감사합니다. 끝까지 참아주시고 믿어주셔서 너무나 고마워요. 아빠가 자랑스럽습니다. 전 아빠의 아들로 태어나고 아빠의 아들로 자라고 있는 것이 정말 자랑스럽습니다. 제 인생의 중요한 갈림길인 지금, 위기를 기회로 만드는 지혜로운 아들이 되겠습니다. 아빠가 지금까지 저에게 사랑으로 투자하신 것들, 절대 후회하지 않을 겁니다. 열심히 공부해서 좋은 대학 들어가고 믿음 생활 잘해서 훌륭한 장로가 될게요. 그리고 나중에 예쁜 며느리도 얻어 떡두꺼비 같은 손자를 품에 안겨드릴게요. 부디 오래오래 사셔서 저한테 효도 많이 받으세요.'

성군이는 아직까지 절대로 목사가 된다는 말은 안 한다. 그러나 나는 아들의 편지를 읽고 눈물 나도록 감사했다.

'끝까지 아들을 믿었더니 이처럼 꿈을 회복하고 돌아오는구나. 사랑과 격려는 정말 위대한 힘이구나. 남부럽지 않게 돈을 많이 들여서 공부를 시켜준 것도 아닌데 이렇게 훌륭하게 자라주었구나.'

미국의 작가 게리 채프먼은《5가지 사랑의 언어》라는 책에서 사람 사이에 5가지 사랑의 언어 방식이 있다고 말한다. 상대방에게 칭찬과 격려의 말, 함께하는 시간, 선물, 봉사, 스킨십 등을 많이 하면 할수록 더 친밀해지고 감동을 줄 수 있다는 것이다. 그중에 가장 기본이 상대방을 인정해주는 격려와 칭찬이었다. 당시 나는 그 책을 읽지 못했고, 훗날 읽었다. 그러나 확신이 있었다.

교회에 다니지 않는 사람들도 누구나 잘 아는 탕자의 비유가 있지 않은가. 성경 누가복음 15장에 나오는 이야기인데, 아버지는 집을 나간 탕자가 뉘우칠 때까지 그의 가슴에 사랑을 심어주었다. 그래서 탕자는 훗날 아버지의 사랑을 깨닫게 된다. 그리고 그 사랑 때문에 돌이킨다. 나는 그런 확신을 갖고 있었기 때문에 아들에게 끊임없이 사랑을 주었다. 아내는 절망하고 우울증이 올 정도로 상심하기도 했지만, 나는 끝까지 아들을 믿어주었다.

왜 나라고 절망과 불안이 없었겠는가? 그러나 끝까지 아들을 사랑으로 인정하고 격려했다. 아들은 아버지의 사랑과 진심을 서서히 느끼게 되었고, 방황을 멈추고 다시 꿈을 향해 달려가기 시작했다. 그리고 때가 되어서 사랑의 열매를 얻게 되었다. 부모는 자녀에게 사랑을 심어줘야 한다. 방황하는 아이일수록 오히려 이해하고 사랑의 꽃씨를 심어줘야 한다.

사모곡

2005년의 어느 겨울날, 남도의 들에 함박눈이 펑펑 쏟아지던 밤에 어머니는 내 곁을 떠나셨다. 그렇게 수없이 사경을 헤매시더니, 이제는 지상의 생을 마감하고 영원한 본향이 있는 천국으로 떠나가셨다. 몇 번의 고비를 넘기면서도 다시 살아나셔서 나의 손목을 붙잡고는 "막내야, 미안하다. 다시 살아브렀다." 하고 눈물지으시던 어머니…….

이제는 그 야윈 음성조차 다시 들을 수 없는 곳으로 가셨다. 어린 시절 술에 취한 아버지께서 몽둥이로 뒷마당의 장독들을 두드려 깰 때면, "아따 잘한다, 잘해. 다 깨버려라, 다 깨버려!"라며 삿대질을 하고 맞고함을 칠 정도로 도도하고 굽힐 줄 몰랐던, 자존심이 대단한 어머니. 우리 막내아들 절대로 2등은 안 된다며 1등만을 고집스럽게 요구하시던 어머니. 그 욕심 많은 사랑을 지상에 남겨둔 채 함박눈 펑펑 쏟아지던 밤 끝내 떠나시고 말았다.

어린 시절 마을에 상여가 나갈 때마다 막내아들이 공포를 들어 용돈으로 100원을 받고, 공포에 달린 삼베 조각을 떼어다가 드리면, 어머니는 정월 대보름처럼 환한 얼굴로 함박웃음을 지으며 이렇게 말씀하셨다.

"우리 막내가 살림꾼이구나."

그때 내 머리를 쓰다듬어주던 따뜻한 어머니의 손길이 그리워 가슴이 미어지는데, 어머니는 끝내 흰 꽃잎 같은 눈송이를 하얀 수건처럼 머리에 얹고 이별이라 손짓하며 영원한 본향으로 떠나가셨다. 막내아들이 예수 믿는다고 그 모진 회초리로 매질을 하시며 예수 믿으려면 차라리 집을 나가버리라고 온갖 핍박을 하시더니, 이제는 그렇게 대적하던 예수님 믿고 하늘의 꽃가마 타고 천국으로 가셨다.

그런데 오늘 이 밤, 예수 믿는다고 회초리로 나를 때리던 어머니가 너무도 그립다. 차라리 종아리에서 피가 터져 나와도 좋으니 다시 한 번 어머니가 일어나셔서 회초리를 들고 나를 때리실 수만 있다면 얼마나 좋을까. 아직도 매를 맞다가 홀로 울며 집을 나오던 그해 겨울이 눈에 선하다. 그때 어머니는 집을 나오던 나를 향해 이렇게 말씀하셨다.

"썩을 놈아, 이렇게 키워 놓으니까 부모는 안중에도 없냐? 이놈아, 그렇게 하나님이 좋고 예수가 좋으냐? 부모 말을 안 듣는 놈은 자식도 아니니 어서 나가버려 이놈아!"

얼마나 속이 상하고 마음이 찢어졌으면 이런 말을 하셨을까. 원래 어릴 적부터 효자가 되어 부모님을 잘 모시고 싶은 꿈이 있었다. 가난하게 살던 부모님을 호강시켜 드리고 싶다는 아주 소박한 효자의 꿈 말이다. 비록 막내아들이지만 형제 중에서 제일 크게 성공해서 부모님을 모시고 살고 싶었다. 부모님이 드시고 싶어 하는 것은 다 사다 드리고, 좋은 옷도 입혀드리고, 세계일주도 시켜드리고 싶었다. 그런 순수한 효자의 꿈을 꾸던 어느 날 나는 예수님을 알게 되었고, 마침내 불효자의 길을 걷게 되었다.

하나님께서 나를 주의 종으로 불러주셨는데, 그 사실을 알 리 없는 부모님께서는 사생결단을 하고 그 길을 막으셨다. 그러나 하나님의 부르심에 순종하다 보니 결국 부모님께는 불효자가 될 수밖에 없었다. 물론 나 때문에 부모님이 예수 믿고 천국 가게 되셨으니 영적으로 말하자면 효자 중의 효자가 되었다고 할 수 있다. 하지만 한동안 육신적으로 볼 때는 못된 불효자였다. 그런데 세월이 흘러 집에서 쫓겨난 나를 하나님은 놀랍게 축복해주셨다.

하지만 아무리 영적으로 위안을 삼는다고 해도 어찌 어머니가 마지막 떠나가시는 길, 따뜻하게 손 한 번 잡아드리지 못한 불효자의 가슴이 저리지 않을까. 근래에 위태로운 사경을 헤매실 때에 행여나 막내아들 손이라도 한 번 잡아볼까 기다리셨을 텐데……. 나의 마음은 안타까움과 아픔으로 무너진다. 그러나 신년축복성회 말씀 준비와 이미 약속된 심방, 그리고 외부집회 등 연말의 바쁜 목회일정 때문에 내려가지 못했다. 아무리 바빠도 목요일에는 내려가 찾아뵈려고 했는데, 그 하루를 못 참고 끝내 떠나가셨다.

신년축복성회 설교 준비를 위해 성경을 가슴에 품고 밤잠을 설치면서도 끝내 어머니께 달려가지 못한 이 사명자의 불타는 가슴을 하나님은 이해하여 주시리라. 천국에 계실 어머니께서도 주님 앞에 더 큰 천국 상급을 받고 크게 칭찬받으시리라 믿는다. 그래서 지금 내 곁에 계시는 영적 어머니인 장모님 정금성 권사님에게 어머니께 못다 한 효도를 하고 있다. 정 권사님은 한평생 눈물로 나를 위해 기도해주신 영적 어머니다. 그 어머니께 나의 모든 효심을 바치고 있다. 그리고 앞으로도 이 한 몸 으스러질 때까지 사명자의 길을 걸어가리라.

'어머니, 천국에서도 저를 위해 기도해주시고 한 점 흐트러짐 없는 목양 일념의 한길을 잘 갈 수 있도록 지켜봐주세요. 어머니, 사랑합니다. 주님의 따뜻한 품에서 고이 잠드소서.'

사랑은 세월의 강을 넘고

미국 필라델피아에 있는 영생장로교회에서 집회를 한 적이 있다. 영생장로교회는 백암교회를 개척했을 때 2년간 도움을 준 교회다. 물론 그렇게 하도록 내 스승이셨던 박종삼 목사님이 많은 힘을 써주셨다. 가난한 신학생으로서 벽촌에 가서 개척을 할 때는 너무나 힘들었다. 심지어는 교통사고가 나서 어깨가 부러졌는데도 병원에 갈 돈이 없을 정도로 아무것도 가진 것이 없었다. 어쩔 수 없이 병원비를 다 못 내고 외상을 지고 나왔다. 병원을 나올 때는 금방 갚겠다고 약속을 했지만, 당시 여건에서는 쉽게 갚을 수가 없었다.

그렇게 차일피일 병원비를 미루다 보니 반년이 흘러갔다. 그리고 주변에서 들리는 소문이 소강석 전도사가 병원비를 떼먹었다는 것이 아닌가. 소 전도사를 그렇게 안 봤는데, 어떻게 그럴 수 있냐는 이야기가 들려왔다. 너무나 기가 막혔다. 다른 건 몰라도 다른 사람들에게 자존심이 상하면서까지 거짓되게 살아오지는 않았기에 그 소문은 큰 충격이었다. 나는 소문을 듣고 교회로 와서는 눈물을 쏟으며 기도했다. 너무 억울하고 서러워서 그저 기도만 했다.

그때, 우체부 아저씨가 교회로 오는 소리가 들렸다. 그분은 기분이 나쁠 때면 "집사님!" 하고 오고, 기분이 좋을 때는 "목사님!" 하고 부르면서 우편물을 가지고 오는 분이었다. 그런데 그날은 "목사님!" 하고 불러서 좋은 소식이 왔다고 생각했다. 그 양반이 나에게 도장을 가지고 나오라는 것이다. 나가 보니 미국에서 등기로 보낸 편지가 온 것이었다. 박종삼 목사님이 보내신 건데, 봉투 안에 500불짜리 수표가 들어 있었다.

그 돈은 박종삼 목사님의 사모님이 접시를 닦아 모은 돈을 나를 위해 보낸 것이었다. 만리타국에서도 박종삼 목사님은 늘 나를 측은하게 생각하셨다. 특별히 사모님은 한국에 있을 때 내게 눈치를 주고 밥상에서 다리를 떤다고 구박한 일이 미안해서 보낸 것이었다. 편지에는 사모님의 마음이 담겨 있었다.

"소 전도사, 내가 자네를 너무 박대하고 구박한 거 미안하네. 그때

일을 생각하면 내가 너무 마음이 아프고 가슴이 먹먹해진다네. 그래서 내가 미안한 마음으로 이 돈을 보낸다네."

나는 그 수표를 붙잡고 감사해서 얼마나 울었는지 모른다. 속절없는 눈물이 쏟아졌다. 그것으로 병원 외상값을 갚고도 돈이 남아 얼마나 요긴하게 썼는지 모른다. 그래서 나는 미국 동부 지역을 갈 때마다 거의 매번 필라델피아를 찾아가 고 박종삼 목사님의 묘소를 찾고 사모님을 만나 뵈면서 용돈을 드리고 돌아오곤 했다.

그런데 최근에 필라델피아 영생장로교회에서 집회를 인도하기 위하여 갔더니 박종삼 목사님이 고인이 된 지 오래되었기에 사모님을 김흥경 권사님으로 부르고 있었다. 나는 이번에도 모든 일정을 뒤로 하고 박종삼 목사님의 묘소를 찾아 헌화했고, 내게는 어머님과도 같은 김흥경 권사님을 찾아뵙고 인사를 드리러 갔다. 그동안 못 찾아뵌 사이에 풍을 두 번이나 맞은 권사님이 양로원에 거주한다는 사실을 알고 찾아갔다. 하지만 예전 권사님의 모습은 온데간데없었다. 몸 한쪽을 쓰지 못하니 말을 하려고 몸을 더 비트시는데, 그 모습이 마음을 무너지게 했다. 그래서 나는 필라델피아 집회를 갈 때마다 받은 사례비를 모두 용돈으로 드리고 온다. 그때마다 권사님은 내 손을 붙잡고 어렵게 한 말씀 한 말씀을 하시는데, 그 한 마디 한 마디가 폐부를 찔렀다.

"우리 소 목사님이 나를 보려고 이곳까지 와주셔서 감사하네. 이렇게 위대한 목사님이 되신 걸 보니 정말 하나님이 감사혀. 예전에 더 따뜻하게 대하지 못해서 미안하구만. 앞으로 더 위대한 목사님이 되시구려."

얼마나 그 모습이 순박해 보이는지 오히려 송구스러울 정도였다. 그리고 권사님의 눈빛과 모습에서 삶의 의지와 욕망이 스쳐 지나갔다. 그래서였는지 더 안쓰럽고 애절하게 느껴졌다. 그날 밤 숙소로 돌아와 잠을 청하는데, 가슴이 완전히 무너져내렸다.

'아, 삶이란 것이 이런 것이란 말인가. 그토록 도도하고 고상했던 권사님마저 세월의 강물 앞에서는 속절없이 무너지고 마는 것인가.'

그런데 한편으로는 말로 표현할 수 없는 권사님에 대한 연정과 고마운 마음이 물밀 듯이 밀려왔다. 물론 박 목사님이 나를 사택으로 불렀을 때 그렇게 나에게 눈치 주고 박대하며 자존심에 상처를 안긴 분이지만, 예전에 그렇게 나에게 모질게 대한 것마저도 감사하고 또 감사한 마음이 들었다. 그래서 나는 이렇게 고백했다.

'권사님, 아니, 어머니. 내가 젊었을 때 당신이 나에게 모질게 하고 못한 것도 감사합니다. 또 어머니께서 나에게 잘해주신 것은 더 감사합니다. 세월의 강물이 흘러 이렇게 어머님의 외롭고 아픈 모습을 보니 저의 마음은 찢어집니다. 부디 건강을 회복하시고 꼭 오래오래 사세요. 저에게 눈치 주고 섭섭하게 대한 그런 기억일랑은 다 잊어버리세요. 어머니, 저는 이미 모든 것을 다 잊었습니다. 그리고 그 모든

것이 감사합니다. 나에게 당신은 평생 잊을 수 없는 따뜻한 사랑의 어머니였습니다.'

중풍을 맞은 몸으로 양로원에서 홀로 잠이 드실 김흥경 권사님을 생각하니 나도 모르게 눈물이 흘렀다. 두 볼이 뜨거워졌다. 박종삼 목사님과 김흥경 권사님은 정말 잊을 수 없는 은인이요, 영혼의 아버지요, 어머니였다. 이제는 세월의 강물이 흐르고 흘러 권사님도 돌아가셨다. 그때 나는 너무 무리하다 안면마비가 생겨 갈 수가 없어 집 사람을 보낸 적이 있다.

'권사님, 용서하세요. 제가 하나님과 교회를 위해 너무 무리를 하다 그만 안면마비가 와서 갈 수가 없네요. 그러나 저를 아껴주시고 사랑해주셨던 박종삼 목사님과 권사님의 사랑을 제가 어찌 잊을 수 있겠어요? 부디 하나님 나라에서 편히 영면하소서.'

두 분을 생각하면 여전히 가슴속에서 따뜻한 사랑이 타오른다. 두 분과 내가 함께 나누었던 사랑은 세월의 강을 건너 여전히 가슴속 은빛 물결로 흐르고 있다.

밥순이 사모님, 행복하시나요?

지금은 남부럽지 않은 대형교회의 사모님이지만, 나의 아내에게도 가난한 개척교회의 사모님이었던 시절이 있다. 개척교회 초기 때부터 주일 낮 예배를 마치고 나면 교인들에게 밥을 지어서 대접했다. 그렇기에 교회에서 누군가는 점심을 준비하고 분주하게 희생을 해야 했다. 바로 그 희생자가 아내였다. 집사람은 주일 낮 점심을 준비하기 위해 주중에 수시로 가락시장에 갔다. 경제 사정이 어렵다 보니 상인들이 버리고 간 배추나 무를 주워 김치도 담그고 된장국도 끓였다. 그래도 맛은 일품이었다.

그때만 해도 봉고차도 없고 손수레 같은 것도 전혀 없었으니 그 많은 채소를 주워 교회까지 머리에 이고 와야 했다. 한번은 소금 부대에 잔뜩 채소를 이고 허리가 다 드러난 채 땀을 뻘뻘 흘리며 집으로 돌아오다가 시장통에서 그만 고향 친구를 만나고 만 것이다.

"정숙아! 너 지금 여기서 뭐하니? 너 어디서 야채장사 하는 거니? 남편이 뭐하는 사람이길래 이렇게 고생을 하고 살아?"

그 말을 듣는 순간 집사람은 눈앞이 캄캄해서 무슨 말을 어떻게 해야 할지 몰랐단다. 친구가 남편과 함께 그랜저 승용차를 타고 가는 모습을 본 후에야 정신을 차리고 집에 돌아왔다는 것이다. 말은 안 했지만 자존심이 얼마나 상했을까. 이런 아내의 모습을 볼 때마다 정말 미안해 죽을 지경이었다. 신혼여행은커녕 제대로 된 반지 하나도 못 끼워주고 신혼 방도 제대로 못 구하고 살다가, 이제는 개척교회를 하면서 이런 일까지 시켜야 한다고 생각하니 너무나 나 자신이 초라하게 보였다. 그러나 나는 일부러 겉으로는 대수롭지 않게 여기는 척하며 이렇게 말을 했다.

"살다 보면 그런 일도 있을 수 있지, 뭘 그런 일을 가지고. 마음 상할 것 없어요. 나 같으면 오히려 감사하겠소. 이처럼 가난하고 힘든 일이 있어야 나중에 추억이란 게 있을 것이니까."

그러나 마음속으로는 이렇게 말하고 있었다.

'여보! 정말 미안하오. 나처럼 가진 것 없고 부족한 사람을 만나서 당신이 너무나 고생하는 것 같아 마음이 아프오. 그러나 언젠가는 날

만나서 행복하다고 고백하는 날을 맞이하게 될 것이오. 그러니 부디 지금은 조금만 참아주길 부탁하오.'

집사람에게 고마운 것은 그렇게 식모처럼 궂은일을 도맡아 했지만, 사람들 앞에서는 단 한 번도 싫은 모습을 보이거나 불평 한마디 하지 않았다는 것이다. 밥순이 아내 덕분에 교인들은 밥상에 둘러앉아 한 가족처럼 어울려 밥상 공동체를 이루어갔다. 그러면서 교인은 점점 늘어갔고 희생적인 집사람의 섬김에 감동되어 다른 사람들도 함께 동참하게 되는 것을 보았다.

지금 아내는 더 이상 밥순이 노릇을 하지 않아도 된다. 가락동 시장에 버려진 배추나 무를 주우러 다니지 않아도 된다. 동창 친구를 만나 무안한 인사를 나누지 않아도 된다. 오히려 지금은 동창들이 아내를 볼 때마다 더욱 부러워한다. 아내는 지금도 결코 자신을 드러내지 않고 묵묵히 내조를 한다. 그런 아내가 있었기에 오늘의 내가 있을 수 있었다.

처음으로 아내와 함께 외국을 나갈 때였다. 그때 나는 이코노미석에 타고 밥순이 사모님을 예우한다고 없는 돈에 비즈니스석으로 끊어주었다.

"사모님, 여기서 편하게 가세요. 나는 뒤에서 책 보며 짠 밥 먹을게요."

그리고 두세 시간 간격으로 문후를 드리러 갔다. 너무 자주 가니까 비즈니스석 직원들에게 눈칫밥을 먹으면서 말이다. 또 한번은 미국에 갈 때 항공사에서 일등석 서비스를 준다기에 집사람에게 타라고 했다. 그런데 그때 어느 전직 대통령이 일등석을 같이 타는 바람에 집사람은 공주 대우를 받았다. 그리고 그때도 두어 시간마다 문후를 드리러 갔다. 내가 가면 전직 대통령이 자리에서 일어나 영접을 해주곤 했다. 나는 집사람에게 귓속말로 물어보았다.

“당신 오늘 일등석 타니까 행복해? 아니 과거 밥순이 사모님 행복하시나요?”

그래도 집사람은 행복하단 대답은 들려주지 않았다. 피식 웃기만 했을 뿐. 지금도 아내라는 이름, 난 그 이름 앞에 고개를 떨굴 수밖에 없다. 밥순이 사모 덕분에 많은 사람들에게 밥을 지어 먹이고 영혼의 양식을 배부르게 먹일 수 있었다. 야채를 머리에 이고 가락시장을 걷던 아내의 뒷모습이 오늘따라 흑백 사진처럼 찍힌다.

3부

다시, 첫 새벽길을 기다리며

다시, 첫 새벽길을 떠나는 나그네의 심정으로 옷깃을 여미고 신발 끈을 동여매리라. 밤은 찬란한 아침이 오기 전의 어둠과 정적이다. 좌절하고 절망해서는 안 된다. 가슴에 타오르는 사랑을 품고 어둠 속을 걸어야 한다. 다시, 첫 새벽길을 기다리며.

남 몰래
흐르는 눈물

그날 내 심장은 두려운 영광과 떨림으로 뛰기 시작했다. 하나님을 향한 감사와 송구한 마음으로 고개 숙여 기도했다.

'하나님, 제가 무엇이기에 이런 은혜를 주시는지요? 저 지리산 산자락에서 고무신 신고 바람개비를 돌리던 시골 소년이 하나님의 은혜로 이 자리에 서게 되다니요. 저 하늘의 수많은 별들 중에서 저를 택하신 하나님, 감사합니다. 오직 주님의 은혜요, 사랑입니다.'

2011년 10월 5일, 코엑스 오라토리움에서 국민훈장 서훈식이 거행되었다. 드디어 행사가 시작되고 수상자 이름을 한 사람 한 사람

호명할 때, 나도 사람인지라 마음이 들뜨고 사뭇 긴장되었다. 그런데 내 이름을 호명하는 순간 심장이 멎는 듯했다.

'세계한인교류협력기구 공동대표 소강석'

순간 내 귀를 의심했다. 아니, 왜 나를 새에덴교회 담임목사가 아니라 세계한인교류협력기구 공동대표로 호명하는지 알 수 없었다. 나는 국민훈장을 받는 것으로 통보만 받았고, 차후에 관련 일정이나 서류는 우리 교회 대외협력실장인 박요셉 목사와 교무국장인 이종민 목사가 진행했다. 그리고 당연히 새에덴교회 담임목사로 호명될 줄 알았다. 그런데 세계한인교류협력기구 공동대표로 불리는 것을 현장에서야 알았다. 물론 소강석이라는 인물이 두 사람은 아니지만 현장을 찾은 교인들에게 너무 미안했다.

나는 당연히 새에덴교회 담임목사 소강석으로 불릴 것으로 알고 있었다. 그건 너무나 당연한 사실이 아닌가? 당장 자리를 박차고 나가서 주최 측에 항의를 하거나 다시 수정해서 내 이름을 불러달라고 하고 싶었다.

'이런 훈장은 받을 수 없다. 새에덴교회 담임목사라는 이름이 아니면 훈장 아니라 그 어떤 값진 상을 준다고 해도 내게는 아무 의미가 없다. 내가 이 자리에 선 것은 새에덴교회 담임목사의 이름으로 선 것이다. 오직 주님의 영광을 위하여, 교회의 선한 영향력을 위하여 선 것이다.'

이렇게 외치고 싶었다. 당장이라도 국무총리에게 따지고 싶은 마음이 솟구쳐 올랐다. 그러나 이미 시상식은 시작되었고, 단상에 선 수상자들과 국무총리를 비롯한 내빈, 수많은 청중들이 보는 앞에서 그렇게 할 수는 없었다. 그러다 보니 내 머릿속은 백지가 되어버리고 말았다. 오히려 기쁘기보다는 서럽고 우울한 마음이 들었다.

'내가 지금까지 나라와 민족을 위한 애국적 사역과 한미 우호증진을 위한 민간외교 사역을 한 것은 어떻게든 바닥까지 실추된 한국교회의 사회적 이미지를 회복하고 다시 교회의 영광과 거룩함을 일으키는 데 한 줌의 중보 역할이라도 하려고 했던 것인데……. 교회의 이름이 아니라 사회단체의 이름으로 이 상을 받으면 무슨 의미가 있단 말인가.'

너무나 씁쓸했다. 아니 억울하고 분통이 터졌다. 그래서 시상식이 진행되는 동안 단 한 번도 환하게 웃질 못했다. 시상식이 끝나고 나서도 장로님들과 교인들 앞에서 너무 아쉽다고, 진짜 울고 싶다고 막 소리를 쳤다. 현장에 있던 외교부 직원에게도 막 따졌다. 그랬더니 직원이 이렇게 해명했다.

"목사님, 지금까지 훈장을 받은 목사님들도 모두 단체명으로 받았지 교회 이름으로 받은 분은 한 명도 없습니다. 그리고 대한민국 사람 중에 목사님이 새에덴교회 소강석 목사님이라는 사실을 모르는 사람이 누가 있습니까?"

그래도 마음이 서글퍼서 참석한 아들에게도 웃는 눈빛을 보여주지 못했다. 그날의 억울한 영광과 아쉬움은 하루 내내 남았다. 많은 사람에게 축하 메시지와 전화가 와도 안 받았고, 우울증에 빠질 정도로 심각했다. 나중에 찍은 사진을 보니 웃는 모습이 한 장도 없었다. 오히려 인상을 찌푸리거나 섭섭하고 아쉬운 표정밖에 없었다.

나는 그날 강단에서 많은 사람들의 갈채 속에서 사진을 찍고 악수하면서도 오히려 피투성이가 된 채 길바닥에 쓰러진 한국교회의 모습을 보았다. 주님이 지금의 한국교회를 바라본다면 아마도 눈물을 흘리실 것이다. 나 또한 그날 많은 사람들의 박수와 환호 속에서 홀로 남 몰래 흐르는 눈물을 닦을 수밖에 없었다. 지금 한국교회는 사회로부터 심각한 지탄을 받고 있다. 교회의 이미지는 더 이상 떨어질 곳이 없을 정도로 추락하고 말았다. 억울하고 분통이 터지는 일이지만 어쩔 수 없는 일이다.

'한국교회 당신네들이 그만큼 성장했으면 성장했다는 증거를 보여주어야 하지 않느냐, 교회도 사회적인 존재이기 때문에 그만큼 힘을 갖추었으면 이제는 종교와 전혀 상관없는 일도 해야 하지 않느냐, 당신네들끼리만 모여서 예배하고 좋아만 한다면 당연히 우리의 비난을 받을 수 있지 않느냐, 당신네들의 신앙적 성숙만 추구하지 말고 사회적 성숙과 기여에도 관심을 가져야 하는 것 아니냐.'

나는 이러한 사회적 흐름과 트렌드를 인식한 목사다. 그래서 교회의 본질 사역인 선교에 충실할 뿐만 아니라 민족의 역사를 보듬는 사회적 섬김 사역을 위해 노력했다. 그리고 이 일은 나 혼자 한 것이 아니라 우리 성도들과 새에덴교회가 함께했다. 그리고 이러한 활동은 세월이 흘러서 한국보다 미국에서부터 먼저 평가받게 되었다.

새에덴교회는 2007년부터 해마다 6월이 되면 한국전 참전용사 초청행사를 해왔다. 우리 교회의 참전용사 초청행사는 한미 간의 우호증진을 위한 민간외교로 큰 성과를 거두며, 한미 양국의 대통령이 축사를 보내오고 주한 미 대사, 미8군 사령관 등이 참석할 정도로 발전해왔다. 뿐만 아니라 공중파 언론에 대대적으로 소개되며 선한 영향력을 발휘해왔다.

한번은 내가 워싱턴에 있는 보훈병원을 찾아가는데, 모 공중파 방송기자들이 취재를 하러 따라왔다가 미리 허가를 못 받아서 거절당한 일이 있었다. 그런데 보훈병원 직원들이 한국의 새에덴교회와 나를 알고 있었다. 그래서 특별히 부탁을 했더니 취재를 할 수 있도록 해줄 정도였다. 그만큼 새에덴교회의 사역이 인정받고 평가받은 것이다. 그리고 그 평가는 한국사회에서도 인정받기 시작했다. 그러더니 마침내 정부로부터 영광스러운 국민훈장 서훈까지 받게 된 것이다. 더구나 이 훈장은 문화부에서 종교 활동을 잘했다고 주는 것이 아니라 민간외교 활동의 공로를 인정받아 외교통상부로부터 받은 것이다. 새에덴교회의 민간외교 활동 사역이 교계뿐만 아니라 사회와 국가로부터 인정을 받은 것 같아 더 감사했다. 그러니까 국민훈장 수훈은 내 개인의 기쁨과 영광을 넘어 더 큰 영광의 자리가 아닐 수 없었다.

그날 오후 연합뉴스에 국민훈장을 수상한 뉴스가 보도되자, 이튿날 국민일보를 비롯해서 동아, 조선, 각 지방 신문과 인터넷 언론에 난 '새에덴교회 소강석 목사 국민훈장 수훈'이라는 기사 제목을 보고 그제야 마음이 풀렸다. 국민훈장 수훈 소식을 들은 의식 있는 지도자들은 전화나 문자 메시지를 통해 이렇게 축하해주었다.

"한국교회가 사회적으로 비판받고 있는 때에, 그래도 소 목사님과 새에덴교회가 민족을 섬기고 역사를 책임지는 교회 이미지를 많이 보여주었습니다. 그렇지 않아도 새에덴교회가 언론 선교를 통해 한국교회의 이미지를 많이 쇄신하려고 노력하는 것은 알고 있지만, 이번 훈장 서훈을 통해서 많은 부분을 상당히 회복했다고 봅니다. 그리고 미디어를 통해서 한국교회 이미지에 손상을 끼친 목사님과 교회도 있는데, 소 목사님은 긍정적으로 많은 영향을 미쳤습니다."

사실 교회가 부흥한다고 소문이 나고 주목을 받으면 오히려 더 고독해질 때가 많다. 그러나 고독하지만 지도력과 영향력이 넓어지는 것은 큰 축복이 아닐 수 없다. 국민훈장을 받은 다음 날 새벽, 하나님께 엎드렸다. 가슴에 불꽃이 타오르고 두 볼을 타고 눈물이 흘러내렸다. 남 몰래 흐르는, 주님과 나만이 아는 그 뜨거운 눈물이…….

양복
회상

신학교 학부 1학년인 스무 살이 되던 해에 난생 처음으로 넥타이를 매보았다. 신학교를 들어가니 누구 할 것 없이 다 양복이 한 벌 이상은 있는데, 나는 양복은커녕 와이셔츠나 넥타이 하나도 없었다. 그래서 남들이 양복을 입고 다니는 것을 보면 나도 넥타이 한번 매보았으면, 저런 양복 한 번만이라도 입어봤으면 하는 마음이 간절했다. 더구나 동료 신학생들이 지난주에는 주일학교 설교를 했다는 둥, 이번 주에는 중고등부 설교를 해야 되는데 걱정이라는 둥 하는 소리를 들을 때마다 오장육부가 뒤집히는 듯했다. 왜냐하면 난 양복이 없어서 주일학교 설교를 할 자격이 없었기 때문이다.

신학생이라고 해서 주일학교 설교 순서가 있었지만 양복이 없었기에 강단에 올라갈 수가 없었다. 그러니 속이 상할 수밖에. 더구나 교회연합회에서 주관하는 주일학교 교사 설교 대회에서 1등도 했지만 양복이 없어서 설교를 할 수 없었다. 뛰어난 가창력, 호소력, 집중력이 만점이라 해서 심사를 하던 목사님들의 만장일치로 주교 설교대회 1등을 차지했는데도 설교 한번 못 하니 얼마나 속이 상했겠는가. 강단에 오를 수만 있다면 떠들던 애들도 시선을 집중시키고 중고등부에 올라가서 끝내주는 설교도 한번 했을 텐데…….

그러던 어느 날 모처럼 양복을 빌려 입을 기회가 생겼다. 주일이 아니기에 기숙사에서 같은 방을 쓰던 전도사님의 옷을 빌려 입을 수가 있었다. 마침 그날은 교회에서 중고등부 야유회를 가는 날이었다. 주일학교뿐 아니라 중고등부 교사를 맡고 있는 사람으로서 당연히 참석을 해야 하는데, 갑자기 양복을 입고 가고 싶었다. 그런데 막상 거울 앞에서 넥타이를 매려니 잘 매지지 않았다. 그래서 끙끙거리다 정 전도사님의 손재주로 겨우 넥타이를 매고 보니 왜 그렇게 어색하기 짝이 없던지…….

세상에 넥타이를 매다니, 어색했지만 한편으론 대견하기도 했다. 게다가 양복까지 걸치니까 더더욱 황홀할 지경이었다. 그런데 내 옷이 아니라서 그런지 목 부분이 작아 갑갑하고, 소매도 길어서 우습기

짝이 없었으며, 윗옷은 길이가 너무 길어 꼭 반코트를 입은 것만 같았다. 그래서 거울을 보며 입을까 말까 망설이다 보니 대견하기는커녕 자꾸 어색하고 쑥스러운 마음만 들었다.

'이 옷을 입고 가면 얼마나 많은 사람들이 나를 쳐다볼까? 아니 교회에 가면 처음으로 양복을 입고 왔다고 히죽거리며 나를 쳐다보지 않을까?'

한참을 망설이다가 용기를 내어 나갔다. 007가방까지 빌려 그 안에 성경책까지 넣고 말이다. 행여나 넥타이가 풀릴까 조심조심, 사뿐사뿐 걸으면서 시내버스를 탔다. 그리고 좌석에 앉는 것도 조심스럽게 앉았다. 자칫 넥타이가 풀린다면 다시 맬 수 없기 때문이었다.

이윽고 교회 앞에 도착했다. 그런데 어찌 된 일인가? 양복을 입은 사람은 나밖에 없었다. 평소에 양복만 입고 교회에 오던 사람들도 추리닝이나 청바지를 입고 나왔다. 심지어 지도 전도사님까지도 넥타이를 매지 않은 차림으로 나왔고, 장로님과 모든 교사들도 마찬가지였다. 생전에 양복 한 번 못 입어본 나만 그날따라 때아닌 양복을 입고 나왔으니 얼마나 우스꽝스러웠겠는가.

왜 그렇게 보는 사람마다 내 위아래를 훑어보는지, 대부분의 사람들이 히죽거리거나 이상하다는 듯이 기웃거리며 소곤댔다. 학생들마저 나를 놀려대는 듯했고, 심지어 전도사님과 목사님까지 빙그레 웃으며 나를 놀리는 듯했다. 그도 그럴 것이 평소에 남방 차림으로 오던 가난한 신학생이 오늘 같은 날 양복을 걸치고 왔으니 당연한 반응이었다. 그것도 반코트처럼 어울리지 않는 양복에다 007가방까지 들고 왔으니 나 같아도 히죽거렸을 것이다. 너무 어색하고 부끄러움을 견딜 길이 없어 몰래몰래 숨어 다시 기숙사로 와버렸다. 그리고 양복을 벗어 던지고 채플실에 가서 목 놓아 울어댔다. 창피하고 부끄러워서 울었다. 양복 한 벌 없는 것도 억울했지만, 왜 경망스럽게 오늘 같은 날 양복을 입고 가서 이런 무안을 당했나 싶어 울고 또 울었다.

어느덧 쉰을 넘긴 중견 목회자가 된 지금도 거울 앞에서 넥타이를 매고 양복을 입을 때마다 그 순간이 아련하게 떠오른다. 그러고 보니 그 일이 있은 지도 30여 년이 지났다. 이제는 장례식 때 입는 검정 양복, 결혼식 때 입는 흰 양복, 회색 양복, 녹두색 양복 등 양복만 몇 벌이 되고, VIP 순모의 옷을 입고 다니기도 한다. 거기에다 넥타이도 수없이 많다. 그때에 비하면 알부자, 아니 웬만한 그룹의 회장이 된 것처럼 부자가 되었다. 그러나 나는 결코 양복을 수십 벌, 아니 수백 벌을 살 수 있는 자리에 있을지라도 가난했던 신학생 때의 눈물을 잊지 않으리라.

이제 거울 앞에 서서 넥타이를 맨다. 그때의 일이 거울이 되어 그 거울 앞에 다시 오늘의 나를 비춰 본다. 지금 내가 넥타이를 바로 매고 머리를 곱게 빗으며 옷맵시를 잘 꾸미는 일! 그보다도 더 중요한 것은 오늘 나의 마음이다. 지금 내 마음은 그때처럼 순수한가? 지금도 티 없이 맑은 영혼인가? 혹시 내 마음에 탁한 기름이 끼어 불투명하지는 않는가? 아! 과거를 잊지 않으리라. 양복이 몇 벌 있고, 넥타이가 꽤 있다고 마음에 기름기를 채우지 않으리라. 오히려 더욱 티 없이 맑은 마음으로 살아가리라. 언제나 순결하고 순수한 마음으로 주님만을 섬기고 사랑하며 살리라.

밤에 출근하는 남편

나는 생리적으로 야행성이 강한 사람이다. 어린 시절에도 밤새우기를 잘해서 학생 때 시험 기간에는 밤샘 공부에 능했다. 그러나 대신 새벽에 일찍 일어나서 공부하는 것은 힘들었다. 아무리 일찍 자더라도 이상하게 새벽엔 졸음만 오고 정신이 몽롱하기만 했다. 게다가 후천적으로도 스스로 야행성 훈련을 해왔으니 더더욱 야행성이 강한 남자가 될 수밖에 없었다. 이런 내가 목사가 되어 평생 새벽기도를 해야 하니 얼마나 새벽기도가 힘들겠는가? 아닌 게 아니라 지금도 철야기도에는 능하지만 새벽기도엔 헤맬 때가 많다. 밤늦게 잠을 자니까 이른 새벽에 일어난다는 것 자체가 힘들 수밖에 없다. 그러나 반대로 깊고 조용한 밤은 천국이 아닐 수 없다. 그때 내 모든 설교의 영감과 목회의 아이디어가 나온다. 나는 지금도 늦은 밤, 홀로 교회 서재에서 스탠드를 켜놓고 책을 읽으며 설교를 준비하고 글을 쓰는 순간이 황홀할 정도로 행복하다.

그러나 나는 이렇게 행복한 밤의 천국을 누리지만 정말 미안한 사람이 있으니 바로 아내다. 지금까지 나는 아내에게 많은 빚을 지고 산 사람이다. 교회의 공적인 목사로서는 A학점이지만, 한 아내의 남편이자 자녀들의 아빠로서는 실격일 때가 많다. 아빠로서는 그나마 괜찮을 때가 있지만 남편으로선 정말 빚쟁이 남편일 뿐이다. 원래 나는 결혼을 사랑 때문이라기보다 목적 때문에 했다. 총각 신분으로 개척하기 힘든 상황을 깨뜨리기 위해, 즉 교회 개척을 위해 결혼을 한 셈이다. 그때야말로 더욱 은혜가 충만했을 때였다. 그때는 예수님과 교제하는 기도생활이 신났고, 주님 생각만 해도 눈물이 흘러내렸다.

그러니 연애 한 번 안 해본 청년임에도 불구하고, 신혼여행은 고사하고 교회 개척을 위해 한 푼이라도 모은답시고 독방 하나 못 써보고 신혼 기간에 한 방에서 장모님과 처남까지 네 식구가 사는 멋진 에피소드를 남기기도 했다. 그만큼 나는 교회 개척에 미쳐 있었다. 그러면 그럴수록 아내에게 빚진 자가 되어갔다.

서울 가락동으로 와서 교회 개척을 시작하고서는 더더욱 오직 예수와 교회밖에 몰랐다. 밤이면 교회에 가서 잠을 자며 기도하는 것이 개척 시절의 생활이었고, 교인 하나가 등록하면 집사람보다 백 배, 천 배나 위해주었다. 심지어 가난한 교인에겐 집안의 생활비까지 도둑질(?)해서 몽땅 주었다. 그러니 집사람은 정신, 육체, 물질적으로 고생이 말이 아니었다. 이런 일이 계속되자 아내도 불평이 시작될 수밖에 없었다. 그때마다 도리어 아내에게 믿음이 없다고 책망하기 일쑤였다. 그러면서 혼자 생각하기를 주님 뜻대로 살고 주님께 충성을 하려니 가정이 장애물이 된다고 착각했다. 그리고 주님을 사랑한답시고 아내를 내팽개치고 금욕적인 길, 더 희생적인 길로 나갔다.

게다가 자꾸 집사람에게 목사 사모가 되어 가지고 좀 더 희생하고 믿음으로 살아야지 왜 불평이냐고 나무라기가 일쑤였다. 아마 그때 하나님의 은혜가 아니었으면 진작 아내는 도망을 가버렸을 것이고, 난 지금 홀아비 목사가 되었을지 모른다. 오죽하면 주위에 가까이 있는 교인들도 아내 편을 들었겠는가?

'신앙적으로는 목사님을 존경하지만, 남편으로서는 존경하기 힘들다. 나 같아도 목사님과 같이 안 살 것이다.'

더구나 요즘은 아예 교회에서 산다. 교회 서재에 내 작은 방이 하나 있다. 현실이 그럴 수밖에 없는 상황이라서 지금은 사실상 집사람과 거의 별거를 한다. 낮에는 수많은 모임과 심방, 상담 활동 등으로 정신이 없고, 저녁에는 독서하며 연구해야 한다. 설교할 때마다 만날 하는 소리 또 하면 교인들이 얼마나 지루하고 식상하겠는가.

더구나 나는 목회와 설교뿐만 아니라 저술 활동을 한다. 지금까지 40여 권의 책을 썼는데, 어지간하면 교계에서 베스트셀러나 스테디셀러가 된다. 수만 명의 독자들이 기다리는데 저술 활동을 중단할 수는 없다.

그러다 보니 아들은 주일날 한 번 보고, 집사람은 수요예배, 금요철야기도회가 있어서 몇 번 본다. 이런 것이 사람들이 겉으로 화려하게만 보는 대형교회 목사의 삶이다. 그러니 장모님이신 정 권사님만 안 계셨어도 나는 진작 홀아비가 되었을지 모른다. 그러니 늘 아내에게 미안한 마음뿐이다. 나이가 한 살 한 살 들어가면서 아내를 꾸짖고 책망하는 일이 없어지고 남편으로서 빚진 자가 되어 미안하기 짝이 없는 마음만 드는 이유는 무엇일까? 그래서 요즘은 이렇게 말한다.

"미안해, 은퇴하고 나서 보상해줄게. 조금만 참아. 나이 들면 잘 해줄게."

밤이면 교회 서재에서 잠을 청하는 남편을 두고 홀로 집에 있을 아내를 생각하니 더욱 미안한 생각이 든다. 아내에게 빚을 갚으려면 어떻게 해야 할까? 내가 빨리 나이가 들어야 할까? 나는 오늘도 아내에게 미안한 마음을 가슴 한쪽에 품고 밤을 밝힌다.

갈대 목사

정말 나라는 사람은 묘한 사람임에 틀림없다. 때로는 나 자신도 이해하기 힘들 때가 많다. 어떨 땐 포효하는 사자나 호랑이보다 더 담대한가 하면, 어떨 땐 이슬만 먹는 큰 풀잎처럼 너무나 연약하고 유약해지기 때문이다. 그렇게도 물불을 모르고 덤벼들던 모험적인 사람이 어느 한순간에 시들어져가는 밥풀 같은 모습으로 바뀌는 것을 보면서 스스로도 의아할 때가 있다. 그럴 때마다 '내 안에 이렇게도 대조되는 양면성이 있을 수 있단 말인가?' 하고 고뇌하곤 한다.

특별히 시를 쓰거나 문학적 감성이 있는 사람은 어떤 사건에 대한 잔상과 잔영이 금방 떠나지를 않는다. 얼마 전에도 집사람으로부터 가수 패티 김과 길옥윤 사이의 애틋한 이야기를 들었다. 그 두 사람은 음악적 감성이 너무 맞아서 그 감성을 사랑으로 승화시켜 결혼까지 했다고 한다. 그러나 결혼생활은 냉엄한 현실이기 때문에 어떤 연유에선지 이혼을 하고 말았다. 그런데 길옥윤은 이혼 선물로 패티 김에게 〈이별〉이라는 노래를 작사, 작곡해주었다.

'비록 헤어지지만, 당신이 이 노래를 불렀으면 좋겠다.'

패티 김은 이 노래를 불러서 대중들로부터 큰 사랑을 받았다. 비록 이혼을 했지만 전남편인 길옥윤은 패티 김의 음악적 재능과 감성을 너무나 사랑했다. 그런데 훗날 길옥윤이 암에 걸려 죽게 되었다. 그때 패티 김이 투병을 하고 있는 길옥윤 앞에서 〈이별〉을 불러줬다. 그런데 끝까지 부르지 못하고 펑펑 울어버렸다. 그리고 길옥윤은 마침내 고인이 되었다. 장례식 때 고인의 유훈과 장례위원회의 요청으로 패티 김에게 〈이별〉을 불러달라고 했다. 그러나 패티 김은 그 노래를 부를 자신이 없어서 그가 작곡한 〈서울의 찬가〉를 불렀다.

나는 이 이야기를 듣고 너무 가슴이 아파서 스마트폰으로 패티 김과 길옥윤의 스토리를 모두 검색해 보다가 하룻밤을 꼬박 새우고 말았다.

'아, 두 사람은 얼마나 힘겨운 삶을 살아왔을까. 그럴 거면 뭐하려고 이혼을 해. 그냥 같이 살지. 내가 그때 그런 사실을 알았으면 이혼

을 하지 못하도록 말렸을 것을…….'

며칠 동안 그 슬픈 잔상과 잔영이 머리와 가슴 사이를 왔다 갔다 하며 '어쩌다 생각이 나겠지 냉정한 사람이지만~'으로 시작하는 〈이별〉 노래 가사가 떠올랐다.

가수 조용필의 스토리도 나의 마음을 아리게 한다. 재혼한 여자였지만 부인이 병들었을 때, 그 유명한 인기가수는 음악을 포기한 채 지극정성으로 아내 곁을 지켰다고 한다. 그리고 아내의 마지막 길을 눈물로 보내며 하염없이 울었다는 것이다. 처갓집에서 조용필에게 너무 감사한 마음이 들 정도로 진심을 다해 아내를 사랑했다는 것이다. 나는 이런 이야기를 들으면 계속 슬픔의 잔상이 남아서 가슴이 뭉클해진다.

국민 가수 이선희의 파란만장한 이야기도 잊을 수 없다. 그 작은 체구에서 뿜어져 나오는 폭발적인 가창력은 너무나 황홀할 정도로 매력적이다. 그런 그도 남편과 사별을 한 후 미국으로 잠적했던 것으로만 알았다. 나는 그녀를 알지도 못하는데 너무 가슴이 아리는 것이다. 그런데 언젠가 검색을 해보니까 좋은 훈남과 결혼해서 행복하게 잘 산다는 것이다. 이선희의 노래를 정말 좋아하는 사람 입장에서 너무나 다행이라는 안도감이 들었다. 그리고 그 남자에게 고마움을 느끼기까지 했다.

한번은 성대결절 수술을 하여 근 한 달여간 말을 못 하고 지낼 때가 있었다. 휴식도 취할 겸 떠났던 제주도 여행에서 하룻밤은 〈추격자〉라는 영화를 보게 되었다. 그런데 그 영화를 보고 하룻밤을 꼬박 새워버렸다. 살인자에게 희생당한 여인들이 너무 불쌍해서 분노와 서글픔 때문에 잠 못 이루었다. 이처럼 나는 너무 소모적인 감상에 젖어들 때가 있다.

그뿐만 아니라 쓸데없는 동정심 때문에 거절을 못하고 사기도 당할 때가 많다. 아무리 생각해도 나는 갈대임이 틀림없다. 아니, 그냥 갈대가 아니라 상한 갈대다. 단순하며 인정도 많고 마음이 여리다. 그래서 사람을 너무나 잘 믿는다. 물론 주님의 뜻을 순종하고 신앙의 본질을 지키기 위해서는 너무나 모진 냉혈 인간처럼 행동한다. 어떤 단체를 이끌며 목표를 달성하고, 분쟁이 있는 곳에서 화합을 이끌 때는 누구도 따라올 수 없는 카리스마 리더십을 발휘한다. 더구나 나의 권위에 도전을 한다든지, 악의적으로 공격하는 사람들에게는 한 치의 자비도 없이 냉혹하다.

그러나 진심을 다해 나에게 도움을 구하고 인정으로 어려움을 호소하는 사람들에게는 왜 그렇게도 마음이 여려지는지 모른다. 사실 끊을 때는 끊고 매정할 땐 매정해야 하겠지만, 나에겐 도대체 왜 그런 능력이 없는지 스스로도 자신이 미울 때가 많다. 이런 나의 모습을 보면서 홀로 울 때가 많다. 집사람이나 장모님 모르게 홀로 울곤 한다.

나와 성격이 판이한 집사람과 장모님은 이런 상황을 전혀 이해하지 못한다. 그러면 그럴수록 나는 우울증 환자처럼 더 마음속 깊이 울곤 한다. 그래서 요즘은 목회 연구비니 활동비니 하는 것들은 거의 대부분 나의 동정심을 채우는 데 소비된다. 그리고 앞으로도 끊임없이 그런 일들로 지출될지도 모른다. 나는 더 돕지 못하고 섬기지 못해서 울고 만다. 거절하면서 울고, 더 도와주지 못하는 무능한 나 자신 때문에 울게 된다. 이런 갈대 같은 못난이가 어디 있겠는가? 하나님 말씀을 지키고 믿음의 순결을 지키며 하나님의 뜻을 이루는 데는 물불을 안 가리는 용맹스런 목사인데 말이다.

한번은 장모님이 이와 같은 문제로 고뇌하는 나를 보면서 딱하다는 듯이 이렇게 말씀하셨다.

"소 목사, 어찌 그리 자네는 푼수 같은가? 그놈의 인정머리 좀 딱 끊어버리게."

나는 바람에 흔들리는 갈대요, 푼수 목사다. 정말 인정에 관한 한, 여린 동정심에 관한 한 너무도 유약한 갈대요, 상처를 잘 받는 갈대다. 이 때문에 많은 시간을 갈등하고 우울해하기도 한다. 집사람까지 왜 그렇게 인정머리가 없는지 장모님과 한편이 되어 가지고 나에게 융단폭격을 가하는데 그때마다 너무나 괴롭다. 그래서 한번은 "그러지 마라, 나 죽는 꼴 보려고 그러느냐? 하나님이 나를 이렇게 만들어 놓았는데 어떻게 하냐? 난 당신처럼 매정하게 모든 것을 거절하며 못 산다. 자꾸 나 힘들게 하면 아파트에서 떨어져버릴 거야."라고 으름장을 놓은 적이 있다. 하지만 그렇게 말을 해놓고도 나 자신이 너무 싫었다. 그럴 때마다 '내 속엔 내가 너무도 많아'라는 시인과 촌장의 〈가시나무〉 노래 가사가 생각난다.

그러던 어느 날 성경 마태복음 12장을 읽으면서 정말 큰 은혜를 받았다. 우리 주님은 상한 갈대도 꺾지 않으시고 꺼져가는 심지도 끄지 않으신 분이라는 말씀을 통하여서 말이다(마12 : 20). 그 말씀을 통하여 주님은 내게 이런 말씀을 하시는 것 같았다.

'상한 갈대 소강석아! 울지 마라. 인정 바람에 너무나 잘 흔들리는 갈대 소 목사야! 울지 마라. 나는 상한 갈대도 꺾지 않을 뿐 아니라 상한 갈대도 쓰시는 하나님이란다. 참으로 내가 보니 너는 갈대 중의 갈대로구나. 그러나 갈대 중의 갈대도 내 손에 붙잡히면 위대한 창이 되고 검이 된단다. 나는 너의 약점을 붙잡아주고 장점을 쓰시는 하나님이다. 그러므로 울지 마라.'

옛날엔 광야의 부러진 갈대도 파피루스라는 종이 원료가 되어 성경을 기록하는 책으로 쓰이기도 했다. 또한 갈대는 피리의 재료가 되어 하나님을 노래하는 악기로 쓰이기도 했다. 때로는 하나님의 성전을 척량하는 잣대 역할을 하기도 했다고 한다. 그렇듯이 하나님께서는 이 못난 갈대 목사, 푼수 목사도 하나님의 손으로 붙잡아주셔서 지금껏 사자처럼 담대하게 사용해오셨다.

그래서 나는 지금까지 한국교회의 영광과 거룩함을 회복하기 위해 목숨을 걸었다. 나라와 민족을 위한 역사적 섬김과 대한민국의 품격과 위상을 위해서 세계 각지를 다니며 태극기를 휘날렸다. 그리고 이렇게 갈대 같은 목사도 수만 명이 모이는 올림픽체육관 체조경기장 강단에 서면 날개를 단다. 상암 월드컵경기장이나 서울 광화문 광장처럼 50만 명 이상이 모이는 강단에 서면 진짜 나비처럼 날아서 벌처럼 쏘는 설교를 한다.

요즘은 대부분 목회자들이 온실형 목회나 실내형 설교를 한다. 하지만 나는 대규모 야외집회 같은 곳에 서면 특유의 야성을 발동해서 광야형 설교를 한다. 그럴 때는 내가 경조증이 있나 착각할 정도로 온몸을 불태우며 청중을 휘어잡고 감동시킨다. 그런 내가 약자 앞에서는 한없는 동정과 인정, 연민에 젖는다. 그래서 나는 스스로 갈대목사라고 부른다. 그러나 그런 갈대이기에 상처받은 자와 함께 울고, 우는 자들을 끌어안고 위로할 수 있는 목사가 될 수 있지 않을까? 상처를 입은 갈대의 순정일지라도 쓸쓸한 인생의 수풀 사이를 스쳐 지나는 한 편의 시가 되고, 노래가 될 수 있을 테니까.

치자 꽃 향기
그윽한 인생

언젠가 장모님이 치자나무가 심겨 있는 화분을 서재 책상 옆에 갖다 놓으셨다. 꽃이 피면 향기가 특별하게 진동하고 보기도 아름다운 것이니 가끔씩 꽃을 보며 꽃향기를 음미하면 설교를 준비하는 데도 도움이 될 것이라고 하면서 말이다. 며칠 동안 나는 치자나무의 꽃봉오리가 맺히는 모습을 보면서, 그리고 꽃봉오리 때부터 선사하는 짙은 향을 음미하면서 생명의 신비에 대해서 잠시 생각해보았다. 그러다가 너무나 생활이 바쁘다 보니 그만 그 치자나무 보는 것을 잊어버리고 말았다.

4월의 봄, 여기저기서 목회자 세미나나 부흥회 등을 인도하러 다니느라 시간이 어떻게 지나가는 줄 몰랐고, 서재에도 앉아 있을 시간이 거의 없었다. 봄이 오는지도, 동산에 꽃이 피는지도 모른 채 바쁜 4월이 지나갔고 5월이 왔다. 그러던 어느 날 장모님이 서재에 오시더니 그 치자 화분이 어디로 갔느냐고 물으셨다. 아무리 둘러봐도 치자 화분이 보이지 않았다. 그만 바쁘다 보니 몇 주 동안 그것이 어디로 가버렸는지조차 잊어버린 채 살았다. 장모님과 나는 참 이상하다면서 서재 안팎을 찾아봤지만 보이지 않았다.

그러다가 며칠 후 날씨가 자꾸 더워져서 유리창을 열려고 커튼을 양쪽으로 걷자 그 화분이 커튼 속에 감추어져 있었다. 아마도 집사람이 서재를 청소하다가 화분을 유리창 쪽 책꽂이 위에 올려놓고는 커튼을 닫아버린 것 같았다. 그래서 그 치자나무는 몇 주 동안 물 한 모금도 마시지 못하고 유리창으로 내리쬐는 직사광선에 시달려 꽃봉오리와 모든 잎사귀가 건초처럼 바싹 말라 있었다. 화분의 흙도 털면 먼지가 날 정도로 말라 있었다.

참으로 비참한 모습이었다. 그 모습을 보자 그 나무가 얼마나 가련하게 보였는지 이루 말할 수 없었다. 말 못 하는 식물이지만 내가 잘 관리하지 못해 저렇게 말라 비틀어져 있다고 생각을 하니 참으로 안타깝고 미안한 생각이 들었다. 그래서 급한 마음에 화분을 들고 화장실로 달려가서 물을 주었다. 물을 붓자 화분의 흙은 물거품을 내면서 통째로 들이마셨다. 그러나 아무리 생각해도 이미 죽은 나무는 살 것 같지가 않았다. 그럼에도 뿌리가 살아 있다면 새싹이 다시 돋아나겠지 하는 기대를 가지고 하루에도 몇 번씩 부지런히 물을 주었다. 또한 바짝 마른 잎사귀에 스프레이처럼 입으로 물을 내뿜어 주기도 했다. 그러면서 나무에게 잘 자라라고 격려도 해주고 기도도 하고 노래도 불러주었다.

"치자 꽃아, 치자 꽃아, 언제나 푸르러라."

그렇게 하다 보니 자꾸 치자나무에 관심이 가고 더욱 정성을 쏟게 되었다. 이제는 그 마른 나무의 모습을 우리 성도들의 영혼이라고까지 연상해보았다. 내가 목양을 잘못해서 성도들의 영혼이 메말랐다고 생각하고, 또한 새 신자의 영혼이나 우리가 전도하는 전도 대상자의 영혼의 모습으로 연상해보았다. 그러니까 더더욱 정성이 갈 수밖에 없었다. 하루에도 다섯 번 넘게 가서 물도 뿌려주고 기도를 해주었다.

그러자 며칠 후 그렇게 바싹 말라버린 잎사귀 몇 개가 푸른 생기를 보이기 시작했다. 그리고 꽃봉오리 몇 개도 생기를 보이고 제법 향기를 토해내기 시작했다. 그러더니 얼마 후엔 얼추 잎사귀의 절반이 푸른빛을 보이는 것이었다. 그 모습을 보면서 얼마나 기뻤지, 마치 사랑하는 성도들의 메마른 영혼이 소생하고 죽은 심령이 살아나는 것을 보는 것처럼 기뻤다. 그렇게 안 나올 것 같고 믿지 않을 것 같던 전도 대상자가 마침내 결단을 하고 교회로 나오는 모습과 같았다. 그것은 곧 생명의 신비 그 자체였다.

문득 이어령 교수의 《생명이 자본이다》라는 책이 생각난다. 책 서두에 보면 금붕어 이야기가 나온다. 어느 추운 겨울밤, 이어령 교수의 신혼 방에 연탄불이 꺼지는 바람에 어항이 얼어붙고 금붕어들도 꽁꽁 얼어 죽게 되었다. 달콤한 신혼 분위기를 자아내기 위해 샀던 금붕어들인데 주인을 잘못 만나 죽게 되었다고 생각하니 이 교수 부부는 너무나 가슴이 아팠다. 이어령 교수는 어항 속 금붕어를 어떻게든 살려내려고 물을 뜨겁게 끓여 어항에 부으면서 서서히 녹였다. 그러자 얼어붙어 있던 금붕어들이 다시 살아나 움직이기 시작했다. 그 순간 이 교수는 '금붕어의 유레카'를 경험하고 생명의 소중함을 일깨우게 되었다. 《생명이 자본이다》라는 책에서 생명의 존엄과 가치는 우리나라뿐만 아니라 지구촌과 온 우주로 확대되어 나간다. 그 책을 읽으면서 생명의 존엄성과 신비스러움을 다시 깨달았다. 조그마한 치자 꽃 화분 앞에서 생명의 신비를 다시 한 번 생각해보았다.

생명은 매혹적인 것이다. 생명에는 과연 경이와 신비가 있다. 조그만 상자 속에서 삐약삐약거리는 병아리 모습이나, 봄이 되면 작은 씨앗들이 보드랍고 상쾌한 보슬비를 맞으며 하늘을 향해 연두색 떡잎을 뻗어내는 모습, 참으로 이런 모습은 우리를 경건하게 할 정도로 신비스럽기만 하다. 지금도 이 모든 생명은 생육과 생식이라는 법칙을 따라 활발하게 생명 활동을 하고 있다.

그런데 이 신비스런 생명, 이 경이로운 생명을 누가 지어냈는가? 그것은 생명의 말씀(logos)이신 주 하나님께서 창조하신 것이다. 태초에 하나님은 모든 생(生)을 말씀으로 명(命)하셨다. 즉 모든 생(生)을 창조하시고 생육하고 번성하라고 명(命)하셨다. 그래서 지금도 모든 생명의 흐름과 활동은 하나님의 영원한 말씀과 목적에 의해 진행되어가고 있다. 그러나 아무리 생명의 신비가 경이하다 할지라도 하나님께서 동식물의 생명은 한동안 그냥 살다가 죽도록 창조하셨다.

그러나 인간의 생명은 그렇지 않다. 하나님의 형상대로 지음받은 너무나 고귀한 존재다. 그러기에 우리 안에서 죄로 일그러진 하나님의 형상은 다시 회복되고 영원한 새 생명으로 태어나야 한다. 바로 이것이 이 세상에서 가장 고귀한 생명의 탄생이며 새 생명의 영원한 신비다. 우리는 이 거룩한 새 생명, 영원한 생명의 신비를 회복시키기 위해 전도한다. 복음을 전하며 교회 나오라고 설득하며 또 나온 성도를 부지런히 양육한다.

이 일을 위해서 우리는 부지런히 죽은 생명 위에 복음의 생명수를 뿌려주며 갖은 기도, 갖은 정성과 사랑, 또한 희생을 쏟는다. 범죄로 일그러진 하나님의 형상이 그 속에서 다시 예수 생명으로 태동되도록 말이다. 우리는 살아 있는 것, 그것으로 족해야 한다. 생명, 그 보다 더 중요한 것이 있는가? 모든 것을 다 잃어도 내 안에 생명이 있다면 만족해야 한다. 생명이 있어야 부귀영화, 행복도 따라온다. 그리고 생명이 있는 사람은 젊음이 솟아나고 행복의 절규가 터져 나온다. 이런 사람이 생명을 존중히 여기고 다른 생명도 살릴 수 있다. 그 생명의 본질이 무엇일까? 바로 영혼이다. 그러므로 생명을 사랑한다는 것은 영혼을 사랑하고 살리는 것이다. 우리는 지금 한 영혼을 살리기 위해 어떻게 하고 있는가?

치자 꽃 향기 그윽한 인생을 살 수 있다면 얼마나 좋을까? 치자 꽃은 꽃말도 아름답다. 그 이름이 청결이라고 하니 말이다.

지하 예배당의 교훈

교회를 개척한 지 1년이 조금 안 돼 장년 성도 수가 100여 명쯤 모일 때였다. 아파트 단지도 아니고, 신도시도 아니며, 준주거 상가 지역인 가락동에서 1년이 안 돼 장년 100여 명이 모인다는 것은 당시엔 홍해를 가르는 기적이라고 했다. 그만큼 그 지역에선 그렇게 빨리 성장한 교회가 없었다. 그러자 나도 모르게 은근히 우쭐한 마음이 생기려고 했다.

'다른 분들은 목회를 어떻게 하길래 몇 년이 되어도 20~30명을 뛰어넘지 못할까?'

그리고 조금 안일한 마음이 생기려고 했다. 이제 목사 안수도 받은 상태였고, 자립 성장까지는 이루었기 때문이다. 그런데 여전히 해결하지 못한 것이 있었다. 그것은 쥐들의 행진이었다. 첫 예배 때부터 예배를 방해하던 쥐들이 가면 갈수록 더 기승을 부렸다. 유아실에는 아이들이 먹다 남은 과자 부스러기가 떨어져 있었는데, 그 때문에 바깥에 있는 쥐들까지 교회 안으로 다 몰려들었다. 뿐만 아니라 기하급수적으로 번식하여 천장에서 행진을 하는 날이면 천둥을 치듯이 시끄러웠다. 또 그냥 행진만 하는 것만 아니라 일제히 구호를 외치며 찍찍거리는 소리를 낼 때는 창으로 천장을 쿡쿡 쑤셔버리고 싶을 정도로 신경을 날카롭게 했다. 그렇다고 교회 안에 고양이를 몇 마리 사다 놓을 수도 없었다.

어느 날 강단에서 기도를 하던 때였다. 쥐들이 하도 시끄럽게 하기에 기도하다 말고 고양이 흉내를 내보았다. 제법 고양이 흉내를 잘 낸 모양인지 처음 몇 번은 제법 조용해졌다. 그런데 그것도 몇 번일 뿐이지 조금 있으니까 또 시작이었다. 아마 그들의 정보요원이 정탐해본 결과, 고양이가 우는 것이 아니라 방에서 소 목사가 원맨쇼를 하고 있다고 보고한 듯했다. 그래서 하나님께 기도하면서 '어떻게 저 쥐들을 다 잡아버릴 수 없나.' 하고 골똘히 생각해보았다. 그 순간 하나님께서 기발한 지혜를 주셨다. 그것은 끈끈이를 사다가 쥐들을 일망타진하는 것이었다.

이튿날 약국에 가서 끈끈이를 여러 개 사다가 사방에 설치해 시험을 해보았다. 그중에 제일 잘 걸려든 게 역시 내 전략대로 해놓은 곳이었다. 한적한 구석에 끈끈이를 펴놓고 쥐 먹이를 처음에 조금 맛만 보게 뿌려놓고 그 감칠맛 나는 먹이를 가운데까지 조금씩 많이 뿌려두었더니 여지없이 쥐들이 걸려들었다. 세상에! 그렇게 큰 쥐들이 걸려들 줄이야! 끈끈이에 걸려 어쩔 줄 모르고 있는 쥐 앞에 다가가서 막대기로 주둥이와 배를 건들며 "메롱, 약 오르지." 하며 놀려보았다. 그러니까 쥐는 눈에서 살기와 독기를 내뿜으며 찍찍 고함을 지르며 야단이었다.

'이 야비한 소 목사야. 나를 잡으려면 정정당당하게 달려와서 몽둥이로 때려잡을 것이지, 이렇게 야비하게 유혹을 해서 날 잡아? 너 만약에 쥐들이 사는 지옥에 와봐라. 너는 쥐들에게 온몸이 물려 죽고 말 것이야!'

쥐는 이런 말을 하며 소리를 고래고래 지르는 것 같았다. 그래도 나는 그동안 예배시간을 방해하고 괴롭혔던 것을 보복하려고 한참 동안이나 놀려댔다.

'메롱, 이 멍청한 쥐야. 약 오르지?'

그때 작대기 한두 방이나 구둣발로 쥐를 죽일 수도 있었지만, 나는 보복심으로 쥐를 계속 놀려주기 위해 그대로 두고 볼일을 보러 나갔다. 그 후 너덧 시간 뒤에 와보니 그렇게 살기가 등등하여 노발대발하던 쥐는 그만 완전히 지쳐 있었다. 끈끈이 위에서는 발버둥칠수록 더욱 온몸이 붙는 법이다. 주둥이에서부터 몸통과 꼬리까지 전체가 끈끈이에 붙은 채 얼마나 몸부림을 쳤는지 힘이 다 빠진 쥐는 동공이 초점을 잃을 정도로 기가 다 빠져 겨우 숨만 쉬고 있었다.

또다시 쥐를 막대기로 건드리면서 "메롱, 약 오르지?" 하니까 그때는 쥐가 겨우 이렇게 말하는 것 같았다.

'내 주여 뜻대로 행하시옵소서, 소 목사님 살리든지 죽이든지 뜻대로 합소서.'

결국 쥐는 이런 식으로 일망타진을 할 수 있었다. 쥐가 영리한 것 같아도 끈끈이 위에 감칠맛 나는 먹이를 처음엔 맛만 보도록 조금 뿌리다가 가운데로 올수록 조금씩 많이 뿌려놓으면 여지없이 걸려들고 말았다. 처음에 황홀할 정도로 맛을 보았으니 말이다. 마치 마약을 먹고 환각상태에 들어간 기분인가 보다. 그래서 그 맛에 빠져 한 발 한 발 걸으며 먹다가 이상하게 발이 끈적끈적하다는 낌새를 느낄 것이다. 그때 당장 돌이켰으면 살 수 있었을 텐데, 그 맛에 빠져 에라, 죽어도 먹고 보자고 한 것이 영원한 죽음의 낭떠러지로 빠지게 된 것이다. 내가 쥐 앞에서 이런 생각을 하고 있을 때 가슴에 이런 감동이 왔다.

'소 목사야! 지금 세상도 널 이렇게 유혹하고 있단다. 사람도 널 넘어뜨리기 위해 이렇게 유혹하고 있단다. 소 목사야! 삼손를 넘어뜨렸던 드릴라를 조심하거라. 너도 이렇게 끈끈이 유혹에 빠지면 네 두 눈이 뽑히고 케이오를 당하게 된단다. 그러므로 근신하고 깨어 너의 성결을 끝까지 지켜라. 그리하면 내가 너를 크고 크게 쓰리라.'

나는 그날 바로 강단에 올라가 솔직하게 하나님 앞에서 나의 소명감을 점검해보았다. 나의 성결과 열정을 진단했다. 그리고 울었다. 한없이 울었다. 왜냐하면 내 소명감에 조금 녹이 슬어 있었고, 성결과 열정이 조금 오염되어 있었기 때문이다. 그래서 저녁이 오고 밤이 깊도록 무릎을 꿇고 울었다.

"주님! 두렵습니다. 저도 저 쥐처럼 세상 유혹에 빠질까 봐서요. 주님! 연약합니다. 저도 드릴라의 유혹에 넘어갈 수 있습니다. 주님! 제발 부탁합니다. 제가 사는 날까지 이 마른 막대기, 이 허수아비 같은 종을 끝까지 붙잡아주소서. 끈끈이 속에 빠지게 되어 주님과 영원히 상관없는 종이 되지 않게 하소서."

그날 흘린 눈물이 유리병으로 한 병은 되었을지도 모른다. 마침내 그 사건이 있은 후 교회가 부흥하여 더 큰 장소로 이사를 할 수 있게 되었다. 지금은 1만 평이 넘는 예배당을 지었다. 본당도 4,500석에 이른다. 대한민국 어디에 내놔도 손색없는 웅장하고 화려한 예배당이다. 이제는 더 이상 쥐가 없다. 쥐가 있어도 숨을 곳이 없다. 쥐구멍이 있어야 쥐들이 살 것이 아닌가. 예배당에서 쥐를 보려야 볼 수 없는 그런 상황이다. 그러나 내 가슴속 한편에는 그 시절이 아련하기만 하다. 쥐들과 함께 찍찍거렸던 그 가락동 지하실 예배당. 어쩌면 나는 그때의 초심과 하나님과 영혼을 향한 애절함이 있기에 오늘의 나를 지탱할 수 있지 않을까. 그럴수록 참으로 잊을 수 없는 그날! 수많은 세월이 흘렀지만 지금도 그 차갑고 눅눅한 지하실 교회에서 느꼈던 끈끈이의 교훈을 가슴에 담고 살아간다. 결코 미련한 쥐 같은 인생을 살지 않겠다고 다짐하면서.

엿장수 목사

엿장수 아저씨가 동구 밖에서부터 짤그락짤그락 가위 소리를 내며 마을로 들어설 때면, 우리는 어느새 파블로프의 법칙에 의해서 입에 군침이 돌기 시작했다. 군것질거리라곤 거의 없던 시절, 단것이 그렇게도 귀한 시절에 시골 아이들에게 엿 한 가락은 황홀하리만큼 대단한 별미였다. 특히 엿장수 아저씨는 새끼손가락만큼 엿을 잘라서 준다. 동네 아이들은 그 맛보기 엿을 먹고는 정신이 번쩍 든다. 그래서 멀리서부터 엿장수 가위 소리가 들리면 뭐 바꿔 먹을 만한 고물이 없는지 집 안 구석구석을 둘러보았다.

헌옷이나 떨어진 고무신, 빈 병, 헌 책, 찌그러진 양재기, 깨진 그릇, 심지어는 머리를 빗을 때 빠진 어머니의 머리카락 뭉치까지, 눈에 보이는 것은 모두 들고 엿장수에게 달려간다. 그런데 나의 어머니는 너무 알뜰하셨다. 빈 병을 모으고 헌 고무신을 모아도 머리핀이나 좀약, 성냥 등을 사왔지, 한 번도 나에게 엿을 사준 적이 없었다.

한번은 내가 엿장수 아저씨의 맛보기 엿에 반해서 아버지가 쟁기질을 할 때 쓰는 쟁기보습을 풀어 가지고 엿을 사 먹은 적이 있다. 그런데 쟁기보습을 들고 엿장수 아저씨에게 갔더니 안 받으려고 하는 것이었다.

"이걸 네가 어떻게 가져왔느냐?"

"아, 우리 아버지가 제가 웅변도 잘하고 공부도 잘한다고 칭찬하시면서 주셨어요. 어서 엿이나 주세요."

나는 입에 침도 안 바르고 거짓말을 했다. 그러자 엿판 위에 있는 엿을 끊어주는데, 거반 한 뼘이나 되게 길게 끊어 주었다. 그 엿을 들고 뒷산으로 달려가서 입이 돌아가고 코가 삐뚤어지도록 다 먹었다. 이가 다 빠져도 모를 정도로 말이다. 그때 그런 생각이 들었다.

'진짜 보기가 이렇게 꿀맛이던가, 맛보기는 아무것도 아니구나. 진짜 보기가 이렇게 사람을 행복하고 달콤하게 만드는 것이구나.'

그러고 나서 그날 저녁 아버지한테 다리몽둥이가 부러지도록 두들겨 맞았다. 그러나 결코 후회하지 않았다. 엿이 너무 황홀하고 달콤했기 때문이다. 그런데 돌아보면 예수님도 엿장수 같은 분이시다.

그분은 아주 근엄하고 무서운 얼굴로 형벌을 내리는 분이 아니시다. 저 먼 하늘에 높이 계시면서 우리를 위압적으로 내려다보는 분도 아니시다. 그분은 우리의 고물과 폐품을 받길 원하신다. 우리의 상처 보따리, 짙은 한숨, 고통, 눈물을 받기를 원하신다. 그 어떠한 예물보다 더 귀하게 받고 싶어 하신다. 그걸 당신의 기쁘신 예물로 받으시고 나서 우리에게 바꾸어주고 싶어 하는 것이 있다. 그것은 용서, 참된 자유, 달콤한 기쁨과 행복이다. 이것이 기독교의 명료한 진리다.

예수님은 우리에게서 이러한 인생의 고물과 폐품을 예물로 받으시고 용서와 감격과 참 자유를 주기 위해 십자가에 죽으셨다. 그래서 예수님은 당신에게 오는 자들에게 반드시 원하는 것이 있다. 그것은 너무도 냄새나고 추하고 더러운 죄, 근심, 갈등, 한숨의 무거운 보따리다. 예수님은 이를 그 어떤 예물보다 귀하게 받고 싶어 하신다. 이런 폐품 쓰레기와 고물을 받으시고, 오늘도 우리에게 행복의 엿가락을 선물로 주고 싶어 하신다. 그래서 나는 이 사실을 깨달으면서부터 엿장수 목회를 하리라고 마음먹었다. 어떻게 하든지 한 영혼을 생명처럼 사랑하려 했고, 그들의 상처와 아픔을 쓰다듬고 치유하며 보듬어주었다.

신도시에 사는 현대인일수록 더 깊은 영혼의 상처와 실존의 외로움을 느낀다. 그들은 콘크리트 도시에 갇혀 사는 외로운 유목민과 같은 존재들이다. 물질의 부와 풍요만이 인생의 모든 것을 채워주는 것은 아니다. 오히려 가진 자일수록 더 깊은 외로움을 느낀다. 그래서 더더욱 엿장수와 같은 목사의 모습으로 그들에게 다가간다. 성도들의 모든 아픔과 눈물과 한숨을 가슴의 유리병에 담아두었다. 그리고 달콤한 행복과 사랑, 꿈을 선물해주었다. 내 가슴은 비록 멍들어도 그들에게는 행복한 웃음을 선물하고 싶었다. 아무리 힘들고 어려운 일이 있어도 그들 앞에서만큼은 눈물을 보이지 않았다. 오히려 더 웃고 당당하고 행복한 모습을 보였다. 그래야 그들이 웃을 수 있고 행복해질 수 있기 때문이다.

현대인들의 삶은 겉으로는 평탄하고 깔끔한 것처럼 보인다. 큰 파문이 없이 흐르는 물살처럼 고요하게 보인다. 하지만 그들의 심연에는 급류가 흐르고 돌풍이 불고 있다. 그래서 우리에게는 더더욱 영혼의 엿장수 예수님이 필요하다. 그분께만 가면 달콤한 인생의 행복과 사랑의 엿가락을 선물로 받을 수 있는데, 사람들은 왜 방황하며 신음할까.

엿장수 목사, 그 넉넉하고 행복한 웃음으로 사람들의 상처와 아픔을 위로하고 달콤한 사랑을 선물하고 싶다. 세상의 온갖 폐품 쓰레기를 받고, 그 대신 예수님의 달콤한 사랑을 선물하고 싶다. 사실 나는 스타일부터 엿장수 목사다. 가식적 퍼포먼스나 조작된 쇼맨십 같은 것을 못한다. 사람들 앞에서 일부러 세련됨이나 우아함을 과시하지 않는다. 그런 사람이 한 번 약점을 보이거나 스캔들에 휘말리면 너무

비참한 나락으로 떨어지기 때문이다.

나는 너무 솔직해서 탈일 정도로 나 자신부터 무장해제를 한다. 옷차림, 제스처, 목소리를 빅토리아풍의 치장된 우아함과 품격으로 꾸미지 않는다. 오히려 솔직함과 정직이 나의 저력이라는 것을 알고 있다. 그래서 사람들 앞에서도 나의 있는 모습 그대로를 보이면서 오히려 그들의 가면을 무장해제한다. 그리고 속 깊은 상처와 눈물, 한숨, 내면의 폐품 쓰레기들을 그대로 받는다.

나도 연약한 죄인임을 잘 알기에 이를 과시하지 않고 그 모습 그대로 받아들인다. 그리고 내가 경험한 주님의 은혜의 스토리를 들려준다. 그것이 엿장수 목사의 행복이고 기쁨이다. 나에게 거부감을 갖고 있는 사람도 한 번 나를 만나보면 스펀지처럼 빨려드는 중독성이 있다고 한다. 그래서 나름대로 소강석 마니아층이 두텁다. 지금까지 목회를 하면서 어느 누구도 직접적으로 도전하거나 맞선 적이 없다. 그만큼 사랑과 행복이 가득한 목회를 했다.

예전에는 내 방송 설교를 보면서 스타일과 코드가 안 맞는다고 채널을 돌리는 사람도 있었는데, 지금은 그렇지 않다는 것이다. 처음에는 좀 그럴 수 있지만, 3분에서 5분만 들어보면 어느새 중독이 된다는 것이다. 솔직하게 모든 것을 드러내며 상대방의 상처를 안아주는 엿장수 목사의 진솔함이 전달됐기 때문 아닐까. 나는 태생이 엿장수 목사다. 가식과 치장, 위장과는 거리가 멀다. 그래서 오늘도 엿장수처럼 가위를 쨍그랑거리며 사람들의 상처와 아픔, 절망과 한숨의 고철덩이를 가슴 가득 받아서 대신 예수님의 달콤한 사랑과 은총의 엿가락을 선물하고 있다.

소나기
소년

내 외모는 솔직히 볼품없다. 작은 키에 걷는 폼이 조폭 두목 같다는 말을 많이 듣는다. 어떤 사람은 가수 싸이를 닮았다고 하기도 한다. 작은 키에 팔자걸음을 걷고 뱀 장수 큰아들처럼 허스키한 목소리로 노래를 부른다. 그래서 교회에 처음 온 성도들 중에는 설교할 때 목소리가 너무 크다거나, 목사의 얼굴을 보고 촌티가 난다거나 하면서 등록을 하지 않고 떠난 사람도 있다. 사실 겉으로만 볼 때는 신도시 목회자에 어울리기보다는 지역 목사 스타일에 가까울지도 모른다.

그러나 참 다행스러운 것은 나를 한 번 안 사람들은 가까이 올수록 비록 성격적 약점이 있고 매혹적인 면은 없어도, 스펀지처럼 사람들의 내면을 빨아들이고, 사람을 끄는 눈물겨운 사랑과 포근한 가슴을 소유한 사람이라는 것을 알게 된다. 그렇기 때문에 나를 만난 사람들 중 거의 대부분은 가까이하면 할수록 진솔하고 아름다운 관계를 맺게 된다.

사람은 대부분 두 종류로 나뉜다. 겉보기에는 천사 같고 고매한 인격 덕에 신앙이 좋을 것 같지만, 가까이 갈수록 상처투성이고 실망스러운 사람이 있다. 또 한편으로는 겉보기에 볼품없이 보이고 무뚝뚝하게 보여서 선입견이 좋지 않지만, 가까이 다가갈수록 진실이 느껴지고 인격의 진한 향기와 깊은 신앙이 느껴지는 사람이다.

왜 그럴까? 그것은 사람이라면 얼마든지 위선적 인격과 성품, 신앙을 소유할 수 있기 때문이다. 대중 앞에서는 천사와 같이 행동하고 말해도 삶의 내면을 들여다보면 상처 자국이 무성한 사람이 있다. 그러나 멀리서 보았을 때는 직선적이고 와일드한 것 같지만, 가까운 곳에서 만나면 만날수록 겉과 속이 같고 인간미가 물씬 풍기는 사람이 있다. 그런 사람들은 자신뿐만 아니라 가는 곳마다 축복과 은혜의 길을 여는 사람이 된다.

반면에 겉으로 보이는 모습은 천사 같을지라도 내면의 모습이 상처와 암흑투성이인 사람은 가는 곳마다 음산한 어둠의 기운을 몰고 다니고 화의 근원이 되는 것을 볼 수 있다. 내 외모를 보고는 어디 가서든 당당하고 자신감 넘치게 행동하니까 부드럽고 포근하지 못한, 마치 불도저와 같이 강한 인상일 거라고 생각한다. 그래서 가끔 피해를 보기도 한다.

목회를 하면서도 가끔 교회가 너무 수직적이고 일방적이며 인간적이지 못하다는 이야기를 들을 때가 있다. 지나치게 교회 중심으로 움직이다 보니 신도시의 지성적이고 외형적 신앙에 익숙한 사람들은 거부감을 갖고 등록을 하지 않은 채 스쳐간 사람들도 있다. 어떤 경우는 누가 직접 소개를 시켜서 온 사람인데도 내 외형만 보고 그냥 가버린 사람들도 있다. 그런 분들을 볼 때마다 아쉬운 마음을 쓸어내리게 된다.

'참, 왜 저리도 마음의 진실을 보지 못하고, 밭에 감춰진 보화를 발로 차버리는 걸까?'

하지만 반대로 교회의 내면에 진주처럼 감춰진 축복의 보석을 발견하고 정착한 성도들도 너무나 많다. 그래서 지금은 4만 명이 모이는 교회 부흥을 이루게 되었다. 그런데 교회에 정착하지 못하고 떠난 분들 중에 안타까운 점은 주기적으로 철새와 같이 교회를 옮겨 다니며 방황한다는 사실이다. 그들은 외형적인 격식과 겉으로 드러난 이미지에 눈이 멀어 마음속의 진실과 아름다움을 발견하지 못하는 사람들이다. 물론 사람이 두 가지 측면을 다 갖출 수 있다면 좋겠지만, 그렇지 못한 경우도 있다는 것을 깨달아야 한다.

그럼에도 지금까지 부단히 노력한 결과, 이제는 황순원의 소설 《소나기》에 나올 법한 소박한 소년의 선한 이미지와 세련된 신도시 목회자의 중후한 이미지가 어우러진 균형감을 갖출 수 있게 되었다. 신도시 중년의 목회자로서 외형만이 아니라 내면의 깊은 영성과 진실함, 본질에 충실한 목회자가 되려고 노력하고 있다.

차창 밖으로 보이는 낙엽을 보면서 상념에 잠긴다. 가슴이 두근거린다. 수많은 시간의 흔적과 그리움이 강물처럼 영혼의 수로를 타고 흘러간다. 그리고 이렇게 다짐한다.

'세월이 흐를수록 저 붉은 단풍처럼 순수하고 아름답게 물들어가는 목회자가 되리라. 따스한 인간미와 순백의 사랑이 느껴지는 소나기 소년이 되리라.'

진돌이와 진순이의 사랑 전쟁

나는 진돗개를 좋아한다. 진돗개의 충직과 용맹이 대장부의 기질을 닮은 것 같아 마음에 든다. 예전에 진돗개 두 마리를 기른 적이 있다. 진돌이와 진순이였다. 나는 그 둘을 보면서 참 많은 것을 깨달았다. 진돌이가 진순이를 가까이 하고 사랑해주어야 하는데, 먹을 것을 가져다주면 자기만 먹고 진순이는 근처에도 못 오게 했다. 평상시에 진순이를 모질게 대하니까 어쩌다가 진돌이가 진순이에게 사랑을 표현하려고 하면 진순이는 대꾸하지 않았다.

나는 그 모습을 보면서 중요한 교훈을 깨달았다. 진돌이가 진순이의 입과 몸을 핥아주고 온갖 노력을 다하니까 그때야 진순이가 진돌이의 사랑을 받아주는 것이었다. 그러나 또 진돌이가 평소처럼 힘자랑만 하고 먹을 걸 혼자 차지하려고 하면 그때부터 진돌이와 진순이의 사랑 전쟁은 시작되었다.

어느 날 저녁에 하도 진돌이가 짖어서 내려다보니, 낯선 사람 때문이 아니라 진순이가 자기 사랑을 안 받아준다고 그렇게 짖는 것이다. 진순이는 이미 진돌이에게 마음의 문을 닫아버린 것일까. 그래서 하루는 내가 진돌이에게 이렇게 말해주었다.

"진돌아, 암컷은 항상 부드럽게 다루어야 하느니라. 강인함보다 중요한 것이 부드러움이란다. 그리고 진돌아, 수컷은 암컷을 위해서 희생을 해야 하는 거야. 강인한 남자가 여자에게 희생을 해야 여자가 감동을 받는 거야. 힘 좋고 강인하다고 까불지 마라. 너 그러면 평생 홀아비로 사느니라."

그런데 우리 교회에서 운영하는 곤지암 기도원에서도 똑같다. 기도원에도 진돗개 두 마리를 두었는데, 수컷 진돌이는 진도 최우수견의 후손이다. 어깨도 딱 벌어진 것이 참 용맹스럽다. 그놈은 멧돼지가 나타나도 거침없이 덤빈다. 그런데 암컷인 진순이를 힘으로만 제압하려 한다. 먹을 것이 있으면 자기 먼저 먹으려고 물고 싸운다. 그러니까 진순이가 생리를 두 번이나 세 번 하는데도 진돌이를 받아주지 않는 것이다. 그런데 사냥개와 똥개가 교배해서 낳은 어느 잡종견이 왔는데, 그 개는 받아주는 것이 아닌가. 그래서 나중에 새끼를 낳았는데, 희고 노랗고 검은 강아지를 낳았다. 그걸 보고 너무 속이 상하고 자존심이 상했다. 말 못 하는 짐승도 아는지, 진돌이는 나중에 그 개를 보고 잡아 죽이려고 달려들었다. 진순이 새끼가 다가오면 물려고 했다. 그래서 내가 진돌이 머리를 쓰다듬으며 이렇게 다독이며 말했다.

"진돌아, 이놈아. 네가 진순이를 그렇게 힘으로만 제압하려고 하니까 진순이가 너처럼 잘생긴 수컷을 거부하고 세상 말로 저런 잡종한테 응해주는 것이 아니냐? 진순이 자존심은 챙겨주어야지. 이놈아, 제발 정신 좀 차려라. 인물도 좋고 허우대는 멀쩡해가지고 암컷 마음 하나 못 다스려서 평생 홀아비로 살래?"

그러면서 뒤통수를 한 대 때려주었다. 그리고 진돌이가 너무 스트레스를 받는 것 같아 조금 멀리 떨어진 곳에 매놓았다.

"여기서 자숙하고 수도 좀 하고 있다가 나중에 너희 각시 용서하고 다시 보게 해줄 테니까 그때는 잘해라."

말 못 하는 짐승이지만 어찌 사람 살아가는 모습과 그리도 비슷할까. 힘과 강함보다 중요한 것이 사랑이고 부드러움이다. 채찍보다 중요한 것이 어루만짐이며, 질책보다 중요한 것이 다정한 말 한마디다. 우리는 이 부드러움의 힘을 알아야 한다. 부드러운 것이 강함을 이긴다. 하늘에서 떨어지는 빗물 한 방울 한 방울이 모여 거대한 바위에

구멍을 낸다. 저 겨울의 얼어붙은 땅에 따뜻한 봄바람이 불면서 꽃이 피고 나무의 새싹이 돋아난다. 그래서 세상에서 가장 강한 것은 가장 약하고 부드러운 것이리라.

사람도 너무 강함을 자랑하는 자는 오래가지 못한다. 너무 완벽하고 결점이 없는 사람은 주변에 사람이 없다. 약간의 허술함이 있는 듯 보이지만 무언가 인간미가 느껴지는 사람, 부드러운 사람 곁에 사람이 모인다. 예전에는 강력한 군주나 영웅적 카리스마가 사람들을 이끌었다. 그러나 지금은 친구 같은 지도자, 너털웃음을 지으며 인사하는 옆집 아저씨와 같은 지도자가 인정을 받고 환영을 받는 시대다.

사랑을 얻고 싶다면 먼저 사랑하는 사람이 되어라. 나도 따뜻하고 부드러운 사람이 되고 싶다. 그대, 비가 오면 함께 비에 젖어라. 눈보라가 몰아치면 함께 눈보라 속을 걸어라. 사랑하는 사람이 곁에 있는 한 건너지 못할 험한 광야는 없을 테니까.

문지방 언어

이 시대 최고의 지성이요, 언어의 천재라고 불리는 이어령 교수와 4시간 10여 분 동안 깊은 대화를 나눈 적이 있다. 그분의 모든 말을 수첩에 깨알같이 모두 적었다. 그런 내 모습을 보면서 이어령 교수가 이렇게 말했다.

"목사님은 설교를 하실 때도 패기 있게 하실 것 같습니다. 자신이 있고 당당한 사람은 남의 이야기를 잘 듣기 때문이죠."

완전히 내 속을 꿰뚫어보고 있는 것만 같았다. 그러면서 자신의 언어를 '문지방 언어'라고 소개를 하는 것이다. 세속의 언어와 영성의 언어 중간 지점에 다리를 놓는 '문지방 언어'라는 것이다.

이어령 교수의 문지방 언어는 참 매력이 있다. 한번은 노벨문학상을 받은 분과 함께 강연을 할 기회가 있었는데, 그분의 강의는 별 볼일 없게 되고, 청중들이 전부 자기에게 사인을 받으러 오고 사진을 찍었다고 한다. 그것은 이어령 교수의 언어가 틀에 박힌 학문적인 언어나 죽은 언어가 아니라, 우리의 삶과 밀착된 '문지방 언어'를 사용하기 때문이었다. 그리고 그것은 어느 정도의 지성과 품격의 단계를 초월한 사람만이 사용할 수 있는 살아 있는 언어인 것이다.

이어령 교수의 말을 들으면서 내가 사용하는 언어가 '문지방 언어'라는 생각을 했다. 한번은 나보다 두어 살 더 먹은 형님뻘 되는 어느 목사님과 대화를 나눌 기회가 있었다. 그런데 그분이 하는 이야기가, 몇몇 목사님들이 새에덴교회의 철야기도회가 너무 유명하니까 한번 와봤다는 것이다. 그런데 그분들이 하는 이야기가 "소 목사의 철야기도 설교 언어가 너무 적나라하다."라고 말한다는 것이다. 그래서 나와 가까운 그분에게 대신 말을 전해달라고 부탁했다면서 말이다.

하긴 그때 그분들이 들은 철야기도 설교는 아가서 강해였다. 아가서에는 솔로몬과 술람미와의 에로틱한 사랑 이야기가 등장한다. 두 사람의 사랑을 하나님과 우리와의 사랑 이야기로 승화시킨 신비롭고 내밀한 이야기인데, 아무래도 남녀의 사랑 이야기가 나오고 성적인 묘사가 있다 보니 조금은 적나라한 해설을 피해갈 수 없다. 그래서 많은 목사님들이 아가서 설교 자체를 꺼려하고 피한다. 한번은 주일예배 시간에 아가서 설교를 했더니 어떤 성도가, "목사님은 주일날도 아가서 설교를 하십니까?" 하고 깜짝 놀란다. 그래서 내가 "아가서는 성경이 아닙니까?"라고 말한 적이 있다.

그만큼 우리의 신앙이 관념적이고 피상적이라는 것이다. 신앙은 현실 속에서 적용되고 성취되어야 하는데 말이다. 아무튼 그때 금요철야기도회 아가서 설교는 다시 하라면 못할 정도로 혼신의 힘을 다했다. 그래서 수많은 성도들이 방송 설교를 통해서 주님과의 관계를 새롭게 각인하게 되었다는 말을 많이 들었다. 지방에 가서 집회를 하면 아가서 설교 이야기를 많이 할 정도였다. 하지만 보는 시각에 따라 표현이 조금 지나치다고 생각하는 분들도 있겠구나 하는 생각도 든다. 나 또한 그런 지적을 받을 때마다 새롭게 발상의 전환을 하며 발전시켜 왔다.

하지만 나의 문지방 언어를 지적한 목사님들에게 묻고 싶다. 과연 그토록 수준 높은 언어, 교리적인 언어를 써서 성도들이 얼마나 철야기도회에 나오는지 말이다. 내가 세속 언어에 가까운 말들을 쓰는 건 이유 없이 그냥 하는 것이 아니다. 늦은 시간 예배에 나온 성도들의 졸음을 깨우고, 동시에 그들에게 영적 깨달음을 주기 위해 톡톡 튀는 언어와 임팩트 요법으로서 문지방 언어를 쓰고자 하는 것이다. 성도들은 순간 폭소를 자아내든지, 아니면 그 말 뒤에 찾아오는 반전의 언어, 영성의 언어들을 통해서 깊은 영적 교훈을 얻게 된다. 만약에 그렇게 하지 않으면 설교 시간에 모두 졸고 만다. 졸면 깨달음도 없다. 그러면 다음에 또 오고 싶을까? 무언가 깨달음을 얻고 은혜를 받고 가야 다시 오고 싶은 마음이 들지 않을까? 우리의 생활과 밀착하지 않은 양반 언어나 교리적 언어로만 설교를 한다면, 결코 성도들의 영혼을 흔들어 깨우고 변화시킬 수 없다. 야생마 같고 길들여지지 않는 문지방 언어를 쓰는 이유는 현대인들의 겉치레와 위선을 영성으로 깨우고 깨달음을 주기 위함이다.

하이데거의 말처럼 언어는 사상의 집이고 존재의 집이다. 언어에는 혼과 영성이 담겨 있다. 저질 언어는 쓰지 않아야 하지만, 그렇다고 고급 언어를 쓴다고 해서 소통과 감동을 주지 못하면 아무 소용없다. 그래서 나는 가끔 의도적으로 문지방 언어를 구사한다. 때로는 아주 아슬아슬하지만 시장 언어를 쓸 때도 있다. 그러나 경계를 넘지 않고 바로 돌아온다.

청중과 소통하고 감동시키는 힘을 기르기 위해서 나는 가끔 유튜브 사이트에서 조용필과 이선희 씨의 콘서트를 본다. 그들은 노래로 청중들의 혼을 사로잡는다. 조영남과 장사익 씨도 마찬가지다. 그들이 설교가는 아니지만, 어떻게 저렇게 청중과 소통하고 감동을 주는지 배울 점이 너무나 많다.

나는 철야기도뿐만 아니라 주일 설교를 할 때도 찬양을 한다. 세계 최고의 목회자이자 설교자인 조용기 목사님도 우리 교회의 주일예배와 철야기도회 설교를 듣는다는 것이다. 그런데 내 설교보다 중간중간에 하는 찬양이 그렇게 은혜가 된다는 것이다. 그러면서 나에게 '스피치와 찬양이 함께 어우러지게 하는 스토리텔링의 대가'라고 격려해주신다.

그런데 나는 찬양만 하지 않고, 아주 가끔 건전한 대중가요를 개사해서 부를 때가 있다. 최희준의 〈하숙생〉, 조영남의 〈사랑 없이 못 살아〉 등을 교회에 맞게 개사해서 부르면 성도들도 크게 공감하며 은혜를 받는다. 과거에 조영남 씨도 미국에서 목사 안수도 받고 기독교 신앙에 기초해 사는 사람이기 때문에 충분히 이해하리라고 믿는다. 최근에는 오승근 씨의 〈내 나이가 어때서〉를 개사해서 "봉사하기 딱 좋은 나인데"라고 부르곤 한다. 나이가 지긋하신 장로님이나 권사님들이 이 노래만 부르면 얼마나 좋아하는지 모른다. 그분도 집사님이니까 이해하리라 믿는다.

물론 나의 이런 퓨전 방식을 비판하는 사람도 있을 것이다. 그러나 극단적 본질주의자나 전통주의자가 되어 사람들과 소통하지 못한 채 고루한 말만 해서 뭐하겠는가. 허공에 때리는 백 마디 말보다 사람의 심령을 바꾸고 감동시키는 한 마디의 말이 더 중요하지 않겠는가. 나 또한 진리 사수와 신앙의 본질에 있어서는 한 치의 양보도 없다. 어떤 의미에서 극단적 본질주의자다. 사실 자유주의 신학과 종교

다원주의를 받아들일 수 없다.

그러나 포스트모던 시대를 살아가는 사람들에게 어떻게든지 예수의 복음을 쉽게 전하고 하나님의 사랑 이야기를 가슴에 와 닿게 들려주고 싶다. 그래서 난 필요하면 옛날 김수환 추기경이 열린음악회에 출연하여 〈만남〉이라는 노래를 불렀던 것처럼 기회가 있으면 대중가요라도 부르고 싶다. 왜냐하면 어떻게든지 하나님의 사랑을 쉽고 편하고 실감나게 전하고 싶기 때문이다. 오늘도 세속의 세계를 향해, 영성의 세계를 소개하기 위하여 언어의 문지방을 넘는다. 그것이 바로 세속과 영성의 경계에 놓인 퓨전적 소통과 공감의 수단인 문지방 언어다.

이런 아내,
이런 남편

가락동 개척교회 시절부터 부부세미나를 직접 인도했다. 나는 부부사역 전문가는 아니다. 그러나 개척교회 목사니까 북 치고 장구 치고 다 해야 했다. 당시 부부사역 전문가들의 책자를 편집해 만든 교재로 50쌍 정도의 부부들과 함께 세미나를 했다. 구정이나 추석 연휴 때 시간을 내 세미나를 하면 부부들이 얼마나 반응이 좋았는지 모른다. 부부간 편지 쓰기, 노래하기 등 실습 프로그램이 있는데, 나훈아의 〈사랑〉이라는 노래를 불렀다.

편지를 쓰고 나서 이 노래를 부르게 하면 부부들이 부둥켜안고 운다. 그때 교인들은 착각하며 이렇게 말하곤 한다.

"아, 우리 목사님이 대한민국 최고의 부부세미나 강사구나."

그러면 난 이렇게 대답한다.

"오고가는 착각 속에 너와 내가 헷갈린다는 말을 아시나요?"

이렇게 부부들을 하나 되게 하여 교회에 전념할 수 있게 만들었다. 교회에서도 부부사역은 정말 중요하다. 그런데 가끔 교인들 중에도 성격이 안 맞아서 이혼을 해야겠다고 상담을 하는 사람들이 있다. 그러면 성격이 안 맞아서 이혼을 해야 한다면, 나는 백 번도 넘게 이혼했을 것이라고 혼을 내주며 돌려보낸다. 실제로 나와 우리 집사람은 성격이 너무 안 맞다. 결혼 전에 연애를 해본 것도 아니고, 심지어 사랑으로 결혼한 것도 아니다. 어떻게든 목회에 성공하기 위한 목적 때문에 집사람이 필요했던 것이다.

그리고 결혼하기 전에 집사람에게 허풍을 많이 쳤다. 결혼하면 파출부를 두어서 손에 물 안 묻히게 하겠다는 둥, 절대로 고생하는 일 없을 것이라는 식으로 말했지만, 어디 현실이 그런가? 가락동에서 밥순이 사모를 시켰으니 집사람도 얼마나 힘들었겠는가? 그래서 우리 부부는 결혼한 뒤 정말 많이 싸웠다. 우선 체질부터 달랐다. 내가 선풍기를 켜면 집사람은 꺼야 하고, 집사람이 히터를 켜면 나는 꺼야 했다. 내가 이불을 걷어차면 집사람은 다시 덮을 정도로 사사건건 너무나 반대였다. 성격에서도 내가 가슴이 뜨거운 사람이라면, 집사람은 머리가 차가운 사람이다. 나는 감정적이고 연민이 많은데, 집사람은 이성적이고 이기적이다. 나는 뜨거운 불이라면 집사람은 소방수다. 나는 이상주의자고 집사람은 현실주의자다. 나는 일단 사람을 믿고 보는 편이고, 집사람은 일단 사기꾼인가 의심하고 본다.

사실 이런 정반대의 성격 때문에 유익한 일도 있었다. 나는 과거의 고생과 수치를 다 까발린다. 이것이 나의 힘이다. 그런데 집사람은 과거를 감추길 원한다. 그래서 나는 집사람이 고생한 과거를 다 알고 있지만 말을 못 한다. 사생활이 드러나면 사람들이 자신을 무시한다고 생각한다. 그래서 한번은 KBS에서 인간극장을 찍겠다는 제의가 왔다. 나는 영광이라고 생각했다. 사람들에게 대형교회 목사가 얼마나 바쁘고 검소하게 사는지 진솔한 모습을 보여주고 싶었다. 그런데 집사람이 죽어도 안 된다며 반대했다. 사생활을 드러내고 싶지 않다는 이유였다. 아들까지 엄마 편이 되어 반대하는 바람에 결국 못 나갔다.

모처럼 국내나 해외 집회를 갈 때도 처음에는 즐겁게 간다. 그런데 꼭 중간에 무슨 일로 싸워서 돌아올 때는 등을 돌리고 온다. 아마 살면서 아내는 나에게 이혼하자는 말을 천 번도 더 했을 것이다. 이렇게 살려면 왜 결혼했냐는 것이다. 그럴 때마다 나는 이렇게 대답했다.

"내가 왜 이혼을 하느냐? 나는 절대 이혼 안 한다. 목사로서 이혼 못 한다."

물론 뒤돌아서서 하나님 앞에 이렇게 기도한 적은 있다.

'하나님, 혹시 안 데려가시나요?'

그런데 이제는 50대가 되니까 다 체념하고 포기하고 산다. 성격으로 말하면 우리 부부처럼 안 맞는 부부도 없을 것이다. 다만, 부족하지만 서로를 이해하고 존중하고 사랑하며 사는 것이다. 특별히 남자에게 부족한 것이 사랑의 표현이다. 남자는 말로 표현하는 것을 어색하게 생각해서 마음으로만 사랑을 주는 경향이 있지만, 여자는 시시때때로 남편에게 말로 사랑을 고백받길 원한다. 그래서 아내는 뜬금없이 남편에게 이렇게 물어볼 때가 있다.

"자기, 나 사랑해?"

그러면 남편은 이 여자가 뭘 잘못 먹었나, 쓸데없는 소리 한다고 구박을 한다. 그러나 결코 그렇게 해서는 안 된다. 여자는 항상 사랑의 감정을 느끼고 싶어 한다. 남편이 아내를 향해서 이렇게 고백한다면 얼마나 행복한 부부가 될 수 있을까.

"여보, 당신은 이 세상에서 가장 아름다운 여자야. 하나님은 당신을 내게 위대한 걸작으로 보내주셨어. 난 당신 만난 걸 정말 행복하게 생각해. 여보, 사랑해요!"

그런 의미에서 나는 '이런 아내가 되겠어요', '이런 남편이 되겠어요'라는 두 편의 시를 지어본 적이 있다. 두 편의 시에는 부부간의 아름답고 순수한 사랑의 감정이 담겨 있다.

이런 아내가 되겠어요

당신이 어느 봄꽃 피는 날 길을 걷다가 지친다면
저는 당신 입가에 환한 미소 짓게 하는 한 송이 꽃이 되겠습니다.

비 오는 날 비에 젖은 옷을 털며 당신이 들어설 때
수건을 먼저 내밀기 전에 춥고 스산한 당신의 몸
따뜻한 체온으로 안아주는 영혼의 옷깃이 되겠습니다.

나 한 사람을 위해서 자식들을 위해서 평생 몸을 혹사하여 노쇠한 몸이 되어
당신이 몸을 움직일 수도 없는 그런 아득한 때가 된다면
저는 푸석푸석한 당신 손 잡아주며 흐릿해진 당신 눈동자 바라보며
당신의 희미한 숨결에 기대어 이렇게 고백하겠습니다.

당신의 아내가 여기 있다고
당신의 사랑이 지켜 준 한 여인이 여기에 있다고
당신을 만나서 너무 행복했었다고.

이런 남편이 되겠어요

바윗덩이처럼 무거운 몸 이끌고 집으로 들어섰을 때
아이를 품에 안고 잠든 당신의 모습을 보았습니다.
저는 삐거덕거리는 문소리에 당신이 깰까 봐
조심스럽게 조심스럽게 문을 열고 당신 곁으로 다가갔습니다.

나와 어린 자녀를 위해 온몸이 하얀 백지장처럼 변해간 당신
그 고운 머릿결 빛깔을 잃고 화사하게 빛나던 피부 이제 메말라갔어도
당신의 흘러내린 머리카락 쓸어 올리는 저의 손은 지금도 떨리기만 합니다.

나를 사랑해준 당신이기에
나를 안아 준 당신이기에
비록 먼 훗날 당신 나를 안아 줄 수 없고
더 이상 반찬 투정하는 나를 위해 찌개를 끓여줄 수 없다 해도
그렇게 귀찮아하던 당신의 잔소리마저 사무치게 그리워질 때
당신의 흘러내린 옷매무새 고쳐주며 이렇게 고백하겠습니다.

당신의 남편이 여기 있다고
당신의 사랑이 지켜 준 한 남자가 여기에 있다고
당신을 만나서 너무 행복했었노라고.

우리 모두 이런 남편, 이런 아내가 될 수 있다면 한평생을 행복하게 살아갈 수 있지 않을까. 사실 이런 글을 쓰는 나부터도 아내를 얼마나 사랑해주었는가 생각하면 머리가 저절로 숙여진다. 이것이 우리 시대 모든 남자들의 부끄러운 자화상이리라. 여자들 또한 남편에게 늘 미안한 마음이 있지 않을까. 아무리 서로에게 잘해주어도 한없이 미안한 마음이 드는 것이 부부라는 존재다. 그러므로 이제부터라도 사랑하며 살아야 한다.

한번 흩어진 눈보라는 결코 다시 만날 수 없다. 하늘을 함께 휘날리던 눈보라의 그 찬란한 오후, 부부의 사랑도 영원하지 않다. 어느 날 문득 이별의 순간이 찾아온다면 무엇으로 서로를 추억할까. 사랑의 잔영만이 남아 기억의 빈 잔을 채울 텐데. 그러므로 더 늦기 전에 다가갈 수 있다면, 이별의 서신이 느티나무 정원의 그림자 아래로 도착하기 전에 마음의 창을 열고 고백할 수 있다면, 당신을 만나서 너무 행복하다고, 당신을 만난 것이 내 인생 최고의 축복이요, 황홀한 기적이라고.

어느 대형교회 목사의 고백

도시는 밤이 되면 낯선 바다의 항구가 된다. 가로등은 등대가 되고 자동차들은 회항하는 어선이 되어 불빛을 점멸하며 내륙을 향해 신호를 보낸다. 어디선가 먼 바다의 파도 소리가 들려오는 듯하다. 휘어진 달빛이 나뭇가지에 걸터앉아 잠든 인간의 마을을 지켜본다. 콘크리트 건물에 둘러싸인 신도시 한복판, 도시인들은 저마다의 숲을 가슴에 품은 채 잠들어 있다.

어느 날 밤의 기억이 떠오른다. 한 성도의 심방을 다녀오는 길이었다. 몸은 하루 종일 뛰어다니느라 녹초가 되어 쓰러질 것만 같았다. 그런 때면 나는 차창 밖으로 멀어져가는 가로수들과 하나둘 불이 꺼지는 아파트 숲 사이를 걷는 고독한 나그네가 된다. 집에 들어가면 보고 싶은 아들과 딸이 있고, 아내의 손도 한번 잡아주고 싶다. 그러나 오늘 밤도 홀로 교회를 향한다. 그리고 저녁에 서재에서 책을 보며 연구하고 설교 준비를 한다. 이렇게라도 몸부림치며 준비하지 않으면 도저히 지금의 사역을 감당할 수가 없다. 사람은 자신의 영향력만큼 많은 무게와 짐을 지는 것일까.

한 가지 가슴 아픈 사실은 지금 사회 언론이나 방송에서 대형교회 목사들의 이미지를 너무 부정적인 측면만을 부각시켜 보도한다는 것이다. 물론 대형교회 목사들의 호화스러운 삶이나 세습 문제가 시사 고발 프로그램에 집중 보도되면서 부정적 시각을 형성시킨 것은 사실이다. 그리고 어떤 면에서 그런 비판과 채찍을 달게 받고 자성의 계기로 삼아야 한다. 그러나 대형교회 목사라고 해서 왜 외로움이 없고 눈물이 없고 아픔이 없겠는가.

그들도 처음에는 지하상가 교회당의 개척교회 목사였고, 가난하여 굶주리고 눈물 젖은 빵을 먹던 서러운 시절을 보냈다. 다만 현재의 영광과 스포트라이트 때문에 그 음지의 가난했던 시절이 보이지 않을 뿐. 중요한 것은 교회의 크기와 성도들의 숫자가 아니라 한 영혼 한 영혼을 향한 사랑이 아닐까. 그리고 민족과 시대를 향한 역사적 섬김과 책임의식이 아닐까. 나는 한 사람의 멘토나 지원해주는 사람 없이 홀로 개척하여 오늘날 4만 명에 달하는 부흥을 이룬 한국교회에서 몇 안 되는 대형교회의 담임목사다. 그래서 사람들은 나를 부러워한다. 교회 건물의 웅장함과 예배 시간에 끊임없이 몰려오는 성도들의 숫자를 보면서 말이다.

그러나 대형교회 목사의 삶이 그리 행복하고 화려한 것만은 아니다. 그 속에는 군중 속의 고독이 있고 외로움이 있다. 그리고 매일 살인적인 일정을 소화할 수 있는 초인적인 체력이 필요하다. 지치고 피곤할 때가 많다. 어깨가 무너져 내리고 등에 무거운 돌을 올려놓은 것처럼 힘들 때면 나도 모르게 울먹거리기도 한다.

'아, 이 모든 짐을 내려놓고 공기 좋고 물 맑은 산속에 들어가 마음대로 책 읽고 글 쓰면서 살 수는 없을까, 그럴 수만 있다면 얼마나 좋을까.'

하지만 내 개인적인 바람이나 소원 때문에 영혼 구원의 열정과 시대적 사명을 외면할 수는 없다. 그래서 오늘도 나는 달리고 또 달리는 것이다. 주일 아침마다 구름 떼처럼 수많은 사람들이 교회를 향해 걸어온다. 창문 밖으로 그 모습을 볼 때면 내 가슴은 환희와 감격으로 가득 찬다. 그러나 대형교회의 담임목사가 그런 달콤한 행복만을 가지고 있다고 생각하면 그것은 오해다. 담임목사의 심정은 그 많은 사람들 가운데서 신앙을 잃고 떠난 한 마리의 양을 찾으며 가슴 아파하고 서러워한다는 것을.

홀로 교회 서재에서 잠들다 보면 뒷산에서 소쩍새 울음소리를 들을 때가 있다. 그 소리가 차가운 밤공기를 타고 내 가슴에 내려앉는다. 울적한 마음에 가슴이 떨린다. 나에겐 사람의 숫자가 중요한 것이 아니다. 한 영혼 한 영혼을 향한 사무치는 사랑이 있다. 그래서 한 영혼이라도 너무나 소중하여 잃고 싶지 않은 나의 이 마음을 누가 헤아릴 수 있을까. 그것은 마치 어느 자식인들 포기할 수 없는 아버지의 거친 가슴이고, 모정의 슬픔이리라.

그래서 잠을 아껴서 밤마다 책을 보며 연구를 한다. 영성이 살아 있고, 더 깊은 사상을 담은 좋은 말씀을 전하고 싶어서 몸부림친다. 눈을 감아도 영혼 구원을 생각하고 눈을 떠도 영혼 사랑을 생각한다. 너무나 바쁜 일정이 기다리고 있어서 제대로 식사도 하지 못한다. 도시락을 싸서 차 안에서 먹을 때가 대부분이고, 지방 일정을 갈 때면 휴게소에서 김밥이나 어묵 같은 것을 사서 먹는다. 하지만 그런 식사가 얼마나 꿀맛인지 모른다. 그 속에는 내 열정이 있고, 꿈이 있고, 땀이 담겨 있기 때문이다. 사람은 목표 지향이 아니라 과정 지향이 되어야 한다.

대형교회 담임목사지만, 어찌 보면 이제 막 교회를 개척하고 비가 새는 교회당에서 예배를 드리던 그 시절이 더 행복했는지도 모른다. 그 고독하고 외로운 과정에서 사투를 벌이던 젊음과 야수적 사명감이 너무나 행복했기 때문이리라. 나는 앞으로도 마음속의 영혼 사랑, 그 진심을 잃지 않으리라. 오늘도 모두가 잠든 깊은 밤, 홀로 교회로 향한다. 도시의 밤을 걷는 외로운 순례자다. 그러나 사랑하는 성도들이 있기에 세상에서 가장 행복한 목사다. 그들과 함께 펼쳐갈 찬란한 축복의 미래가 있고, 아직도 두 팔 벌리고 달려가야 할 꿈이 있기에, 아니 마지막까지 외치다 죽을 영원한 사랑 때문에, 오늘도 심장이 뛴다.

아직도
올라야 할 정상

우리 교회 김재일 장로님은 정통 언론인 출신으로서 스피치 전문가다. 목사인 나도 그분의 강의를 들으면 고개가 숙여질 정도로 정말 훌륭하다. 그런데 김 장로님이 요즘 내게, "목사님께서는 대한민국 최고의 설교자십니다."라는 말을 한다. 그러면 나는 그렇지 않다며 손사래를 친다. 그래도 장로님은 끝까지 이렇게 말하곤 한다.

"목사님, 저는 스피치 전문가로서 나름대로 유명한 목사님들의 설교를 다 들어봤습니다. 그런데 목사님은 스피치도 훌륭하지만, 혼을 불어넣는 감동이 있고 지성과 영성이 겸비되어 있습니다. 저는 목사님의 설교를 들을 때 스피치 전문가로서 들으려고 하지만 몇 번 듣다 보면 그 속에 푹 빠져버릴 때가 있습니다. 목사님께서 한번은 정말 아슬아슬한 위기에 처해 있는 교회에 가서 집회를 하신 적이 있는데, 원고 하나 없이 청중을 휘어잡고 그들의 마음을 바꾸어버리는 것을 보고 정말 이 시대에 가장 탁월한 설교자라고 생각했습니다."

김 장로님께서 나를 칭찬해주고 인정해주는 것은 감사하지만, 나는 아직 칠부능선에 서 있다고 생각한다. 나에게는 아직도 헉헉거리며 올라가야 할 정상이 있다. 특별히 글쓰기에 있어 내 모델은 이어령 교수다. 그는 글쓰기를 검술로 비유하면 최고의 무림 고수다. 그 끝을 헤아릴 수 없는 박학다식한 지식과 정보, 시대와 인간 내면을 꿰뚫어보는 섬광 같은 통찰력, 천의무봉(天衣無縫)의 필력은 감히 올려다볼 수 없을 정도로 높은 경지에 올라 있는 분이다. 그런데 그분이 나를 이렇게 칭찬한 적이 있다.

"소 목사님의 글에는 힘이 있고 선이 굵습니다. 글 자체가 한 편의 드라마처럼 역설이 있고, 반전이 있으며, 혼이 있습니다."

그분은 내가 책을 쓸 때마다 추천사를 써주시기도 했다.

스피치의 모델은 조용기 목사님이다. 조 목사님의 50, 60대 시절의 여의도순복음교회 설교를 들어보면 한 마디 한 마디 내뱉을 때마다 불덩이를 쏟아내는 것처럼 성령 충만한 사자후와 심령을 활활 불태우는 영성이 느껴진다. 뿐만 아니라 수십만, 수백만 앞에서 토해내는 달변과 능력의 설교를 보면, 나는 아직 스피치의 칠부능선도 못 간 것 같다는 생각이 든다. 그런데도 조용기 목사님을 뵈면 나를 칭찬하는 것이다.

"소 목사가 내 전성기 때보다 훨씬 더 잘해요. 나는 새에덴교회의 명예 교인이에요. 나도 힘들고 고독할 때가 있는데, 그때마다 방송을 통해 소 목사 설교를 듣고 새 힘을 얻어요."

물론 목사님께서 나를 격려하기 위해 하는 말씀으로 듣는다. 그리고 나는 찬양도 좋아한다. 어릴 때부터 딴따라 기질이 있었다. 그래서 마을 콩쿠르에 나가면 어린놈이 다리를 떨면서 노래를 불러 인기상이나 장려상을 받기도 했다. 중고등학교 때 남의 흉내를 잘 내고 노래도 잘하고 하모니카도 잘 불어서 인기가 좋았다. 그래서 커서 가수를 해보라는 말을 듣기도 했다. 그래서 그런지 나는 설교 중에도 찬양을 한다. 특별히 자유롭게 하는 금요철야기도회나 외부집회를 인도할 때는 마치 콘서트를 하는 것처럼 자유자재로 찬양을 한다. 그러나 내가 아무리 그렇게 한다고 해도 남진이나 조영남 씨에 비하겠는가. 나는 어릴 때부터 남진을 좋아했다. 특별히 내 누님이 광팬이어서 어릴 때부터 라디오에서 흘러나오는 남진의 노래를 들으며 따라 부르곤 했다. 그는 그야말로 한 시대를 풍미한 가왕이었다. 그의 손짓 하나하나에 팬들은 열광했고, 강약을 조절하는 노래 소절 소절에 흥분을 감추지 못했다.

5월을 맞아 교회에서 효도와 행복 음악회를 열어서 그동안 동경의 대상이었던 남진과 조영남 씨를 초청한 적이 있다. 어르신들이 얼마나 좋아하며 환호했는지 모른다. 70세를 넘긴 나이에도 터져 나오는 폭발적인 가창력과 무대 매너를 보면서, 역시 그는 우리의 영원한 스타요, 가왕이라는 사실을 실감했다.

조영남 씨 역시 천재 중의 천재요, 괴짜 예술가다. 청중들을 자유자재로 울고 웃기는 입담과 피아노 연주, 물 흐르듯 가슴을 적시는 가창력은 왜 그가 조영남인지를 알게 해주었다. 그의 데뷔곡인 〈딜라일라〉는 어느 누구도 흉내 내고 따라 부를 수 없을 정도로 지금까지 전설의 무대로 남아 있다. 그런데 이분들도 이제 70대가 되었다.

그 후 세대로 나는 조용필과 이선희 씨를 좋아한다. 특별히 유튜브로 조용필 씨의 평양공연을 보면서 '큰 형님, 선생님'이라는 소리가 절로 나왔다. 정말 기회가 있다면 조용필 씨를 꼭 한번 만나보고 싶다. 나 또한 평양에 가서 설교를 여러 번 해봤지만 얼마나 어렵고 힘들었는지 모른다. 그런데 그 어려운 자리에서 얼마나 혼신을 다해 노래하는지, 평양 관객 모두가 기립 박수를 치는 것이었다.

또한 이선희 씨는 그 조그마한 키와 가녀린 몸으로 고성을 지르면 스피커가 터져버릴 정도라니 말 다했다. 게다가 소리는 얼마나 청아한지 열창할 때면 청중들의 혼을 다 빼놓는다. 누구도 흉내 낼 수 없는 가창력으로 어쩌면 그렇게 청중들을 감동시키는지……. 그녀 역시 내게는 스타의 경지를 넘어 영웅이다. 바로 그 영웅도 만나보길 희망하고 있다.

이분들에 비하면 나는 아직 칠부능선도 못 갔다. 그분들이 월드컵 스타라면 나야 동네 축구선수에 불과할 것이다. 물론 나와 그분들의 영역이 다른 것은 사실이다. 그리고 내가 평생 노래를 연습한다 해도 남진, 조영남, 조용필, 이선희 씨를 따라갈 수는 없다. 따라가려고 하는 자체가 무모한 일이다. 그들과 나는 성대와 음악적 자질부터 다르기 때문이다. 그러나 사람을 상대로 소통하며 감동시키고 청중을 이끌어가는 면에서는 공통점이 있다. 나는 바로 그 소통과 감동과 청중을 이끌어 가는 리더십을 배우고 싶다는 말이다. 스피치를 넘는 음악적 소통과 감동의 힘 말이다. 물론 많은 선후배 목사님들이, '우리 한국교계에서 수만, 수십만 청중 앞에서 정말 불을 토하고 자신 있게 설교할 수 있는 사람은 소 목사밖에 없을 것'이라며, '온실형 설교자가 많은 시대에 소 목사는 독보적'이라고 말을 하기도 한다. 그래도 나는 너무 부족하다. 아직도 스스로 불만족스럽다. 하지만 심호흡을 하고 다시 정상을 바라본다.

'아, 아직도 나는 멀었다. 그러니 내 목소리를 가꾸고 혼을 닦고 영성을 갈고 닦으리라. 내가 올라가야 할 저 정상을 향하여…….'

지성을 넘어 영성으로

이어령 교수와 식사하며 장시간 이야기를 나눌 기회가 있었다. 그 후부터 여러 번 만남을 가졌고, 자주 이야기를 나눴다. 그는 이 시대 최고의 지성이요, 한 시대를 풍미한 위대한 문사답게 해박한 지식과 탁월한 언변을 소유하고 있었다. 나는 그분의 이야기를 들을 때마다 수첩에 적으며 큰 감동을 받는다. 한 마디 한 마디가 촌철살인이요, 잠든 사색의 웅덩이에 파문을 던지는 통찰력과 혜안의 언어였다. 무엇보다 그가 세례를 받고 예수님을 영접한 사건은 한국교회뿐만 아니라 우리 사회에 신선한 도전과 희망을 주었다.

나는 그분의 회심과 인생 스토리를 기록한 신문기사를 읽으며 눈시울을 적셨다. 이어령 교수가 누구인가? 《흙 속에 저 바람 속에》를 비롯하여 《하나의 나뭇잎이 흔들릴 때》, 《신한국인》, 《디지로그》, 《젊음의 탄생》 등 시대의 지성을 이끄는 주옥같은 명작품을 남긴 저술가가 아닌가. 그런 그가 지성의 세계에서 영성의 세계로 귀의한 회심 사건이 주는 폭발력은 엄청났다. 그가 하나님을 영접하기까지는 딸 민아 씨의 영향력이 컸다. 미국 로스앤젤레스 지방검사로 활동하던 민아 씨가 갑상선암 판정을 받고, 유치원에 다니던 어린 손자가 자폐아로 판명이 난 것이다.

갑자기 몰아닥친 고난의 세월. 그러나 민아 씨는 오히려 하나님을 의지하며 기나긴 투병기를 거쳐 완치에 이르고 눈물로 신앙을 간증했다. 인간의 이성으로는 이해할 수 없는 신비로운 영성 체험과 딸의 기적적인 고침에 이어령 선생은 변화하기 시작했다. 자신이 딸에게 해줄 수 없던 것을 선물해주신 하나님을 이성을 넘어 영성의 차원에서 만난 것이다. 일부 지성인과 언론들이 한국교회를 비판하고 조소거리로 삼고 있는 이때, 그의 개신교 귀의는 한국교회의 기쁨이요, 큰 의미가 아닐 수 없다. 나는 그분을 만날 때마다 한국교회의 보배라고 여기며 간절히 축복 기도를 한다. 그리고 그분에게 세례를 준 하용조 목사님이 너무나 부러웠다.

'나도 언젠가 저런 위대한 지성인에게 세례를 주는 목사가 될 수는

없을까.'

아무튼 그분은 삼차원의 세계를 넘어 사차원의 세계에서 하나님을 만난 것이다. 그는 자신이 하나님을 믿고 예수 그리스도를 영접한 것은 결코 딸아이가 치유되는 기적 때문만은 아니라고 고백한다. 그런 기적 때문에 자신이 예수를 믿었다면 더 큰 슬픔도 맞았다는 것이다. 결국 그분은 자신의 회심 동기를 하늘의 위대한 절대자 창조주 하나님을 알았기 때문이라고 말한다.

인간은 이성만을 의지하면 삼차원 세계 이상을 오를 수 없다. 박사학위 수십 개를 가지고 있어도 사차원, 혹은 그 이상의 세계로 나아가는 지도자가 될 수 없다. 인간의 이성으로 인식의 영역을 초월하신 하나님을 만나는 건 불가능하다. 하나님을 만났다고 하더라도 철학적인 하나님이든지, 이성으로 이해한 하나님에 불과할 뿐이다. 하나님을 만나려면 이성을 넘어 영성으로, 적어도 사차원의 세계 속으로 들어가야 한다.

그분의 시련은 더 혹독했다. 더구나 자폐아로 판명이 났던 어린 외손자마저 잃고 말았다. 그의 인생에 갑자기 고난의 폭풍이 몰아쳤다. 이어령 교수는 딸의 고난 앞에 아무것도 할 수 없는 초라한 자신을 발견하게 되었다. 그리고 투병 중에도 오히려 하나님만을 의지하며 살아가는 민아 씨를 보며, "나의 딸이 저토록 사랑하는 하나님, 내가 아무것도 해줄 수 없을 때 딸을 위로하여 주었던 하나님, 딸을 위해

서라도 하나님을 믿어야겠다."라고 결심하게 된다.

그는 실제로 이성을 넘어 영성의 차원에서 하나님을 경험하고 세례를 받기에 이른다. 그리고 딸 민아 씨는 투병기간을 거쳐 하나님의 품에 안기게 되었다. 나는 장례예배를 참석하여 눈물로 기도했다. 그 자리에 오래 머물며 이어령 교수와 많은 이야기를 나눴다. 그는 딸이 만난 하나님, 그리고 자신이 만난 하나님에 대하여 눈물을 글썽이며 많은 이야기를 했다. 딸의 죽음을 하나님 앞에서 이성으로 판단치 않고 영성으로 받아들이는 것이다.

그런데 오늘날 많은 사람들은 이성의 노예가 돼 하나님을 모르고 교회를 이성의 잣대로만 재려고 한다. 또 하나님을 만났다고 하는 사람들도 이성적으로만 이해하려고 하니 신비로운 영성의 세계로 나아갈 수 없다. 자기 지식, 재주, 능력, 경험의 테두리 안에서만 살 수밖에 없다. 그러나 사차원 혹은 그 이상의 세계를 사는 사람은 창조적인 기적을 경험한다. 물론 우리의 세계는 영성뿐 아니라 이성의 부분도 있다. 그것마저도 부인하는 것이 아니다. 하지만 우리는 이성을 넘어 광활한 영성의 세계로 나아가야 하리라. 이성을 넘어 영성의 세계로, 지성을 넘어 영성의 언덕에 올라서야 하리라. 이성의 한계를 넘어선 신비로운 세계가 눈부신 빛으로 그대를 안아주리니…….

다시,
첫 새벽길을 기다리며

필라델피아 영생장로교회 집회를 갔을 때였다. 그곳은 고 박종삼 목사님이 은퇴를 하고 살던 곳이다. 그분은 앞서도 이야기했지만 가난하고 배고팠던 신학생 시절, 나를 아들처럼 돌봐준 은인이다.

방학이 되면 기숙사는 문을 닫는다. 신학생들이 겨울에 추워 몰래 몰래 전기를 쓴다고 기숙사를 폐쇄하는 것이다. 다른 학생들은 돌아갈 집이라도 있지만, 나는 집에서 쫓겨난 처지라 갈 데가 없었다. 아무리 교장 선생님이 나를 도와주려고 해도, 나 혼자 기숙사에 있을 수는 없었다. 그래서 나는 서울의 어느 기도원에 가기로 했다. 신학생이 가면 잔심부름도 시키고 밥도 먹여준다고 해서 가려고 했다. 그래서 떠나는 날 박종삼 목사님께 인사를 드리러 갔다. 그랬더니 목사님께서 이렇게 말씀하시는 것이다.

"강석아! 그리로 가지 말고 우리 집에 있어라. 그냥 내 방에서 같이 지내자!"

그런데 옆에 계시던 사모님이 반대를 하셨다. 하루 이틀도 아니고 어떻게 우리 집에서 살 수가 있겠느냐고, 거의 두 달을 어떻게 같이 지내겠냐고 하시면서 말이다. 사모님의 말씀도 옳았다. 더구나 목사님 댁에는 내 또래의 딸이 있었다. 그러니 사모님에게는 얼마나 부담이 됐겠는가?

그런데 목사님은 주책이셨다. 나를 그렇게 사랑해주시고 믿어주셨다. 하지만 사모님의 그런 말을 듣고 어떻게 거기서 잘 지내겠는가? 나 또한 사모님이 지내라고 해도 그렇게 못 할 사람이었다. 그래서 인사를 하고 나오는데, 목사님이 안타까운 얼굴로 지갑에서 돈을 빼주셨다. 가는 길에 보태 쓰라고. 그런데 목사님 지갑에 돈이 얼마 없었다. 그러자 사모님한테 돈을 더 가져오라고 눈짓을 하셨다. 사모님도 눈짓을 하면서 돈이 없다고 하셨다.

그러자 목사님은 사모님의 팔을 쥐어뜯으면서 큰소리로, "어서, 강석이가 가니까 2만 원만 더 갖고 와요!"라고 하는 것이었다. 그러니까 사모님이 어쩔 수 없이 돈을 가져왔다. 당시 상황이나 자존심을 생각하면 받을 수 없었지만, 살기 위해 그 돈을 눈물로 받고 나왔다. 지금도 그때를 생각하면 눈시울이 젖는다. 그처럼 나를 아들처럼 돌봐주신 목사님께서 미국으로 가셨다. 목사님은 그곳에서도 사람들에게 이렇게 말하며 후원을 받아주셨다.

“한국에 가난한 신학생이 있는데 도와주십시요. 후회하지 않을 것입니다. 언젠가 하나님께 크게 쓰임을 받는 큰 종이 되어 찾아올 것입니다.”

그래서 그 교회 안에도 나를 도와준 분이 몇 분 있었다. 특별히 백신희 권사님이란 분은 30대에 남편을 잃고 꽤 오랫동안 아들 하나만 키우며 사신 분이었다. 그분이 박 목사님으로부터 내 소개를 받고 한국으로 돈을 보내주셨다. 그렇게 아득한 세월이 흘렀고, 나는 어느덧 한국교회에서 몇 안 되는 큰 교회의 담임목사가 되어서 필라델피아로 집회를 갔다. 나는 백 권사님께 자그마한 정성이라도 보이고 싶어서 현금을 가져갈까 선물을 할까 고민했다. 그분도 부족하지 않게 사신 분인데 초면에 현금을 드리면 혹시 누가 되지 않을까 하는 마음에 고가의 선물을 사 가지고 갔다. 그분을 뵌다고 생각하니 가슴이 설렜다.

‘아, 장모님이신 정 권사님처럼 그렇게 평생 자식 하나 보고 살아오셨는데, 내가 20대 초반일 때 그분은 30대 초반이셨을 텐데, 남편이 백혈병으로 죽었기에 아들에게는 절대로 그 병이 유전되지 않도

록 기도해달라고 부탁하셨던 권사님……. 과연 그분은 어떤 모습일까?'

수많은 세월이 지나 그분을 뵈었더니 회갑이 지난 60대 할머니가 되어 있었다. 그분께 진 빚이 너무 눈물겹게 감사해서 연세도 그만하시니까 "누님, 권사님" 하고 다정하게 부르며 꼭 안아드리고 싶은 마음이 왈칵 솟았다. 그러나 그것도 실례가 되어서 손을 잡고 그 자리에서 감사의 인사를 드렸다.

"권사님, 지난날 너무 고마웠습니다. 권사님의 사랑으로 오늘의 제가 있습니다. 그때의 은혜 잊지 않고 언제나 영혼을 사랑하며 사람을 살리는 진실한 종이 되어 섬기겠습니다."

그러고는 그 자리에서 엎드려 큰절을 드렸다. 그러자 "내가 뭐 한 것도 없는데, 뭘 그렇게 잊지 않고 이런 걸 갖고 오셨느냐?"라고 하면서 권사님도 나를 동생처럼 쓰다듬어주셨다.

그리고 그분뿐만 아니라 나를 도와주셨던 필라델피아에 있는 몇 분들을 찾아뵙고 인사를 드렸다. 그리고 박종삼 목사님이 누워 계신 묘지를 찾았다. 필라델피아의 바람이 옷깃을 파고들었다. 내 영혼 속으로 무언가 말로 표현할 수 없는 새로운 도전과 희망이 움터오는 것을 느꼈다. 나는 수많은 분들의 사랑과 눈물 속에서 새로운 사랑과 희망의 길을 발견한 것이다.

아, 언제나 첫 새벽길을 떠나는 나그네의 그 시린 가슴으로 살아갈 수 있다면……. 누구나 영웅호걸이 되려 하고 주인공이 되어 주목을 받으려고만 하는 시대에, 불 꺼진 무대 뒤에서 홀로 남은 대사를 하더라도 진실을 고백할 수 있다면…….

위대한 삶이란 높아지려는 욕망이 아니라 더 낮아지려는 사랑과 섬김이 아닐까. 나의 가슴에 언제나 첫 새벽의 붉은 여명과 시린 바람을 안고 살아가리라. 다시, 첫 새벽길을 떠나는 나그네의 심정으로 옷깃을 여미고 신발 끈을 동여매리라. 밤은 찬란한 아침이 오기 전의 어둠과 정적이다. 좌절하고 절망해서는 안 된다. 가슴에 타오르는 사랑을 품고 어둠 속을 걸어야 한다. 다시, 첫 새벽길을 기다리며.

산을 오르며,
영혼을 씻으며

산에 오면 속세를 떠나서 때 묻은 마음이 정결하게 씻기는 것 같다. 그럴 때면 야산이 아니라 깊은 산에 은둔하며 사는 스님들이 부러울 때가 있다. 만약 내가 하나님을 만나지 않았다면, 종교적 성향으로는 승려가 되었을지 모른다. 물론 나는 사람을 좋아하기도 하지만, 한편으로는 자연을 벗 삼아 살고 싶은 여린 순정이 있다. 아침에 계곡에 흐르는 물소리를 들으며 일어나고, 겨울이 되어 눈 덮인 산사의 절경을 바라보면 산 자체가 천국처럼 느껴진다.

그러나 나는 하나님의 부르심을 받아 오직 예수님으로만 구원받는다고 전하고 다니는 목사가 되었다. 그런데 사람들 틈에서 살다 보면 나도 공허할 때가 있다. 그럴 때는 산을 찾는다. 너무 많은 사람들 틈에서 이 사람 저 사람을 만나다 보면 번뇌가 쌓이고, 이런저런 이야기를 듣다 보면 불면증에 시달린다. 그러나 산에만 가면 잠이 절로 온다. 설악산 오색그린야드나 지리산 화엄사 입구에 있는 한화 콘도 같은 곳에서 청명한 공기를 마시며 산책을 하면, 그날 밤은 아무 잡념 없이 그냥 곯아떨어진다.

요즘은 너무 바쁘다 보니까 산에 자주 가지 못한다. 그러다가 오랜만에 산을 찾으면 모든 스트레스와 시름을 다 잊어버리고 자연과 하나가 되는 것 같다. 사실 나에게 있어서 산은 세속에 오염되지 않은 에덴의 모형이고 그림자며 원형에 대한 갈망이다. 그래서 산을 오르면 내면에서는 꼭 하나님을 찾아오는 것처럼 일치가 된다. 그런데 너무 바빠서 산을 자주 찾지 못한다. 곤지암 깊은 산속에 조그마한 기도원을 장만했는데, 1년이 다 지나도 여름에 겨우 한 번 갈 둥 말 둥 한다. 그러니 어쩌다가 산에 가면 미안한 마음이 든다. 그래서 이런 시를 쓴 적이 있다.

산에 와서

죄송합니다
너무도 오랜만에 와서

마음이 때 묻다 보니
몸도 함께 때에 묻혀
이리도 오랜만에 왔습니다.

부끄럽습니다.
쉴 새 없이 전화하고
사람 만나느라
분주하기만 했던 지난 삶들이

경건한 당신의 품
출애굽기의 세계에 와보니
수줍기만 한 마음
견딜 수 없네요.

처음으로 돌아가고 싶습니다.
처음에 느꼈던 사랑
그 초심을 회복하여
다시 당신을 사랑하고 싶습니다.

산을 자주 찾지 못하고 멀어지면, 나도 때 묻어가는 것은 아닌가, 세속화되어 가는 것은 아닌가 하는 생각이 든다. 그래서 바쁘고 일이 많을수록 산을 자주 찾으려고 한다. 한때 미국의 40대 남자들이 번듯한 직장을 버리고 산과 사막을 찾아 떠나는 것이 유행이었다고 한다. 그만큼 현대인들은 물질만능시대를 살아가면서 때 묻지 않은 영성과 자연에 대한 목마름이 있는 것이 아닐까.

나 역시 대부분 군중 속에서 몸과 마음을 부딪치며 야성의 질주를 하며 살고 있지만, 때로는 산에 와서 스스로 고독의 숲을 거닐어본다. 때로는 중세 사막의 수도사처럼 나만의 광야에 칩거해본다. 목회하면서 소원이 있다면 한 달이라도 깊은 산 계곡에 천막을 치고 자연인으로 살아보는 것이다. 아무도 없이 혼자 밥해 먹고, 빨래하고, 시 쓰고, 책 보면서, 하늘만 바라보고 살고 싶을 때가 있다. 물론 자연인으로 완전히 빠져버리면 안 되고, 다시 활력을 충전 받아 생활 현장으로 돌아와야 하지만 말이다. 아, 오늘도 나는 영혼의 원형인 산을 오른다. 그 속에서 하나님을 만나고 원초적 에덴의 신비 속을 걷는다. 산을 오르며, 영혼을 씻으며 도시와 멀리 떨어진 산속에서 잃어버린 길을 찾는다.

꽃씨 심는 남자

꽃씨

언제부턴가
꽃씨가 사랑스럽습니다.
그래서
마음의 뜨락에 꽃씨를 심습니다.
세상 가득 향기로 덮고 싶기에

이젠 꽃을 꺾어

선물하지 않으렵니다.
그보다
꽃씨를 나누어 주고
그 마음에 뿌려주기로 했습니다.

더딜지라도
코끝에 물씬 풍기는 향기 없을지라도
한아름 안겨주는 회사함 덜할지라도

오늘도 꽃씨를 뿌립니다.
마음의 밭을 일구어
열심히 꽃씨를 뿌립니다.

그 날
사랑하는 사람들 안에서
향내 가득하고
이 세상 꽃들로 가득하게 될 때를
기다리며

그리고

이 세상을 떠나는 날
나는 이 꽃씨들을 천국에 가져가렵니다.

사람들이 가장 애송하는 나의 대표시 〈꽃씨〉다. 어린 시절 우리 집에는 작은 꽃밭이 있었다. 봉숭아, 채송화, 달리아 꽃씨를 뿌렸다. 그때 꽃씨를 뿌리는 마음은 천국과 같은 것이다. 예수님도 천국은 어린 아이와 같은 자의 것이라고 했다. 꽃씨를 뿌리고 나서 물도 주고 이슬이 내리고 비가 오면 새싹이 피어난다. 그리고 나중에 예쁜 꽃을 피운다. 꽃씨가 새싹을 피우고 꽃을 피우는 모습을 보면서, 어린 나이였지만 진짜 천국을 느꼈다.

어린 시절, 우리 집에 들어가는 골목에도 코스모스 씨를 뿌렸다. 그래서 가을이면 코스모스가 만발했다. 그러나 지금은 고향을 가도 꽃밭이 다 없어졌다. 시골도 마당을 넓히고 길을 확장하면서 꽃밭이 사라졌다. 꽃밭이 사라지면서 사람들의 마음도 삭막해지고 메말라 갔다. 더구나 도시인들에게 무슨 꽃밭이 있겠는가. 아파트를 보면 꽃밭을 만들 공간이 없다. 겨우 베란다에 화분 몇 개 갖다놓은 집들이 있지만, 그도 드물다. 도심에서는 코스모스를 찾아보기 힘들다. 이러니 현대인들의 마음은 더 메말라간다.

물론 도시라고 해서 꽃이 전혀 없는 것은 아니다. 땅에 뿌리 내리지 못한 꽃다발은 많다. 졸업식장이나 결혼식장에 가면 수많은 꽃다발을 보게 된다. 그러나 그것은 한순간에 상큼한 향기를 줄 뿐이지 꽃밭의 진한 향취와 서정을 주지 못한다. 그러므로 우리는 시대가 삭막해질수록 더 꽃씨를 뿌리고 가꾸어야 한다. 정원에도 꽃씨를 뿌리고, 조그마한 터라도 있으면 꽃씨를 심어야 한다. 그러면 메마른 우리 마음에도 향기로운 꽃이 핀다. 아파트 베란다에도 꽃이 피면 어디서 날아왔는지 벌과 나비가 온다. 그러나 더 중요한 것은 우리 마음의 정원에 꽃씨를 뿌리는 것이다. 우리가 함께 살아가는 들녘에다가 삶의 꽃씨를 뿌리는 것이다. 좌절하고 슬픔의 늪에 빠져 있는 사람들에게 항우울제 같은 위로나 현실순응적인 힐링을 주기보다는 가슴에서 움을 틔울 수 있는 희망의 꽃씨를 뿌려야 한다.

요즘 세상을 보면 에덴의 동쪽처럼 얼마나 서로 물고 뜯으며 상처를 주는지 미움과 증오의 가시덤불로 가득하다. 절망과 탄식, 분노와 반목의 폐허 위에 사랑과 화목의 꽃씨를 뿌리면 얼마나 좋겠는가. 나는 한동안 외부 집회를 갈 때 어려운 곳만 찾아갔다. 교회를 건축하거나 내부 분쟁이 극심한 곳에 가서 화목의 꽃씨를 뿌리고 다녔다.

최근에 나는 경기도 기독교총연합회 대표회장을 맡았다. 그것도 안 하려고 양보하고 양보하다가 맡았다. 그런데 경기도 지역적 위치상 경기도북부 기독교총연합회가 따로 있었다. 그러다 보니 아무래도 한목소리를 내지 못하고 영향력도 떨어지는 것만 같았다. 그래서 내가 경기총 대표회장으로 있을 때 두 연합기관을 하나로 통합하려고 했다. 그러나 두 기관을 합치는데도 서로 기득권을 주장하고 무슨 말들이 그렇게 무성한지 알 수 없었다. 그래서 나부터 모든 것을 양보했다. 내가 먼저 대표회장 자리를 내려놓고 통합 총회장 자리도 북부지역 목사님께 양보했다. 그러니까 이번에는 남부 쪽에서 "왜 당신 마음대로 대표회장 자리를 내놓느냐?"면서 항의를 하고, 또 북부에서도 이런 것, 저런 것을 요구하는 사항이 만만치 않았다. 통합을 추진하다가 성질이 날 정도였다. 그러나 어떻게든지 통합은 하는 것이 좋다. 왜냐하면 지금 한국교회는 실개천처럼 서로 나누어져 있다. 분열과 다툼을 벌이며 내부소모전을 하다 사회적 이미지가 실추되고 영향력을 잃고 말았다. 그래서 경기총과 경기북부총 통합이라는 화합의 이정표를 세움으로써 한국교회 화해의 불씨가 되고 꽃씨가 되고 싶었다. 이런 화합의 무드와 시너지효과를 통하여 얼어붙은 남북관계까지 소통하게 만들고 평화통일의 물꼬를 트고 싶었다. 그래서 끝까지 참고 사랑과 화해의 꽃씨를 나름대로 뿌렸다. 그랬을 때 결국 통합이 이루어졌다.

그런데 이상하게 바깥에서는 화합의 지도력을 발휘하고 통합의 꽃씨를 뿌리는데, 집사람에게는 잘 안 된다. 우선 욱하고 소리부터 지른다. 오히려 상처의 씨앗, 눈물의 씨앗만 뿌리는 경우가 많다. 그래도 요즘 더 내 마음의 허리를 동여매고 집사람을 만날 때마다 꽃씨를 들고 가는 마음으로 대하고 있다.

때로는 옛날 어린 시절에 고사리 같은 손으로 꽃씨를 뿌렸던 것을 기억하며 습관적으로 손을 움켜쥐고 다닐 때가 있다. 독일의 보네베르거 목사는 니콜라이교회 통일기도회를 주도하여 독일 통일의 계기가 되었다. 처음 50명으로 시작한 작은 기도회였지만 점점 숫자가 늘어나더니 훗날 30만, 50만에 이르는 거대한 기도회로 발전했다. 동독의 독재정권이 그를 목사직에서 사임시키고 갖은 핍박을 했지만, 그는 끝까지 비폭력 평화기도회를 주도하여 결국 독일 통일의 주역이 되었다.

나 또한 죽는 그날까지 꽃씨를 뿌리는 남자로 살리라. 내 가는 길마다 사랑의 꽃씨, 화합의 꽃씨, 꿈의 꽃씨를 뿌리며 살리라. 그리하여 한국교회뿐만 아니라 남북으로 나뉜 우리 민족을 하나로 만드는 중보의 징검다리가 되고 평화통일의 꽃을 피우는 작은 꽃씨의 삶을 살리라.

수많은 별 중에 나를 택한 당신

1998년 북한 대포동 미사일 발사 사건은 남북관계를 급랭시켰다. 한반도는 또 언제 한 번 전쟁이 터질지 모르는 화약고가 되어 세계의 이슈가 되었다. 그 당시 노무현 대통령은 미국을 방문하여 부시 대통령과 회동을 앞두고 있었다. 사실 나는 노무현 대통령이 어디로 튈지 걱정이 되었다. 당시 노무현 대통령이 우발적 발언으로 수많은 설화에 휩싸이던 때였기 때문이다. 그때 미국 백악관 평화봉사단 기획실장이었던 진교륜 박사의 초청으로 워싱턴에서 부시 대통령을 면담할 기회가 있었다. 짧은 시간이었지만 고개를 부시 대통령의 가슴팍까지 숙이며 이렇게 말했다.

"한국을 사랑해주신 것에 감사드립니다. 당신이 우리 조국을 위해 늘 염려해주시고 더 사랑해주시면 하나님께서 당신과 미국을 더 축복해주시고 사랑해주실 것입니다. 우리 한국은 결코 전쟁을 원하지 않습니다. 미국과의 굳건한 동맹을 바탕으로 한 평화를 원합니다."

그날 저녁 백악관에서 돌아와 워싱턴에서 바라보던 밤하늘은 유난히 총명했다. 나는 어렸을 적에 한동안 국회의원이 되는 꿈을 꾸었다. 어린 시절 학교 운동장에서 수많은 사람들이 운집한 곳에서 연설을 하는 모습이 너무도 좋게 보였다. 그때 가끔 웅변대회를 나간 적이 있었는데, 국회의원에 나온 분들이 나보다 웅변을 못하는 것처럼 느껴질 때가 있었다.

"만장하신 여러분, 여러분이 저를 국회의원으로 찍어주시면 오촌부락과 초동부락으로 건너가는 냇가에 시멘트 다리를 놓겠습니다. 비만 오면 늘 나무다리가 떠내려가니 얼마나 고생이 많습니까? 제가 아무리 비가 와도 다리가 떠내려가지 않는 시멘트 다리를 놔드리겠습니다. 여러분!"

그런데 이 양반은 말과 손짓이 엇박자로 안 맞는 것이다. 그리고 나는 무엇보다 그분이 하는 이야기가 마음에 안 들었다. 해마다 비가 와서 다리가 떠내려가면 그날은 학교를 안 가서 좋은데, 시멘트 다리를 놔주면 어떻게 하란 말인가. 그러면 학교에 가야 하는 것이 아닌가. 그런데 그렇게 연설을 못하는 그분이 공화당 후보가 되어 국회의원에 당선되는 것을 보았다.

나중에 그분이 당선이 되어서 까만 지프차를 타고 비서관들을 앞세우고 동네에 인사를 하러 왔다. 그러면 이장도 가서 머리를 숙이고 새마을 지도자, 반장 다 나와서 인사를 한다. 그 모습이 그렇게 보기가 좋았다. 그러나 나는 국회의원이 아닌 목회자가 되었다. 전혀 세상의 야망이나 명예와는 거리가 먼 목회자의 자리에 서서 사람들의 영혼을 인도하고 있다. 국회의원이 국회에 가서 국민을 위해서 일하고 섬기는 것처럼 나 또한 4만 명의 성도들을 섬기는 목회자가 되어 최선을 향해 달려가고 있다.

워싱턴의 밤하늘을 바라보며 저 수많은 별들 중에서 나를 택하여 주신 하나님의 사랑에 눈물지었다. 세상에는 수많은 부자, 유명한 지식인, 뛰어난 외모와 언변의 스타들이 많은데, 하나님은 왜 저 지리산 산자락에서 태어난 무명의 반딧불과 같은 나를 택하셔서 목회자로 세우시고 민족과 역사를 위해 일하게 하실까? 지금도 그런 생각을 할 때마다 가슴이 뭉클해지며 국민 가수 이선희 씨의 노래 한 구절이 스쳐간다.

'별처럼 수많은 사람들 그중에 그대를 만나 꿈을 꾸듯 서로를 알아보고…….'

사람은 누구에게나 꿈이 있다. 어린 시절의 꿈이든, 청소년과 청년기의 꿈이든 누구나 꿈을 꾼다. 아니, 백발이 성성한 노년이 되어서도 인간은 누구나 꿈을 꿀 수 있다. 그러나 모든 사람이 꿈을 이루는 것은 아니다. 꿈은 끝까지 포기하지 않고 땀 흘리며 노력하는 자에게 주어진다.

흔히 신천옹이라고도 불리는 알바트로스는 비행이 가능한 조류 가운데 가장 큰 새로 알려져 있다. 이 새는 독수리보다도 더 높이 더 멀리, 모든 새 중에서 가장 하늘 높이 나는 새라고 한다. 알바트로스는 알에서 깨어나 새끼 때부터 바닷물을 떠다니며 필사의 날갯짓을 한다. 오랜 활공에 특화된 길고 좁은 날개 탓에 물에서 뜨기 위해 죽을힘을 대해 푸드덕거려야 한다. 만약 날아오르지 못한다면 포식자나 거센 파도에 의해 죽음을 맞기도 한다. 비행에 성공하여 날아오른 새끼 알바트로스만이 어미 알바트로스의 자격이 주어지는 것이다. 다만 알바트로스라고 해서 모두 높이 나는 것은 아니다. 바다 위 하늘을 날려는 꿈과 의지가 있는 알바트로스만이 멋지고 긴 날개를 펼치며 수십 킬로미터의 먼 바다를 여행하는 것이다.

비록 나는 국회의원, 정치인은 안 되었지만 목사로서 교인들을 섬기고, 나라와 민족을 섬기며, 할 수 있다면 정치인들도 만나서 감동시키려고 한다. 정치인 한 사람이 올바른 정신을 가지고 판단을 잘하면 수십만 명의 사람이 해택을 보기 때문이다. 꿈은 절망하지 않는 자의 것이다. 비록 추락하여 절벽 위에 내동댕이쳐진 것 같지만, 다시 날아가고 또 다시 날아가 아직은 꿈이 끝나지 않았다고 확신하며 날으려는 자가 마침내 그 꿈을 이룬다.

우리 모두 길은 다르지만 꿈의 목표는 같지 않은가. 그것은 서로 사랑하며 섬기며 살기 좋은 세상을 만드는 것이다. 나는 앞으로도 벅찬 가슴, 뜨거운 목젖, 젖은 눈동자로 새로운 꿈을 꾸며 살리라. 내 몸 어딘가에 숨겨져 있을 날개를 찾아 매일매일 솟구치고 비상하리라. 그대여, 꿈이 있는 한, 밤을 두려워할 필요가 없다. 밤을 두려워하는 별이 어디 있는가. 그대는 별이다. 수많은 별 중에 선택을 받은 별 말이다.

나의 주홍글씨

얼마 전에 나다니엘 호손의 소설 《주홍글씨》를 뮤지컬로 각색해 무대에 올렸다. 바쁜 일정 중에도 우리 교회에 출석하는 박은석 형제가 칠링워스 역으로 출연한다고 해서 관람했다. 《주홍글씨》는 미국 청교도 목사 딤즈데일과 헤스터라는 여인의 금단의 사랑을 그린 작품이다. 작가는 소설을 통해 인간의 죄와 위선에 대한 통찰력을 보여주고 있다.

나는 공연을 보면서 너무 가슴이 아팠다. 감옥이 아닌 세상의 정죄와 비난의 시선 속에 갇혀 사는 헤스터라는 여인의 기구한 삶이 마음을 아프게 했다. 그녀는 목사 딤즈데일과 불륜의 사랑에 빠져 아이를 갖게 된다. 이것이 문제가 되자 판사는 남자의 신원을 밝혀야 당신도 살고 배 속의 아이도 산다고 독촉한다. 그러나 그녀는 끝까지 남자의 존재를 감춘다.

헤스터의 원래 남편은 인디언의 습격을 받고 실종됐다. 시간이 지나면서 헤스터는 남편이 죽은 줄 알고 딤즈데일과 사랑에 빠졌다가 아이까지 갖게 된 것이다. 그러나 그녀는 목사를 보호하기 위해 끝까지 그의 이름을 밝히지 않고 혼자 희생당한다. 주님의 교회와 마을공동체를 살리기 위해 간음죄를 상징하는 주홍글씨를 목에 걸고 홀로 감옥에서 아이를 낳는다. 이 모습을 지켜보는 목사는 죄를 고백하지 못한 괴로움에 시달린다.

딤즈데일이 번뇌하고 있을 때 한 의사가 방문한다. 그런데 그는 인디언과의 전쟁에서 죽은 줄 알았던 헤스터의 전남편이었다. 그는 딤즈데일 목사가 심각한 갈등과 번민을 겪고 있다는 사실을 알고 아내와 불륜의 죄를 지은 남자가 딤즈데일이라는 심증을 갖는다. 그때부터 딤즈데일 주변을 돌며 괴롭히고 점점 악의 화신으로 변하기 시작한다. 그는 아내가 임신한 아이의 아버지를 찾아야 한다며, 이 아이 때문에 흉측한 재앙이 마을에 닥칠 것이라는 말로 사람들을 혼란과 공포에 빠트린다.

그때 마을 판사가 헤스터의 집에 사는 소녀를 숲 속에서 성추행하는 장면을 이 의사가 목격하고 협박한다. 헤스터와 그 아이는 마녀이니 죽여야 한다고. 헤스터와 아이가 죽을 위기에 처하자, 딤즈데일 목사는 자신이 아이의 아버지이고 여인과 사랑을 나눈 남자라고 고백한다. 그리고 그는 교수형을 당하며 이런 이야기를 남긴다.

"더 이상 다른 사람들을 비난하거나 정죄하지 마십시오. 율법과 계율만이 전부가 아닙니다. 부디 사랑하며 용서하십시오."

목사의 마지막 말을 들으면서 악의 화신도, 판사도, 모든 마을 사람들도 크게 감동을 받는다.

나는 목사로서 뮤지컬을 보며 솔직히 팔이 안으로 굽었다. 남편이 죽은 줄만 알았던 헤스터가 딤즈데일 목사와 사랑에 빠져 순간적으로 무너진 것인데, 너무 가혹한 형벌을 받은 것이 아닌가 하는 생각이 들었다. 작품은 이렇게 묻는다.

'과연 딤즈데일 목사의 출구는 없는가. 헤스터의 또 다른 삶의 길은 없는가.'

그리고 작가는 이렇게 주장한다.

"차가운 정죄와 비난의 화살만이 해법이 아니다. 그것은 결국 미움과 증오만 가득한 에덴의 동쪽을 만드는 것이다."

오히려 작가는 오늘 우리 시대의 주홍글씨라는 위선과 가식을 고발한다. 악의 화신이 등장하면서부터 마을은 혼란과 공포로 소용돌이친다. 그러나 실제로는 판사를 비롯해 마을 사람들의 위선이 악의 화신에게 이용당한 것이다. 목사가 교수형에 처해지면서 모든 것이

해결된 것처럼 보이지만 남은 것은 상처와 폐허뿐이었다.

뮤지컬을 보면서 나의 모습을 상상해보았다. 나도 정이 많은 사람이다. 그런 환경에 처해지지 않았을 뿐 딤즈데일 목사와 똑같은 상황에 처한다면 어떻게 되었을까? 생각만 해도 소름이 끼쳤다. 나로 인해서 한국교회와 우리 사회가 얼마나 떠들썩하고 진통을 앓겠는가. 그러나 하나님이 보시기에는 얼마든지 나에게도 주홍글씨가 있을 것이다. 아니 여러 주홍글씨를 가슴에 걸어야 할지 모른다. 이렇게 살아가는 것 자체가 하나님의 은혜다.

어찌 나뿐이겠는가. 이 시대의 많은 사람들이 남들은 모르는 주홍글씨를 가슴에 걸고 살아가고 있다. 예수님도 간음하다 붙잡힌 여인을 용서하시며, "너희 중에 죄 없는 자가 먼저 돌로 치라."고 하셨다. 그런데 오히려 주홍글씨가 많을수록 남을 더 정죄하고 비판한다. 그러나 자신의 주홍글씨를 용서받고 치유받은 사람은 남의 주홍글씨도 용서할 수 있다. 그런 의미에서 작가는 이 뮤지컬에 한국교회뿐 아니라 오늘 이 시대의 모습을 반영하고 있다.

'우리 시대의 주홍글씨는 무엇인가. 위선과 가식이 아닌가. 그 주홍글씨가 우리를 옭아매고 있지는 않은가.'

지금 우리의 생각과 행동의 동력, 아니 우리가 앞세우는 율법과 도덕, 윤리, 나의 말과 행동까지도 악의 화신에 의해 조종당하고 있지는 않은가. 한국사회는 서로 정죄하고 비난하는 주홍글씨에 얽매여 있지는 않은가. 이제 우리 가슴에 새겨진 주홍글씨를 지워야 한다. 더 이상 주홍글씨로 타인을 정죄하지 말고, 사랑과 용서의 마음으로 안아주어야 한다. 우리의 주홍글씨를 지우기 위해 십자가를 지신 그리스도의 용서와 사랑의 가슴으로…….

4부

황무지일수록 꽃씨를 뿌려라

어느새 해가 지는 가을 산 너머로 붉은 노을이 물들고 있었다. 그 붉은 노을에 비치는 코스모스가 유난히도 아름다워 보였다. 언젠가 누군가에 의해 폐허와 황무지에 꽃씨가 뿌려졌을 터이다. 그 꽃들이 지금 가을 길과 들녘을 수놓고 있지 않은가.

이인임의 만두는 틀렸다

얼마 전 서울역에서 노숙인들에게 일인용 침낭과 선물 꾸러미를 나누어줄 때였다. 얼굴을 에는 혹독한 추위였지만, 그래도 잠시나마 보람되고 행복한 순간이었다. 어느 정도 선물을 나누어준 뒤, 그분들에게 배식을 하려고 임시 식당 쪽으로 걸어가고 있었다. 그런데 내 앞에 걸어가는 노숙인 몇 사람이 심하게 투덜거리는 것이었다.

"아니, 선물을 주려면 그냥 나누어 주면 될 것이지, 뭔 놈의 줄을 서라고 하는 거야. 노숙자라고 우릴 무시하는 거 아니야. 아이 더러워서 참. 그렇다고 안 받아갈 수도 없고 말이야. 자존심 정말 상하네."

그 말을 듣는 순간 나는 너무도 당황했다. 예기치 못한 상황이었다. 정말 저분들을 섬기려는 행사인데, 오히려 상처를 주는 것이 아닌가 하는 미안한 생각에 어찌할 바를 몰랐다. 그래서 그분들께 조심스럽게 다가가 설명해드렸다.

"선생님, 죄송합니다. 날씨도 추운데 줄을 서라고 하니까 마음이 몹시 불편하셨겠네요. 그러나 천 명이 넘는 사람이 줄을 서지 않으면 질서가 없어서 선물을 제대로 나누어 드릴 수 없습니다. 그러니 넓은 마음으로 양해 좀 해주세요."

그러자 그분들이 처음보다는 조금 마음을 누그러뜨리며 말했다.

"입장을 바꿔 생각해봐요. 줄 서라고 하면 기분 좋겠습니까?"

맞는 말이었다. 나는 다시 몸을 낮추고 정중하게 설명했다.

"사실 저희 교회가 몇 년 동안 이곳에서 선물을 나눠 드렸는데, 앞에 계신 분들이 한꺼번에 두세 개를 가져가는 바람에 뒤에 계신 분들은 선물도 못 받고 돌아가신 일이 있었습니다. 그래서 올해는 어쩔 수 없이 이렇게 줄을 서서 한 분씩 선물을 나누어 드리고 있습니다."

차분하게 설명하자, 그분들도 그제야 이해하고 마음을 풀었다.

"처음부터 그렇게 설명을 해주면 좋지요. 무조건 줄만 서라고 하니까 불쾌한 마음이 들어서 그랬습니다."

그분들에게 먼저 양해를 구하고 잘 설명했다면 그런 일이 없었을 것이다. 그런데 너무 질서 위주의 절차와 효율적 진행만 생각했던 것이다. 정작 중요한 것은 그분들 한 사람 한 사람인데 말이다. 그래서 그분들에게 다시 조심스럽게 말했다.

"식당에서 배식할 때에도 줄을 서야 할 텐데 어쩌지요? 대신 제가 밥과 고기는 곱빼기로 퍼 드리겠습니다."

그러자 그분들은 당연한 게 아니냐며 오히려 고마워했다. 나도 청소년 시절 한동안 노숙 생활을 해본 적이 있다. 그래서 누구보다 집 없고 배고픈 사람의 서러움을 안다. 눈물 젖은 빵의 의미와 구걸하는 사람의 비애도 안다. 그래서 겨울이 되면 서울역과 영등포역에서 노숙인을 돕는 '해돋는마을'과 함께 봉사활동을 해온 것이다. 잠깐의 실랑이를 겪으면서 만감이 교차했다. 그러다 최근 방영된 사극 〈정도전〉의 한 장면이 떠올랐다. 내관 최만생이 고려 말 최고 실세였던 이인임을 찾아간다. 그런데 도성의 거지가 다 몰려와서 구걸한다. 그러자 최만생이 이인임에게 말한다.

"왜 저 거지들을 다 내쫓아버리지 않습니까? 저러다 도적으로 변하면 어떻게 합니까?"

그때 이인임이 거지들에게 만두 조각을 던져주면서 말한다.

"쫓아내지만 않으면 도적이 될 일도 없습니다. 만두 한쪽이라도 얻어먹을 수 있다고 여기는 자는 만두 접시를 노리지 않으니까요. 구걸에 맛을 들인 자는 절대 대들지 못합니다."

이인임은 권모술수의 계략가였다. 그는 차가운 지략만 있을 뿐,

가슴에 사랑이 없었다. 이인임의 만두는 사람이 아닌 개에게 던져주는 것과 같았다. 그런 자들이 득세하던 고려는 결국 패망하고 말았다.

최근 우리 사회의 뜨거운 쟁점은 소통과 공감이다. 국정 운영뿐 아니라 사회 전 분야에서 소통과 공감이 주목받고 있다. 그만큼 사람들은 소통하기를 원한다. 그런데 우리 사회는 여전히 소통에 낯설어한다. 오히려 일방적 강요나 강제적 주입을 소통으로 오해하기도 한다. 서울역에서 줄을 서서 침낭을 받아야 하는 노숙인들에게 타당한 이유와 절차를 먼저 설명하고 양해를 구했다면 얼마나 좋았을까. 그러나 나 자신도 그들 처지에서 한 번 더 생각해보지 못했다.

우리는 이인임이 걸인들에게 던져준 만두 조각을 소통으로 착각하고 있는 것은 아닐까. 하지만 그것은 위선적 동정의 가면을 쓴 야만적 착취와 사욕일 뿐이다. 상대방의 인격과 자존감을 무참히 짓밟는 것과 같다. 그렇게 하고서 어떻게 진정으로 아름다운 소통을 창조할 수 있겠는가. 참된 나눔은 구제를 하는 사람, 도움을 받는 사람 모두 마음이 따뜻해져야 한다. 옳은 일을 하고도 비난받고 있다면 소통 방식을 성찰해볼 필요가 있다. 이 겨울이 가기 전, 다시 한 번 서울역을 찾아가야겠다. 어쩐지 그분들을 줄 서게 했던 것이 미안하다. 내가 다시 한 번 손을 내민다면 그분들은 내 손을 잡아줄까.

(2014. 1. 22. 조선일보)

찜질방에서 잠든 떠돌이별을 보셨나요

겨울이 가고 봄기운이 오는 길목에서 지친 심신을 녹이러 찜질방에 갔다. 그런데 찜질방 구석에서 자고 있는 모자의 모습을 보았다. 30대로 보이는 한 여인이 자신의 팔을 베고 엎드려 곤히 잠들어 있고, 어린 아들이 그 엄마의 어깨와 등을 주무르고 있었다. 찜질방이야 누구나 올 수 있고, 형편에 따라 엄마와 아들이 올 수도 있지만, 어쩐지 그날따라 두 모자의 모습이 애처롭고 처량하게 보였다. 그냥 지나칠 수도 있었지만, 그 순간은 왜 그런지 그 모습이 내 가슴을 먹먹하게 만들었다.

'아, 이 늦은 밤에 당신의 남편은 어딜 가고 어린아이만 데리고 이

곳에서 잠들려 하오. 삶이 얼마나 고달프고, 홀로 지기에 얼마나 버겁기에 어린 아들의 안위를 받으며 집이 아닌 이곳에서 잠들고 있나요. 어린 송아지를 뒤에 두고 수레를 끄는 어미 소처럼, 당신은 이제야 목에 메인 멍에를 풀려고 하시나요. 당신이 나의 성도라면 다가가 손이라도 잡고 기도해주련만, 찜질방에서 나는 목사이기 전에 한 남자일 뿐이네요.'

어쩐지 가슴 밑바닥에서 뭉클한 연민이 느껴왔다. 당장 다가가서 아이 손에 만 원짜리 몇 장이라도 쥐여 주고 싶었지만, 왠지 선뜻 다가갈 용기가 나지 않았다. 얼마간 그렇게 물끄러미 쳐다보고 있었을까? 그러다가 문득 모자의 모습이 참 평온하게 느껴지기 시작했다. 아니, 세상 어느 누구보다 행복한 모습으로 보이지 않는가. 하얀 소라 껍데기 같은 작은 손으로 엄마의 등을 주물러주는 아이, 그 자그만 손에 몸을 맡긴 채 잠든 엄마라니. 찜질방 모자의 풍경은 어린 시절 내가 크레파스로 그렸던 그림 한 장처럼 느껴졌다.

'아, 나도 저 여인처럼 어린 아들과 함께 이곳에서 저렇게 곤하게 잠들 수 있을까.'

그때야 깨달았다. 모자를 불쌍하게 본 것은 나의 값싼 동정심의 발로며 감상에 불과했다는 것을. 어쩌면 모자는 이 찜질방 저 찜질방을 떠도는 방랑자일지도 모른다. 그럼에도 두 사람은 정말 행복하게 보였다. 그래서 마음속으로 눈물을 흘리며 기도만 하고 돌아왔다. 혹

나의 알량한 연민 때문에 한 행동이 행복한 그림을 찢을 수도 있다고 생각했기 때문이다.

그런데 이상하게도 그 이후로 며칠 동안 모자의 모습이 고독한 고흐의 초상화처럼 계속 머릿속에서 맴도는 것이 아닌가. 그 환영은 어느새 내 가슴을 두드리며 물었다.

'우리가 그토록 목마르게 갈망하며 찾는 진정한 행복은 어디에 있단 말인가?'

그때 떠오른 것이 바누아투라는 남태평양의 아주 자그마한 섬나라였다. 바누아투는 가난하지만, 행복지수는 세계 1위다. 섬에 사는 어느 누구를 붙잡고 물어도 행복하다고 말한다. 그들은 하나님이 주신 땅과 터전, 햇살과 바람, 꽃과 나무 열매를 보며 감사하다고 말한다. 소유에 집착하지 않고 서로 보듬고 사랑하며 살아간다. 가장 중요한 것은 그들이 스스로 행복하다고 느낀다는 점이다.

바누아투에 비하면 한국은 파라다이스가 아닐까. 휘황찬란한 도시의 빌딩 숲과 눈부신 네온사인, 도로와 자동차, 백화점에 진열된 수백 수천 가지 상품과 기름지고 맛있는 음식들……. 그러나 우리나라의 행복지수는 세계 하위권이며, 자살률은 세계 최고다. 국가는 잘 살지만, 국민은 불행하다고 말한다. 왜일까? 행복은 국가가 주는 것이 아니기 때문이다. 국가는 국민을 위해 공정한 사회 시스템을 정립하고 다양한 복지와 문화 서비스를 제공한다. 하지만 그것은 국민에게 생활의 편리를 제공할 뿐, 국민 개개인에게 행복을 선물해줄 수는 없다. 대통령이 아무리 밤잠을 줄이면서 국가와 국민을 위해 뛴다고 해도 그것을 누리고 행복을 느끼는 것은 국민 각자의 몫이다.

행복은 누구도 줄 수 없다. 자기 스스로 행복을 느끼고 창조할 수 있는 영혼이 있을 때 진정한 행복을 누리게 되는 것이다. 그 영혼이 행복을 느끼고 누리게 하는 영성을 공급해주기 때문이다. 행복은 말 속에 있는 것도 아니다. 행복 전도사로 불리며 행복을 외쳤던 어느 유명 강사도 자살을 선택했었다. 행복은 결코 다른 사람의 개입이나 피동적 선택으로 얻을 수 있는 것이 아니다. 행복은 자기 안의 자율적 창조이며 주체적 선택이다. 그래서 행복을 외부에서 찾으면 불평과 원망만 나온다. 그러나 내 안에서 찾으면 기도와 감사가 나온다.

그날 이후로 아직 찜질방에 다시 가지 못했다. 나는 그날 밤, 푸른 별 지구에 떨어진 작고 외로운 두 떠돌이별을 만난 것은 아닐까. 하나님께서 언제 어느 길목에서 그 외로운 떠돌이별을 또 만나게 하시려나. 오늘 밤, 모자는 또 다른 어느 찜질방에서 잠을 청하고 있지는 않을까. 그럴 순 없겠지만, 정말 거짓말처럼 모자를 다시 만날 수 있으면 좋겠다. 그때는 가슴에 묻고 하지 못했던 말을 용기 내어 한번 건네고 싶다.

'행복하신가요? 부디 언제 어디서든 내내 행복하게 지내세요.'

(2014. 3. 5. 조선일보)

좌절하고 싶을 땐 분노해보세요

그날도 눈코 뜰 새 없이 바쁜 오후였다. 그런데 누군가 교회 사무실로 전화하여 마지막으로 나와 꼭 한 번만 통화하고 죽겠다는 것이었다. 통화를 해보니 자기는 되는 일도 없고, 늘 패배감에 사로잡혀 자살을 할 것이란다. 나는 그의 말을 듣고서 조심스럽게 그의 감정을 자극했다.

"그렇게 죽고 싶으면 죽어야죠. 왜 저에게 전화를 합니까?"

"아니, 목사가 사람이 죽는다는데, 위로는 못할망정 죽으라고 합니까? 왜 더 화나게 합니까?"

"곧 죽을 사람이 왜 화를 냅니까? 저라고 해서 날마다 살맛 나서 사는 줄 아십니까? 저도 죽고 싶을 때가 있습니다."

"아니, 어떻게 목사가 되어 가지고 죽고 싶다는 생각을 합니까?"

"목사는 사람이 아닙니까? 저도 옛날에 예수님을 믿는다고 집에서 쫓겨나 고학을 하면서 밥을 굶다시피 하며 살았습니다. 또 산간벽지에 들어가 교회를 개척하는데 마을 사람들이 몰려와서 제 멱살을 잡고 얼굴에 가래침을 뱉기도 했습니다. 아무리 기도를 해도 앞이 안 보여 기도원 절벽에서 떨어져 죽고 싶을 때도 있었습니다. 그러다 절망하고 포기하려는 저 자신에게 오히려 화를 내고 분노했습니다. 그러자 그 화가 오기가 되고 야성이 되었습니다. 캄캄할 때 오히려 독기를 품고 돌진했습니다. 죽은 자는 전화도 못 하고 화도 못 냅니다. 그러니 좌절하지 말고 분노해보세요. 그러면 전혀 다른 야성과 생(生)의 독기가 발동할 것입니다."

다행히 그는 다시 생각해보겠다며 전화를 끊었다. 그날 깊은 밤, 교회 서재에 앉아 별 하나 뜨지 않은 밤하늘을 바라보며 생각했다.

'사람은 왜 스스로 죽으려고 하는가?'

요즘 세 모녀 자살 사건을 비롯하여 연예인, 정치인, 가족 동반자살 등의 사건이 연이어 벌어져 사회에 큰 충격을 주었다. 서울 마포대교는 한강 다리 중에서 자살률이 가장 높다고 한다. 그래서 '생명의 전화'를 설치하고 다각도로 캠페인을 벌여 생명의 다리로 탈바꿈하려고 노력했다. 그런데도 자살을 시도한 사람은 오히려 더 늘었다는 것이 아닌가. 감상적인 힐링과 위로 차원의 자살 방지대책은 근본적인 처방이 될 수 없다는 사실을 여실히 보여주고 있다.

한동안 서점가에서 아픔과 상처를 어루만지고 위무하는 힐링 책들이 열풍을 일으킨 적이 있다. 그러나 그런 책들은 한순간 아픔을 잊게 하는 항우울제 같을지는 모르지만, 본질적인 해결책을 제시하지는 못한다. 그래서 이 시대 청년을 고난의 폭풍에 맞서 싸우는 주체적이고 능동적인 자아로 강하게 만들기보다는 비주체적이고 피동적인 자아로 나약하게 만들었다는 비판을 받고 있다.

최근 출간된 유범상 교수의 《필링의 인문학》은 지친 사람을 위로하는 힐링(healing)을 넘어 현상의 껍질을 벗기고 문제의 본질을 찾아나서는 필링(peeling)을 제언한다. 문제는 눈에 보이는 현상이 아니라 내면의 본질이다. 이런 관점에서 보면, 자살을 예방하기 위한 제도적 장치와 시스템을 구축하는 것보다 더 중요한 것은 생명의 존엄성을 깨닫게 해주고 생명의 기쁨과 행복을 즐길 수 있는 정신세계를 강화해주는 것이다.

얼마 전 내가 속한 교단의 농어촌 목회자 수련회를 위해 필리핀에 다녀왔다. 마닐라만(灣)은 저녁이 되면 노숙자들의 천국이었다. 담요 한 장 걸치고 길바닥에서 자는 사람, 어린 아들이나 딸을 보듬고 자는 여인, 서로 부둥켜안고 자는 연인……. 그들은 얼마나 몸을 안 씻었는지 악취가 풍겼다. 그러나 그들은 그렇게라도 살기 위해서 그곳으로 모여들었다. 그러다가 아침이 되면 일어나서 어디론가 사라지고, 저녁이 되면 또 모여들었다. 내 눈에 비친 그들의 모습은 절망하고 자포자기하는 모습이 아니었다. 나는 그들 안에 감춰진 생의 빛을 보았다. 마치 아침이슬을 머금은 풀잎들이 햇빛을 받을 때 광채를 발하는 것처럼 말이다. 괴테의 말처럼 먼지도 햇빛을 받으면 광채를 발하지 않던가.

기독교적 관점에서 보면 생(生)은 하나님의 명(命)이다. 그래서 '생'이 '명'으로 진행될 때 그 자체로도 눈부시게 찬란하고 황홀하다. 그대여, 삶의 순간순간이 얼마나 황홀한지 아는가. 지금 살고자 하는 당신의 그 의지, 야성의 눈빛, 뛰고 있는 심장이 얼마나 찬란하고 장엄한가. 오늘도 동해에서 떠오르는 태양의 의지처럼 그대에게 생의 의지는 얼마나 타오르고 있는가. 아무리 부자일지라도 생을 포기하려고 하는 순간 생은 잿빛으로 물든다. 하지만 살려고 하는 의지가 있을 때 그 생은 눈부신 광채가 된다.

상실과 상처의 시대를 살아가는 그대여, 아직 피어나지 않은 꽃망울의 이름들이여, 그대의 생명은 황홀하도록 고귀하다. 이 화려한 4월, 운명의 거센 바람에 맞서 잔인하리만큼 저항하라. 아침 창문을 열고 가슴이 시리도록 창공의 신선한 대기를 마셔라. 세상은 그대를 기다리고 있다. 좌절할 상황이 오면 차라리 분노하라, 도전하라, 야성의 질주를 하라. (2014. 4. 16. 조선일보)

6·25 참전 흑인 노병의 젖은 눈

8년 전인 2006년 1월 미국 로스앤젤레스에서 열린 마틴 루터 킹 퍼레이드 전야제에서 한 흑인 노병을 만났다. 그분은 허리에 총 맞은 상처를 보여주며 떠듬떠듬한 말로 동두천, 의정부, 낙동강 전투를 이야기했다. 자기는 6·25 전쟁 때 한국을 위해 싸운 참전용사인데, 그 뒤로 한국을 한 번도 가보지 못해 죽기 전에 꼭 한번 방문하고 싶다며 눈물을 글썽이는 것이었다. 그의 이름은 레리 레딕이었다.

그 자리에서 그 흑인 노병에게 대한민국 국민의 이름으로 큰절을 했다. 그리고 그해 6월에 한국을 방문할 수 있도록 초청하겠다고 약속했다. 그 후 워싱턴에서 미국 백악관 신우회 회원과 경제인들에게 설교할 기회가 있었다. 그런데 그들은 나에게 질문을 쏟아냈다.

"목사님, 한국은 왜 성조기를 짓밟고 불태웁니까? 미국은 한국을 위해 피 흘려 싸워준 우방인데, 왜 싫어합니까?"

순간 당혹스러웠다. 그리고 이렇게 설명했다.

"그것은 오해입니다. 대다수 한국인은 미국을 좋아하지만, 미국인들이라고 모두 다 한국을 좋아하지는 않는 것처럼 그렇지 않은 소수의 모습이 언론에 비치는 것일 뿐입니다."

이런 일들을 계기로 한국과 미국의 우호 증진을 위해서는 민간 외교가 중요하다는 사실을 깨달았다. 그래서 그때부터 호국보훈의 달인 6월이 되면 미국을 중심으로 여러 나라의 6·25 전쟁 참전용사를 한국에 초청하고 있다. 이름도 모르는 낯선 이국땅에 와서 청춘의 피와 땀을 쏟아 이 땅의 자유와 평화를 위해 목숨을 바쳐 싸운 파란 눈동자의 용사들이 없었다면, 우리가 어떻게 오늘의 평화와 번영을 누릴 수 있었겠는가. 그런데 그들을 초청하면 오히려 그분들이 더 감사하고 눈물을 적시는 것이었다.

"우리를 초청해줘서 감사합니다. 우리가 대한민국을 위해 왜 피 흘리며 싸웠는지 이제야 그 이유를 알겠습니다. 나는 다시 태어나도 한국의 자유와 평화를 위해 싸울 것입니다. 오늘 이렇게 대한민국의 번영과 눈부신 성장을 보니 죽어도 여한이 없습니다."

한번은 이 행사를 통해 강원도 철원 '철(鐵)의 삼각지대' 전투에서 함께 포로가 되었던 한미 두 노병이 재회했다. 미군 용사의 이름은 로렌조 오르테가(당시 19세), 국군 용사는 학도병이었던 김영헌 씨(당시 17세)였다. 교회 만찬장에서 만난 두 사람은 한눈에 서로를 알아보고 놀라서 부둥켜안고 흐느꼈다. 그들은 전쟁 당시 일주일 동안 포로로 잡혔다가 함께 사선을 넘어 탈출했다. 이들이 60년 후 우연히 만난 것도 신기했지만, 한눈에 서로를 알아보는 것은 더욱 놀라웠다.

수십 년 만에 한국을 방문하며 감동받은 노구의 6·25 전쟁 참전용사들은 집으로 돌아간 후 못 말리는 한국 홍보대사가 된다. 일본이 독도 문제를 일으킬 때는 백악관에 항의 서한을 보내고, 재미한인의 권익 보호와 위상을 높이는 데 기여한다. 캘리포니아 주 세리토스 시에서는 한인을 시장으로 뽑는 데 결정적인 역할을 하기도 했다.

매년 100명 가까운 6·25 전쟁 참전용사들이 한국에 와서 일주일 동안 판문점과 서울 수도권 일대를 둘러본다. 처음에는 서먹서먹하던 우리 교회 교인들은 그분들이 정말로 기뻐하는 모습을 보면서 적극적인 마음으로 봉사하게 된다. 그러다가 공항에서 헤어질 때는 그분들과 함께 부둥켜안고 엉엉 울어버린다. 그 모습은 마치 이산가족이 오래 기다리다 상봉한 뒤 다시 이별하는 장면 같다. 그런 눈물의 의미는 대한민국 국민만이 이해할 수 있을 것이다. 물론 이런 행사를 고깝게 보는 사람들도 있다. 한번은 평양을 방문했을 때, 북쪽 간부들이 퉁명스럽게 말했다.

"왜 미국 참전용사 초청행사 같은 것을 합니까? 다시 싸우자고 부추기는 것입니까?"

나는 미소를 지으면서 답했다.

"싸우자는 것이 아닙니다. 이 땅에 다시는 전쟁의 비극이 없도록 방지하자는 것입니다. 지난날 전쟁의 아픔과 고난을 잊지 않고 기억할 때 아직 끝나지 않은 이 길고 긴 전쟁도 종식될 것이 아닙니까?"

"교회가 왜 그런 일을 하느냐? 혹시 쇼하는 것은 아닌가?" 하는 비판은 국내에서도 있었다. 하지만 감사와 즐거움으로 하는 진정성이 그런 비판을 잠재울 수 있었다. 올해는 국내에 6·25 전쟁 참전용사들을 초청하는 것과 아울러 미국 시카고에서도 참전용사와 그 가족 500여 명을 초청하여 보은 행사를 갖는다. 미국에서 행사를 열면 몸이 불편하여 한국에 올 수 없는 분들까지 모실 수 있기 때문이다.

다시 6월이 다가온다. 6월이 되면 흑인 노병 레딕의 젖은 눈동자가 생각난다. 그는 작년에 6·25 전쟁을 추억하며 젖은 눈을 감았다. 그러나 내 마음에는 여전히 그분의 붉은 눈동자가 남아 있다. 그럴수록 더욱 눈물이 적셔진 슬프도록 푸른 6월을 맞는다. 하지만 6월은 고마움과 보은의 사랑을 드리는 달이기도 하다. 슬프도록 푸른 6월, 그러나 더 고마운 6월이기에.

(2014. 5. 28. 조선일보)

치열한 삶터에서 발견하는 영성의 향기

터키의 카파도키아(Cappadocia)를 다녀온 적이 있다. 그곳은 초대 교회의 교인들이 로마제국 네로 황제의 박해를 피해 숨었던 장소인데, 비잔티움 시대까지 수도원으로 쓰였다. 교회는 타락해갔지만, 수도원은 그 시대의 정신과 사상의 등불이 되었다. 단체 여행이 아니었기에 폐허가 된 동굴까지 드나들면서 어둠과 고독을 벗 삼아 신앙의 순결을 지켰던 이들의 체취를 느꼈다. 바람이 빚어놓은 기암절벽 사이로 물드는 붉은 석양……. 아, 세상의 모든 것을 내려놓고 한 그루 나무가 되고 바위가 되어 침묵과 고독 속에서 밤을 맞고 싶었다. 어쩌면 나는 인(人)의 장막에 둘러싸여 살아가는 삶에 지쳐 있었는지도 모른다.

물론 나는 사람을 좋아한다. 그래서 지금껏 많은 사람을 만나 사랑하고 삶을 나누어왔다. 그런데 이따금씩 사람의 발길이 닿지 않는 적막한 수도원에서 살고 싶을 때가 있다. 인간은 근원에 대한 목마름이 있다. 성경에 의하면, 에덴동산에서 쫓겨난 이후로 모든 인간은 존재의 근원과 원형에 대한 목마름이 있다. 그래서 나는 산을 동경할 때가 많다. 시를 쓰는 내게 산은 원형의 모형이고, 근원의 이미지다.

사람들은 물질만능과 경쟁사회에 매몰되어 살다가 어느 날 문득 내가 잘 살고 있는 것일까, 무엇을 위해 이토록 바쁘게 사는 것일까 자문하며 황폐한 자신의 내면세계를 발견한다. 그 순간 꽃향기를 맡을 수 있고, 새소리를 들으며 반짝이는 별을 볼 수 있는 초야(草野)의 삶을 그리워한다. 세월을 낚는 강태공이 되어 홀로 움막을 짓고 살더라도 원형의 삶을 누리고 싶어 한다. 그래서 독일 가톨릭 신학자 한스 큉(Hans Küng)의 예견대로, 현대인은 제도에 찌든 교회에는 거부감을 갖지만 하나님에 대한 목마름과 영성의 욕구는 더욱 강렬해져 영혼의 노스탤지어를 꿈꾸게 된다.

목회를 하는 나도 마찬가지다. 시대에 뒤떨어지지 않고 다른 사람들보다 앞서 나가기 위해 끊임없이 자기 계발과 발전을 해야 한다는 생각에 조급함을 느낀다. 그러다 보면 내면이 메마른 사막 같을 때도 있다. 그럴 때면 힘들게 개척해서 이룬 교회를 은퇴하고 당장 시골로

낙향하여 전원적이고 목가적인 삶이 살고 싶어진다. 아니, 깊은 산 계곡에 홀로 움막을 짓고, 산과 물과 하나가 되어 살고 싶기도 하다. 그것이 좀 더 근원의 삶과 가깝게 느껴지기 때문이다.

그러나 다시 생각해본다. 나마저 산이나 광야로 도피하고 은둔한다면 어떻게 될 것인가. 아니, 이 세상 모든 사람이 산이나 광야로 가버린다면 어떻게 된단 말인가. 오히려 세상이 텅 빈 광야나 사막이 되고 말 것이다. 우리는 현실 도피의 관념적인 피안(彼岸)의 세계를 동경할 것이 아니라, 절박한 생의 한가운데서 실천적 영성의 꽃을 피워야 한다. 우리의 삶과 밀착된 생활형 영성을 추구해야 한다.

얼마 전 박인주 전 청와대 사회통합수석이 대표로 있는 '생명문화운동'을 후원하고 참여한 적이 있다. 그 자리에는 신부님과 스님들도 참여했는데, 오히려 그분들이 출산 장려를 강조하는 것이 아닌가. 그래서 내가 우스갯소리로 이런 말을 했다.

"스님이 출산 장려 운동을 하시고, 신부님이 다산(多産)을 하자고 하면 말이 됩니까? 그러면 신부님이나 스님도 장가를 가셔야 하지 않습니까?"

순간 모두가 박장대소했다.

나는 매일매일 사람을 만나야 한다. 내가 지치고 피곤한 기색을 보이면 교인들은 "목사님, 좀 쉬면서 하세요. 건강 좀 돌보세요."라고 말한다. 하지만 정작 자기들에게 무슨 일이 생기면 꼭 심방을 와달라고 간청한다. 얼마 전 어느 교인이 자기 어머니가 치매에 걸렸는데 목사님이 꼭 오셔서 기도를 해달라고 부탁했다. 해외에서 막 도착했기에 몸이 파김치가 되어 천근만근이었지만 돌아가신 내 어머니를 생각해서 힘들게 갔다. 그 어머니는 딸의 집을 방문할 때 가끔 우리 교회도 나오신 분인데, 치매 상태여서 나를 몰라보았다. 그런데 오랫동안 함께 이야기하고 기도를 하자 정신이 돌아오면서 나를 알아보고 이름까지 기억하는 것이 아닌가. 옆에서 그런 모습을 지켜보던 가족들이 얼마나 기뻐했는지 모른다. 정말 흐뭇한 순간이었다.

계속해서 무거운 몸을 끌고 장례식장으로 갔다. 슬픔에 빠진 유족들의 손을 붙잡고 간절한 위로와 소망의 기도를 드렸다. 그리고 그들이 큰 위안을 얻는 모습을 보면서 몸은 녹초가 되었지만 따뜻한 행복감을 느꼈다. 그러고 나서는 또 저녁 집회를 인도해야 했다. 이렇게 교인을 만나고 소통하며 삶을 나누는 것이 내 행복이자 보람이다. 내가 산속이나 광야로 은둔한다면 이런 따뜻한 기쁨을 느낄 수 있을까.

우리는 현실에서 도피하거나 삶을 회피할 것이 아니라, 치열한 삶의 현장 속으로 더 깊이 파고들어가 땀과 눈물을 쏟으며 영혼의 행복감을 느껴야 한다. 때론 세상이 악취를 풍겨 우리를 역겹게 할지라도 그곳에 사랑과 행복의 꽃씨를 뿌려야 한다. 그 꽃씨는 훗날 꽃향기로 악취를 몰아낼 것이다. 거기에 사랑이 있고, 꿈이 있고, 노래가 있을 것이 아닌가.

(2014. 7. 9. 조선일보)

지극한 정성이면 바꿀 수 있을까

얼마 전 내가 대표로 있는 한 기관에서 일본의 도이 류이치 전 의원에게 세계성령봉사상을 시상했다. 이 상은 기독교에서 성령 사역의 일꾼으로 크게 기여한 사람에게 주는 상이다. 예수원을 세운 대천덕 신부, 홀트아동복지회 이사장인 말리 홀트 등이 수상한 바 있다.

도이 선생은 원래 일본 민주당 원내대표를 지낸 7선 국회의원이었다. 그런데 2011년 92주년 삼일절에 독도의 한국 영유권 주장을 담은 한·일 공동선언문에 서명한 사건으로 큰 고초를 겪었다. 도이 의원이 일본 나리타 공항에 도착하자, 일본 우익 세력과 신문 방송사들은 마녀사냥식의 취재를 했다. 하지만 그는 자기 소신을 굽히지 않았다. 그러다가 결국 당시 간 나오토 민주당 정권에 부담을 주지 않으려고 모든 것을 내려놓았다. 그리고 지금까지 외상성 스트레스 장애로 힘든 나날을 보내고 있다.

그런데 도이 의원이 그렇게 했던 이유가 있었다. 그는 조선총독부 간부의 아들로 태어나 서울 동대문 초등학교를 다니면서 일본인 교사와 학생이 조선인 학생을 구타하는 것을 보고 자랐다. 물론 자신도 그런 적이 있었다. 그런 그가 훗날 기독교에 귀의하여 기독교적 세계관과 양심을 갖게 되자, 그때부터 그는 지난날 일본이 한국에 가한 만행이 용납되지 않아 자책감이 들고 괴로웠다.

그가 정치에 입문하면서 어떻게 한국에 사죄할 수 있을까를 고민하던 중에 한국의 김영진 의원을 만나게 됐다. 김 의원은 아버지가 일본 노무자로 끌려가서 폐인이 되어 돌아왔기에 누구보다 일본에 대해 증오심이 많은 사람이었다. 그런데 두 사람이 역사적이고 운명적으로 만나게 되자 한일기독의원연맹이 결성됐고, 매년 삼일절과 광복절에 기념 예배를 드렸다. 그때마다 도이 의원은 몇 명의 일본 기독교 신자 의원들과 동행하여 지난날 일본의 만행과 과오를 고개 숙여 참회했다. 그랬던 그가 하루아침에 모든 것을 다 잃고 만 것이다.

나는 그 소식을 듣고 가슴이 얼마나 무너지는지 며칠 밤이나 잠을 뒤척였다. 얼마 뒤 김영진 전 의원과 함께 일본으로 가서 그를 눈물로 위로하고 기도해주었다. 그러나 그분은 조금도 원망하는 마음 없이 평온한 얼굴로 이렇게 말하는 것이었다.

"나는 오히려 홀가분합니다. 모든 것을 잃었지만 내 양심이 이렇게 편할 수가 없네요. 나라고 어찌 일본을 사랑하지 않겠습니까마는, 그래도 폐쇄적 민족주의의 노예가 되어서는 안 되지요. 예수님도 자기 민족을 사랑하는 애국자였지만 인류의 화해를 위해서 고난을 선택하지 않았습니까? 나는 예수님의 가르침을 작게나마 실천했을 뿐입니다."

그러면서 오히려 우리를 위로하고 어깨를 두드리는 것이었다. 도이 선생은 국회 헌정회관에서 열린 이번 시상식에서도 이렇게 수상소감을 밝혔다.

"나는 독도 발언으로 모든 것을 잃은 정치인입니다. 그래서 지금도 가슴이 아프지만, 결코 후회하진 않습니다. 부디 나의 아픔과 상처로 한일 관계가 더 좋아지고 진정한 화해와 평화의 길이 열렸으면 좋겠습니다."

도이 선생이 그렇게 했다고 해서 한일 관계가 크게 달라진 건 없다. 오히려 더 악화하고 있을 뿐이다. 그분을 배웅하고 돌아오면서 많이 부끄러웠다. 그의 뒷모습에서 작은 예수의 모습을 보았기 때문이다. 나는 일본에서도 자주 선교 활동을 하지만, 마음 언저리에는 일본에 대한 저항감이나 반일감정이 있었다. 그런데 그는 어찌 저렇게 할 수 있단 말인가.

물론 우리는 당연히 민족을 사랑하고 애국자가 되어야 한다. 하지만 그것 때문에 계속 국가와 국가가 충돌하고 갈등한다면 어떻게 되겠는가. 서로 화해하고 공존하는 미래를 열어야 하는데……. 그걸 위해 도이 선생도 거친 가시밭길을 걷고 있는 것이리라.

〈역린(逆鱗)〉이라는 영화의 마지막 대사가 떠오른다.

'작은 일도 무시하지 않고 최선을 다해야 한다. 작은 일에도 최선을 다하면 정성스럽게 된다. 정성스럽게 되면 겉에 배어 나오고……. 그러니 오직 세상에서 지극히 정성을 다하는 사람만이 나와 세상을 변하게 할 수 있는 것이다.'

지난주 서울 세종문화회관에서 열린 69주년 광복절 기념식을 다녀왔다. 그런데도 왠지 쓸쓸한 가슴 저림은 가시지 않고 있다. 지금이야말로 우리 모두가 지극히 정성을 다하는 자세가 필요하지 않을까 생각해보았다. 물론 지극한 정성을 다한다고 국가가 변하고 세상이 변할까 하는 의심도 들었지만, 그럼에도 더욱 간절한 마음으로 지극히 정성을 다하면 세상도 변하지 않을까 하고 염원했다. 그날따라 도이 선생의 아픔이 폐부 깊숙이 못처럼 박힌다.

(2014. 8. 20. 조선일보)

황무지일수록 꽃씨를 뿌려라

공군 장교로 군 생활을 하고 있는 아들과 함께 오래간만에 가을 산행을 했다. 단풍을 준비하는 나뭇잎과 풀잎이 상처받은 모습처럼 애처롭게 보였다. 문득 아들의 어린 시절이 떠올랐다.

서울 가락동에서 시작한 교회는 아들이 초등학교 때 경기도 분당으로 이전했다. 그런데 거기서 목회 위기가 찾아왔다. 가락동에서 오는 교인들과 분당에서 모인 교인들 사이에 갈등과 알력이 생기기 시작한 것이다. 가락동에서 오는 교인들은 지나친 주인의식으로 텃세를 부리고 기득권 행사를 하려 했다. 또 분당에서 모인 교인들은 세련됨과 지성, 우월감을 내세워 가락동 교인들을 무시하려 들었다. 교인들끼리 서로를 원망하고 시기하는 분위기가 짙어졌다. 구약성서에 나오는 '에덴의 동쪽'처럼 돼버렸다. 이럴 때 지도자는 어떤 리더십을 발휘해야 하는가. 나름대로 원칙을 정해놓고, 양쪽 모두 이해할 수 있도록 목회 리더십을 발휘하려고 노력했다. 또 서로 양보하고 사랑하며 섬기자는 설교를 했다. 하지만 갈등과 대립의 골은 깊어갔다.

그러던 중에 교회에서 여름성경학교를 열게 되었다. 그때 내 아들과 다른 아이 사이에 싸움이 붙었다. 공교롭게도 내 아들은 가락동 출신이고, 싸우는 애는 분당 출신이었다. 분명히 내 아들이 잘못한 것은 아니었다. 분당에 사는 아이가 먼저 건드려서 싸움이 난 모양이었다. 하지만 나는 모든 사람이 보는 앞에서 내 아이를 사정없이 때렸다. 그러자 아들은 나에게 달려들면서 거세게 항의했다.

"내가 잘못한 것이 없는데, 왜 나를 때리는 거야. 재가 잘못했으면 재를 때려야지."

나는 아들의 뺨을 더 세게 때리면서 나무랐다.

"목사 아들이 되어 가지고, 어디 교회에서 싸우는 거야!"

아들은 울면서 집으로 가버렸다. 내 가슴은 찢어졌고 미어졌다. 오후에 집에 가보니 아들은 그때까지도 분을 참지 못하고 울고 있었다. 그때 아들을 꼭 껴안고 나도 함께 울었다.

'아들아, 미안하다. 얼마나 아빠를 미워하고 원망했니? 그러나 나는 너를 사랑하고 믿었기 때문에 때렸다. 하나님이 예수를 십자가에 못 박은 그 심정으로 아빠도 널 때렸단다. 얼마나 억울하고 분했니? 하지만 오늘 이 아픔, 너의 상처와 눈물이 결코 헛되지 않을 것이다.'

이 작은 사건은 교회의 갈등과 대립에 큰 전환점이 되었다. 교인들에게 금세 소문이 나서 가락동파와 분당파의 경계가 사라지기 시작한 것이다. 원칙 중심의 목회 행정과 리더십, 화려하고 웅변적인 설교보다 그 행동 하나가 갈라진 교인들의 마음을 하나가 되게 한 것이다.

오늘 우리 사회는 서로 불신하며 원망하고 증오하는 분위기로 가득 차 있다. 여야 정치권은 물론이고, 사회와 국민의 정서가 갈등과 대립 속에 극명하게 나뉘어 있다. 지도자 그룹은 기득권층으로 비춰지고, 관료사회의 보신주의(保身主義)가 사회적 불신으로 화석화되고 있다. 국민은 희망을 잃어버린 채 서로를 불신하며 증오하고 짜증내며 답답해하고 있다. 아무리 희망과 소통, 화해를 외쳐도 마음의 문을 열 조짐조차 보이지 않는다.

이러한 때에 바로 사회적 치유가 필요하지 않을까. 거기엔 거창한 웅변이나 영웅적인 리더십이 요구되지 않는다. 그저 진실하고 따뜻한 마음으로 서로를 이해하고 배려하며 조금씩 양보하고 포기하는 것부터 필요할 것이다.

아들과 함께 산을 내려와서 길을 걸었다. 길가에는 코스모스가 우리를 반기듯 미소 짓고 있었다. 코스모스뿐만 아니라 가을 들꽃들이 향기를 내고 있었다. 그때 정호승 시인의 〈풀잎에도 상처가 있다〉는 시구가 생각났다. "상처 많은 꽃잎들이 가장 향기롭다."라고 하지 않는가. 어쩌면 그들은 상처가 있어서 더 진한 향기를 발할지도 모른다. 그처럼 오늘 우리 사회가 입은 상처는 내일의 향기가 될지도 모른다는 생각이 들었다.

그런데 그보다 더 중요한 것은, 꽃은 길 위에 피지 않는다는 것이다. 오히려 길이 폐허가 되었을 때 꽃들이 피어난다. 그렇다. 우리 사회가 지금 아스팔트 도로처럼 평탄하게 다듬어져 있는 길이라면 꽃씨를 뿌릴 필요도 없다. 오히려 꽃씨는 황무지에 뿌려야 한다. 마찬가지로 증오와 반목, 갈등과 대립으로 가득한 우리 사회야말로 내일을 위한 꽃씨를 뿌려야 하지 않겠는가. 진실한 마음, 따뜻함과 포근함, 이해와 배려, 양보와 포기, 희생 등의 꽃씨 말이다. 바로 그러한 꽃씨가 황무지에서도 봄꽃을 일구어낼 것이고, 여름꽃과 가을꽃을 만발하게 할 것이다. 아니, 하얀 겨울에도 앙증맞게 피어나는 에델바이스와 인동초로 피어날 것이다. 이는 대통령과 정치지도자만 할 일은 아니다. 한 사람 한 사람의 몫이어야 한다. 삶의 현장에서 작은 이해와 배려, 양보와 포기, 희생 등의 꽃씨를 뿌릴 때, 먼저 우리 마음속에서 향기가 진동할 것이다. 그리고 에덴의 동쪽 같은 우리 사회가 들꽃들로 만발할 것이다.

어느새 해가 지는 가을 산 너머로 붉은 노을이 물들고 있었다. 그 붉은 노을에 비치는 코스모스가 유난히도 아름다워 보였다. 언젠가 누군가에 의해 폐허와 황무지에 꽃씨가 뿌려졌을 터이다. 그 꽃들이 지금 가을 길과 들녘을 수놓고 있지 않은가.

(2014. 10. 1. 조선일보)

무등산 낙엽이 들려주는 가을 이야기

얼마 전 광주광역시에 있는 모교 60주년 행사를 다녀오던 길에 잠시 무등산 기도원을 들렀다. 무등산은 내 생이 마감되는 순간까지 결코 잊을 수 없는 곳이다. 그곳은 내 초심의 발원이요, 영혼의 노스탤지어가 깃든 곳이다.

예수님을 믿는다고 집에서 쫓겨나 생전 처음으로 광주로 가서 신학교를 다닐 때였다. 누구 하나 도와주는 사람이 없었기에 서럽고 배고픈 고학을 해야 했다. 막일꾼으로 건축 현장에서 질통을 짊어지고 일했고, 리어카를 끌고 다니며 수박이나 오이 장사도 했다. 그러다가 울적한 마음이 생기면 무등산 기도원으로 올라갔다. 당시 무등산 기도원은 배는 고프지만 소명감이 충만한 신학생들이 주로 올라가던 곳이었다. 그래서 나도 선배들을 따라 그곳으로 올라갔다. 한 번 올라간 무등산 기도원은 이후로 내 기도의 전당이요, 영혼의 보금자리가 되었다. 그곳에서 허기진 배를 움켜쥐고 밤을 지새우며 눈물의 기도를 쏟고 또 쏟았다. 거기서 하나님께 다짐하고 서원했다. 훗날 아무리 큰 교회 목회자가 되어도 지금의 가난한 신학생 시절을 잊지 않고 끝까지 영혼을 사랑하는 초심을 빼앗기지 않겠노라고. 그러고는 마이크라 생각하며 막대기를 손에 잡고, 빽빽한 나무들을 교인이라고 상상하면서 설교 연습을 했다. 이처럼 그곳은 내게 위로와 꿈의 스토리를 쓰게 한 곳이었다.

어느덧 세월이 지나 서울에 올라왔고, 맨주먹으로 23평 지하실에서 교회를 개척했다. 몇 년간은 광주에 한 번도 못 가볼 정도로 개척 목회에 전념했다. 교회가 어느 정도 자리를 잡은 후에야 다시 무등산을 찾기 시작했다. 광주를 내려가면 항상 그곳을 들렀다. 올챙이 신학생 시절의 초심을 잃지 않기 위해서.

한번은 오랜만에 무등산을 찾았더니 공원이 새롭게 개발되어 겉모습이 너무 달라져 있었다. 그래서 나도 모르게 서먹서먹하게 느껴졌다. 산길도 계곡도 옛날 같지 않았다. 하지만 눈물을 쏟으며 기도했던 기도원에 이르렀을 때, 내 가난한 젊은 시절의 흔적이 지워지지 않았음을 발견했다. 무등산 기도원은 여전히 나를 맞이해서 격려해주고 있는데, 오히려 나 자신의 모습이 더 달라진 것을 깨달았다. 이번에 무등산을 찾았을 때도 붉은 단풍들이 손을 흔들며 반겨주는 듯했다. 혼탁했던 머리가 깨끗해지고 무거운 어깨가 가볍기만 했다.

'아, 이곳에서 며칠만 지내면 얼마나 좋을까. 저 가을 산의 계곡과 아름다운 단풍들, 상쾌한 공기와 물이여.'

나는 가을이면 무등산을 찾아 낙엽과 대화를 한다. 여름의 무등산 숲은 억새들이 제멋대로 자라 그들만의 장엄한 숲을 이룬 곳도 있다. 그러나 그 숲도 가을이 되면 낙엽처럼 흔들리고 땅에 쓰러지고 만다. 사람들은 그 붉게 물든 단풍의 절경과 쓰러져가는 억새들의 장관을 보기 위해 무등산을 찾는 듯하다. 그리고 무심코 낙엽을 지르밟고 간다. 하지만 무등산 나뭇잎과 낙엽들은 내게 이렇게 말하는 것 같았다.

'떨어지는 나뭇잎이라도 함부로 밟지 마세요. 이래봬도 정열적인 삶을 불태우다가 장엄하게 떨어지고 있으니까요.'

그렇다. 나뭇잎들은 가을이 되어 떨어지고 있지만, 그들 역시 봄의 꿈과 여름의 정열이 있었다. 그리고 새로운 봄의 꿈을 꾸면서 떨어지고 있는 것이다. 지금은 땅에 떨어져 흙으로 사라지지만 뜨거운 심장을 가지고 내년엔 더 푸른 싹으로 피어날 꿈을 꾸면서. 그래서 모든 것을 버리고 아낌없이 썩어 새로운 잎으로 피어나기 위한 희생의 밑

거름이 되는 것이다. 낙엽조차 함부로 밟지 않는 심정으로 가을 산길을 걸어 기도원에 다다랐다. 허기진 배를 부여잡고 기도했던 그 바위에서 잠시 눈물을 훔쳤다. 이 무등산 기도원이 있었기에 한 번밖에 없는 나의 젊음을 불태웠고, 지금껏 후회 없는 삶을 살아왔지 않았던가. 오랜 세월이 흘렀지만 이곳이야말로 내겐 에덴과 같다고 해야 하지 않을까.

하지만 요즘 와서는 무등산을 찾을 겨를이 점차 줄고 있다. 광주를 와도 매번 들를 수가 없다. 이번에도 무등산 기도원에서 충분히 기도하고 옛날의 추억을 더듬으며 오늘의 나를 성찰하고 내일의 나를 바라볼 시간을 가졌으면 얼마나 좋았을까. 그러나 바쁜 일정 때문에 어쩔 수 없이 산에서 내려와야 했다. 그러다 보니 어쩐지 무등산에 미안한 마음이 들었다. 예전에는 나무 잎사귀 하나하나를 만지고 싶고 봉우리를 품고 싶었는데 이제는 내가 그 속에서 밀려나는 것 같았다. 내려오는 길에 차창 밖으로 보이는 붉은 단풍과 낙엽들이 바람에 흩날리며 이렇게 속삭였다.

'나를 잊지 마세요. 젊은 시절 꿈을 불태웠던 가난한 신학도의 초상을 잃지 마세요. 그대의 외롭고 허기진 밤을 들뜬 사랑으로 붉게 물들였던 예수의 핏빛 첫사랑도요.'

순간 너무 부끄러웠고, 깊은 상념에 잠겼다.

'아, 내가 언제부턴가 초심을 잃고 있지는 않은가. 순수했던 청년의 모습이 서서히 사라져가고 있지는 않은가. 저 떨어지는 무등산의 낙엽 앞에 부끄럼 없는 삶을 살아야 할 텐데…….'

나는 바스락거리는 낙엽의 밀어(密語)를 들으며 깨달았다. 무등산의 가을 낙엽들이 흙길이 아니라 내 가슴에 떨어지고 있다는 것을.

(2014. 11. 12. 조선일보)

얼마나 낮아져야 당신을 만날 수 있을까

작년엔가 한센인협회에서 거센 항의 전화를 받은 적이 있다. 금요철야기도회 때 나환자가 고침받는 설교를 했는데, TV방송을 통해 그 설교를 본 한센인들이 문제를 삼은 것이다.

한센병이나 피부 질환이라는 용어를 사용해야지, 왜 나병이라는 표현을 적나라하게 사용했느냐는 것이었다. 처음에는 너무 당황했다. 설교 때 당시 성경이 기록되었던 배경과 문화를 실감나게 표현한 것은 사실이지만, 결코 그분들을 폄훼하려는 의도는 없었기 때문이다. 고통 속에서 신음하며 살던 사람들이 예수님을 만나서 극적으로 고침받은 놀라운 기적을 강조해서 설교했을 뿐이었다. 혹시나 해서 설교 내용을 다시 살펴봤다. 다시 봐도 그분들을 폄훼하는 내용은 없었다. 그러자 마음이 불편해졌다.

'목사가 강단에서 성경 이야기도 자유롭게 못 한단 말인가.'

억울한 마음이 들었지만, 당시가 연말인지라 하루 종일 외부 활동을 하다가 저녁 늦게 교회로 돌아왔다. 그때 교회 밖에는 성탄 트리가 어둔 밤을 유난히 반짝이고 있었다. 그 순간 성탄 트리 불빛이 지쳐 있던 내 가슴에 새롭게 다가왔다.

'그래, 예수님은 천상의 보좌를 버리고 낮고 천한 말구유에서 탄생하지 않으셨던가. 아니 인류를 구원하고 그 어떤 죄도 용납하시기 위해 십자가에 죽기까지 하지 않았는가.'

다음 날 나는 한센인협회 사무실로 가서 몸과 마음을 낮추며 사과하기로 했다. 따귀라도 맞을 각오를 하고 사무실에 들어서자 이게 웬일인가? 항의했던 분들이 오히려 고마워하며 따뜻하게 맞이해주었다. 그분들도 설교를 자세히 들어보니까 고의적인 내용은 없었다고 했다. 다만 설교를 처음 들을 때 어쩐지 상처가 되고 섭섭한 느낌을 받았다는 것이었다. 그래도 이렇게 찾아와주니 정말 고맙다면서 진심으로 환대해주었다.

그런 훈훈한 분위기에서 눈가에 눈물이 고이도록 가슴 뜨거운 기도를 했다. 그리고 다시는 나병이라는 말을 쓰지 않고 한센병이나 피부 질환이라는 용어를 쓰겠다고 약속했다. 최근 연구에 의하면, 한센병은 전염이나 유전되는 것이 아니라고 하지 않던가. 그런데 그들은 수많은 세월을 왜곡된 편견과 오해로 고통받으며 살아왔던 것이다. 그래서 앞으로 그들의 자존감과 인권 존중을 위해 섬기면서 멍들어왔던 가슴을 위로하며 살리라고 다짐했다. 사무실을 나올 때는 그들과 포옹하며 인사를 나눌 정도로 마음을 열고 진심 어린 소통을 할 수 있었다. 돌아오는 길은 무거웠던 마음이 눈 녹듯 흘러내리고 넉넉한 여유와 기쁨이 넘쳤다.

'내가 그날 성탄 트리를 보지 않았더라면 어떻게 되었을까. 나대로 편견과 오해를 가지고 그저 변명거리만 찾고 있었겠지……. 그렇다. 화해와 평화는 그냥 오는 것이 아니다. 서로 마음의 빗장을 닫고 긴장하고 자기 입장만 고수하면 절대로 화해의 문은 열리지 않는다. 내가 먼저 낮추고 내려놓아야 화해의 길이 열린다. 아, 먼저 낮추고 찾아가기를 얼마나 잘했던가. 이렇게 마음이 행복한 것을…….'

갑자기 내게 항의한 그분들이 고맙게 느껴졌다. 지금 우리 사회의 현실은 어떤가. 서로 공격하고 방어하고 까발리고 덮는 악순환이 반복되고 있다. 공격적 독선과 위선적 편견에 싸여 서로 물고 뜯는 음모론이 판을 치면서 사회적 대립과 갈등의 골이 더 깊어지고 불신과 증오의 사회 분위기를 조성하고 있다. 이럴 때일수록 하늘과 땅의 '평화의 중재자'가 되시고 사람과 사람 사이의 '화해의 밀알'이 되신

아기 예수의 사랑과 화해의 정신이 필요하다.

며칠 후 나는 다시 한센인협회 사무실을 찾아가서 작은 사랑을 전하고 왔다. 그리고 그 일이 계기가 되어 시각장애인들도 추운 겨울을 나도록 작게나마 섬길 수 있었다. 그런데 이번에는 평안과 행복이 아니라 어쩐지 부끄러움과 송구함이 느껴졌다. 아직도 더 낮은 곳으로 내려가지 못했기 때문일까?

매해 성탄절이 반짝이는 성탄 트리와 함께 사랑하는 사람들이 한자리에 모여 군고구마를 즐겁게 먹는 날이 되었으면 좋겠다. 모처럼 스키도 타고 하얀 세상을 함께 걷는 화이트 크리스마스가 되기를 바라는 마음도 가득하다. 하지만 그보다 더 중요한 것은 우리의 삶과 사회에 아기 예수의 진정한 화해와 평화의 정신을 살리는 것이다. 성탄절은 작지만 함께 나누고 화해하며 섬기는 날로 맞이할 수는 없을까?

사랑과 화해의 정신이 온누리에 가득하도록 우리 자신이 스스로 낮추고 내려놓지 않는 이상, 아기 예수는 어디선가 울고 또 울 것이다. 그러나 때때로 목사인 나부터도 편견의 노예가 되어 마음이 불편하고 무겁지 않았던가. 우리는 더 버리고 더 낮은 곳으로 가서 더 뜨겁게 섬겨야 한다. 아, 얼마나 낮아져야 당신을 만날 수 있을까. 얼마나 가슴이 저려야 말구유에 아기 예수로 오신 당신의 사랑을 알 수 있을까.

(2014. 12. 24. 조선일보)

연해주의 아리아

설 연휴에 독립운동의 발원지요, 최초로 임시정부가 세워진 곳인 연해주를 방문했다. 블라디보스토크 공항에 도착하여 맨 먼저 최재형 선생이 처형당한 곳을 찾았다.

그는 함경북도에서 노비의 아들로 태어났다. 아홉 살 때 연해주의 드림을 꿈꾸며 포시에트 항구에 도착한다. 하지만 너무 배고파서 항구에 쓰러졌다. 그 쓰러진 꼬마를 러시아의 한 선장이 발견하고는 양아들로 삼는다. 그는 자라면서 가슴속에 남다른 조국애를 불태웠다. 그래서 연해주에 사는 고려인의 가축을 러시아군에 납품해주고 자신이 얻은 이익금의 대부분을 독립운동 자금으로 지원하였다. 또

한 러시아에 있는 고려인을 결집해서 독립운동을 확산했다. 이를 안 일본 헌병은 1920년 4월 어느 새벽에 그를 잡아다가 우수리스크에 있는 소베츠카야가반 언덕으로 끌고 가 처형했다. 현재까지 그 언덕엔 기념비 하나 없고, 그저 흰 눈만 쌓여 있었다. 언덕에 서서 생각해봤다.

'과연 한국인 가운데 얼마나 최재형 선생을 알고 있을까. 독립운동가들의 피로 얼룩진 고난의 역사를 얼마나 기억하고 있는가. 고난과 수치의 역사를 기억하는 민족에게만 미래가 보장된다는데…….'

안내를 하는 선교사에게 그가 처형당할 때 마지막으로 남긴 말이 있는가를 물어보았다. 그도 모른다고 했다. 그래서 혼자 상상해보았다. 그가 독실한 기독교인이었기에 분명 이런 말을 남겼으리라고.

'주여, 노비로 태어난 놈이 이곳에 와서 조국의 독립을 위해 일하다가 이렇게 죽게 되었으니 그저 영광일 뿐입니다. 조선인이여, 광복의 날은 반드시 올 것입니다. 그러나 오늘의 수치와 비극을 잊지 않고 기억해야 광복의 영광을 길이길이 지킬 수 있을 것입니다.'

이런 상상을 하자 마치 그가 부른 광복의 아리아가 소베츠카야가반 언덕을 메아리치는 듯했다. 연해주의 하늘은 유난히 파랗게 보였다. 그 파란 하늘 아래 하얗게 쌓인 눈이 더 눈부시고 따뜻하게 느껴졌다. 그런데 연해주를 메아리쳤던 그 아리아가 한반도에 사는 젊은이들의 가슴속까지 울리게 할 수는 없을까. (2015. 3. 5. 매일경제)

따뜻한 민족주의

지난 월요일 오후 마크 리퍼트 주한 미국대사가 입원하고 있는 신촌 세브란스병원을 찾았다. 전날까지만 해도 면회가 열려 있다고 해서 갔는데, 사절된 상태였다. 친분이 있는 인요한 박사께 부탁했더니, "대사님이 전날까지 너무 많이 면회를 받고 피곤해서 쉬어야 하는 상태"라는 것이다. 하긴 나도 병원에 입원해 있을 때는 안 찾아오는 게 더 돕는 것이라고 여긴 경험이 있다. 그래서 조금이라도 폐를 끼치지 않으려고 마음으로만 죄송함과 위로의 꽃다발을 전하고 돌아왔다.

우리 교회는 9년째 6월이 되면 미국의 한국전 참전용사를 초청해

왔다. 이것은 절대로 북한과 싸우자는 것이 아니다. 오히려 전쟁의 비극적 역사를 잊지 않고 한반도 평화를 지키자는 의미다. 다시는 동족상잔의 비극이 되풀이돼서는 안 되기 때문이다. 과거에 캐슬린 스티븐스 전 미국대사도 우리 교회 참전용사 초청행사에 방문한 적이 있어서 고마운 마음으로 병원을 찾아간 것이다.

이번 미국대사 테러는 결코 용납할 수 없는 극악한 사건이었다. 그 어떤 변명과 목적도 비열한 폭력을 합리화할 수 없다. 우리 민족을 사랑하고 평화적 남북관계를 원한다면 한미 관계도 중요시해야 한다. 국제사회의 복잡한 관계 속에서 어떻게 주변 국가들의 상황을 무시할 수 있는가. 남북평화를 위해서라도 그들의 협조와 도움이 필요하다.

나는 민족 화해와 통일을 염원하는 마음으로 평양을 여러 번 다녀왔다. 그러나 그곳에서도 이런 이야기를 했다. 남북 평화를 지키고 평화적 통일을 하기 위해서는 우리 민족끼리의 합의도 중요하지만 주변 국가의 상황도 무시할 수 없는 일이라고. 실제로 나는 북한이 대포동 미사일을 발사하면서 남북관계가 아슬아슬할 때, 조지 부시 미국 대통령을 만나 이런 말을 전하기도 했다.

"한반도는 평화를 원합니다. 부디 한반도 평화를 빼앗는 일을 하지 말아 주시길 간곡히 부탁드립니다."

우리는 따뜻한 민족주의 사관과 동포애를 가져야 한다. 결코 극단적 민족주의 환상에 빠져서는 안 된다. 그 환상은 잘못된 사상을 낳고, 그 잘못된 사상이 잘못된 행동을 낳을 수 있다. 극단적인 잘못된 행동은 오히려 더 큰 민족 분열을 일으킬 수 있다. 극단적 민족주의나 독선적 환상에 빠져서는 안 된다. 이런 때일수록 균형 잡힌 역사관, 평화적이고 따뜻한 민족주의, 실용적 대외 관계 등을 더 깊이 생각해봐야 하지 않을까.

(2015. 3. 13. 매일경제)

사관(史觀)의 독립

최근 우리 교회 신도인 이도상 박사가 책을 한 권 냈다. 그는 예비역 장성이요 역사학자인데, 8년 전 위암 말기 진단을 받고 사경에서 내게 한 가지 소원을 이야기했다.

"하나님께서 내 삶을 한 번만 연기해주신다면, 저는 민족을 위해서 고대조선의 역사를 제대로 정리해두고 싶습니다."

그는 다행히 회복되었고, 여러 가지 고서와 유적을 조사하기 위해 중국과 일본을 여러 차례 오간 후, 마침내 《고대조선, 끝나지 않은 논쟁》이라는 책을 완성했다. 그는 "우리 민족의 기원인 고대조선 역사를 바로 알아야 우리가 누구인가를 알게 된다."라고 말한다. 즉 우리 민족의 정체성을 바로 세우기 위해서는 먼저 고대조선의 역사를 바로 알아야 한다는 것이다.

일제는 1910~1911년 우리 역사 서적 20만여 권을 압수해서 소각했다. 그 대신 '조선사' 35권을 편찬함으로써 일본 역사보다 무려 1,700여 년이나 앞선 한국 고대사를 삭제해버렸다. 예컨대 고대조선 변방에 있던 기자나 위만을 고대조선 중심에서 활동한 것처럼 바꾸었고, 현 중국의 발해 서안 지역에 있던 한사군의 위치를 대동강 유역으로 옮겨놓은 것이다. 이것은 엄연한 역사 침략이고 강탈이다. 또 중국의 동북공정이 그 논리의 연장선상에 있다. 그럼에도 여전히 국사 교과서는 그렇게 가르치고 있고, 동북아역사재단까지도 그 왜곡된 역사를 인정하고 있다.

역사학은 우리의 존재 의미를 사색하면서 정체성을 확립해주는 학문이다. 그리고 역사교육은 국가관과 애국심을 길러주고 통일한국의 터를 닦는 땅고르기 작업이다. 그런데도 왜 우리는 고대조선의 역사를 복원하려고 하지 않는가.

그것은 첫째, 식민사학의 잔재 때문이다. 일본의 마지막 총독인 아베 노부유키는 "조선민이 제정신을 차리고 옛 조선의 영광을 되찾으려면 적어도 100년은 족히 걸릴 것이다. 우리는 총과 대포보다 무서운 식민교육을 심어놓았다. 조선인들은 결국 서로를 이간질하며 노예적인 삶을 살게 될 것이다."라고 했다. 과연 식민사관의 잔재가 아직도 우리 안에 남아 있으니 얼마나 안타까운가. 둘째, 과거에는 사료가 부족했다. 그러나 지금은 그렇지 않다. 나는 역사학자는 아니지만, 많은 역사학자들로부터 고대조선의 역사를 다시 복원해야 한다는 주장을 듣고 있다. 올해 우리는 광복 70주년을 맞는다. 이제 우리는 공시적 행사보다는 통시적 안목을 가지고 바른 역사부터 복원해야 한다. 즉 사관부터 독립하자는 말이다. 그럴 때에야 비로소 참된 광복을 맞이할 수 있지 않을까.

(2015. 3. 22. 매일경제)

그 사람,
그 세상

지난 목요일 저녁 KBS에서 제작한 〈그 사람, 그 사랑, 그 세상〉 영화 시사회를 보기 위해서 여의도 CGV를 갔다. 영화는 손양원 목사의 두 아들 동인이와 동신이를 죽인 안재선 아들의 정체성 혼란으로 시작된다. 안경선, 그는 아버지의 장례식 이후에야 자기 아버지 안재선이 손양원의 두 아들을 죽였다는 사실을 알게 된다. 그것은 삶을 뒤흔드는 충격이었다. 더 충격적인 사실은 손양원 목사가 사형선고를 받은 자신의 아버지를 용서해줄 뿐만 아니라 그를 빼내어 양자로 삼은 것으로, 그로 인해 가슴에 더 큰 파문이 일었다.

'도대체 손양원은 왜 내 아버지를 용서했을까.' 영화는 당시 중학교 1학년이었던 손양원의 딸 손동희의 일기로부터 전개된다. '정말 하나님이 계신다면 우리 가정에 왜 이런 일이 있단 말인가? 또 두 오빠를 죽인 철천지원수를 어떻게 오빠라고 부를 수 있단 말인가.'

그렇다. 바로 이 영화는 종교를 넘어서 진정한 인간애의 실화를 감동적으로 그려냈다. 손양원은 외로운 한센인의 벗이었다. 당시 문둥이라 불렸던 한센인은 가족들까지도 가까이 가기 꺼릴 정도로 얼굴이 문드러지고 살점이 떨어져 나가는 병이었다. 그런데 그는 여수 애양원에서 1,200명이 넘는 한센인의 아버지가 되었다. 온 방 안이 살 썩는 냄새로 가득해 누구도 들어가지 못했지만, 그는 서슴없이 들어가 썩어가는 상처를 입으로 빨아내며 피고름을 빼주었다. 그렇게 하면 한센병이 빨리 낫는다는 속설 때문이었다. 그는 한센인의 멍든 가슴을 처절한 사랑으로 보듬고 어루만진 것이다.

그렇게 한센인을 섬기고 있던 때에 여순반란 사건으로 두 아들을 잃고 만다. 그러나 그는 두 아들을 죽인 안재선을 아들로 삼는다. 그는 이처럼 하나님의 사랑을 삶으로 실천했고, 그 시대의 상처와 아픔을 보듬고 치유했다. 영화는 갈등하던 안경선이 목사가 되어 죽은 동인이와 동신이를 대신해서 살기로 결단하고, 그런 그를 손동희가 환한 웃음을 지으며 포옹하는 모습으로 끝난다. 감독인 권혁만 PD는 이렇게 묻고 답한다. 도대체 분노와 증오, 다툼이 가득한 이 시대에 우리의 상처와 아픔을 어디 가서 치유 받을 수 있겠는가? 바로 그 해답을 손양원이 가르쳐준다고.

에덴의 동쪽 같은 오늘도, 우리 모두 그 사람, 그 사랑, 그 세상을 다시 꿈꾸어볼 수는 없을까. 사랑으로 꿈꾸던 손양원의 천국이 우리 안에서 이루어질 순 없을까.

(2015. 3. 30. 매일경제)

통일의 꽃씨

프로스트가 쓴 〈가지 않은 길〉이라는 시를 기억하는가. 그의 시처럼 남들이 가지 않은 길, 가시덤불이 가득하고 구부러지고 나뭇잎이 가득 쌓인 길을 걸어간 사람이 있다. 그는 누구도 가지 않은 길에 발자국을 찍었다. 그리고 이어서 한 사람, 또 한 사람, 그리고 셀 수 없이 많은 사람들이 그의 발자국을 따라 걷기 시작했다. 결국 그 길은 독일 분단의 벽을 허무는 침묵의 외침이요, 통일의 꽃길이 되었다. 그가 바로 독일 니콜라이교회의 평화기도회를 주도하며 통일의 꽃씨를 심었던 크리스토프 보네베르거 목사다.

그는 1982년에 시작한 동독의 성 니콜라이교회 월요기도회에서 반전과 비폭력, 평화와 인권 문제 등에 대해 기도했다. 처음에는 30여 명의 청년들이 모이는 아주 작은 평화기도회였다. 그러나 점점 기도의 열기가 뜨거워졌고, 그 힘과 열정은 독일 통일에 대한 목마름과 열망의 태풍이 되어 훗날 30만, 50만 명의 거대 군중이 모이는 비폭력 평화기도회가 되었다. 그러자 동독 정권은 평화기도회를 금지하기 위해 갖은 압박과 탄압을 하기 시작했으며, 그를 목사직에서 해임하기까지 했다. 그러나 그는 끝까지 굴하지 않고 침묵의 외침을 이어갔다. 결국 그가 주도한 평화기도회가 베를린 장벽을 무너뜨리는 기폭제가 되어 통일을 이루게 된 것이다. 그런 그가 최근 우리 교회를 방문하여 예배 시간에 이런 강연을 했다.

"통일 이전의 옛 동독은 인권운동과 종교생활이 가능했지만, 폐쇄적인 북한의 현실은 여러 면에서 다르다고 할 수 있습니다. 그럼에도 한국교회 역시 독일교회처럼 칼을 쳐서 쟁기를 만드는 성경의 평화정신으로 북한과의 관계를 개선하며 통일의 물꼬를 터야 합니다."

어찌 한국교회뿐이겠는가. 한국사회도 통일을 위해서라면 이념, 종교, 계층을 떠나서 한마음으로 힘을 모아야 한다. 비록 작은 걸음일지라도 평화의 행진을 시작하며 통일의 꽃씨를 뿌려야 한다. 그는 독일 사람치고는 몸집이 왜소하고 목소리도 크지 않았다. 그러나 그가 지닌 평화에 대한 신념과 통일에 대한 열망은 그 누구보다 큰 거인의 모습이었다. 우린 여전히 세계 유일의 분단국가로서 아픔을 안고 살고 있다. 이제 우리도 작은 거인 보네베르거처럼 평화통일을 향한 용기와 꿈을 가지고 가지 않은 길을 앞장서서 걸어야 하지 않을까. 걸음걸음마다 함께 평화통일의 꽃씨를 뿌리면서 말이다.

(2015. 4. 7. 매일경제)

알고 있나요

알고 있나요, 그대여.
아련한 추억의 꽃을 피우기 위해
설레는 가슴으로 꽃피는 봄날에
꿈의 바다로 향한 그대여 내 님이여.
듣고 있나요, 그대여. 그대의 이름을 불러 봅니다.
가엾은 꽃망울 피우지 못한 채
저 검은 바다 속 흑백 앨범으로 잠기고 말았나요.
(중략)
아, 아, 그리운 당신이여, 돌아올 수 없었나요.

우리가 그토록 찾아 헤맨 걸 그댄 아셨나요.
이제는 눈부시고 평화로운 소망의 항구 새 교정에서
눈물 닦으며 편히 쉬기를 가슴이 다 타도록 기도하오니 편히 쉬소서.

이는 내가 작사를 하고 장욱조 님이 작곡을 한 세월호 추모가다. 오늘로 우리는 세월호 참사 1주기를 맞는다. 작년 4월 세월호 참사로 인해 온 국민은 하나가 되어 울었다. 특별히 우리 기성세대들은 수학여행의 추억이 있다. 바로 그 추억이 희생을 당한 아이들과 자신들을 무의식적으로 동일화했다. 더구나 고등학교 2학년 때는 공부를 제일 많이 해야 할 때다. 그러니까 기성세대들은 자신들이 열심히 공부하던 때가 생각났을 것이고, 열심히 공부를 하고 있는 내 자식을 연상할 수밖에 없었다. 게다가 초동 대처를 잘못해서 그 많은 희생을 냈으니 얼마나 분노했겠는가. 그 검은 바닷속에 배는 침몰해가고, 그 배에 탄 꽃다운 자녀들이 죽어가는 모습을 일주일 내내 TV화면을 통해서 두 눈 멀쩡히 뜨고 봐야 했으니 국민은 모두 당연히 통곡해야 했다.

작년 그날을 생각하면 다시 집단적 절망감과 우울증에 빠질 수도 있다. 그리고 그것은 분노감과 증오감으로 발전할지 모른다. 그러나 안 된다. 이제 우리는 애틋한 추모의 노래를 부르면서도 희망의 나라를 세워가는 데 앞장서야 한다. 정부와 국회는 철저한 진상규명과 더

불어 선체 인양이나 특별법 시행령 등 남아 있는 문제들을 조속히 해결해야 한다. 그리고 국민 모두는 집단적 트라우마가 국민 갈등과 분열의 상처로 덧나지 않고, 오히려 화합하고 새로운 대한민국을 이루도록 힘을 합해야 한다.

이제 우리는 노란 리본을 가슴에 묻어야 한다. 그리고 한 생명이라도 중시하고 법을 지키는 안전한 대한민국, 위기관리 리더십을 더 발전시키는 선진 대한민국, 작은 것이라도 내가 먼저 실천하며 더불어 섬기며 살아가는 행복한 대한민국을 만드는 데 한마음이 되어야 한다. 그럴 때 바닷속에 잠긴 꽃다운 우리의 자녀들도 눈부시고 평화로운 소망의 항구, 새 교정에서 편히 쉬면서 우리와 함께 같은 꿈을 꾸게 될 것이다.

(2015. 4. 15. 매일경제)

국제시장을 넘어

얼마 전 흥남철수작전의 영웅인 고 포니 대령의 증손자 벤 포니를 만난 적이 있다. 포니 대령은 고 현봉학 박사와 함께 알몬드 소장을 설득시켰을 뿐만 아니라, 그 작전을 실무적으로 잘 수행해낸 사람이었다. 나는 그 증손자에게 미국에 있을 때부터 흥남철수작전에 대해서 알고 있었느냐고 물어보았다. 그러나 자기 할아버지가 한국을 위해서 용감하게 싸운 줄만 알았지 흥남철수작전을 성공적으로 수행했던 것은 〈국제시장〉이라는 영화를 통해서 알게 되었다는 것이다. 그 영화를 통해 자기 할아버지를 더 존경하게 되었다면서 말이다. 그 영화 때문에 자기가 주변에서 아주 유명한 스타가 되었다고 했다. 또 자신도 영화를 보면서 눈물을 많이 흘렸다는 이야기를 주고받았다. 영화는 내린 지 오래지만, 나 역시 영화를 보면서 몇 번이고 눈물을 훔쳤다.

영화는 6·25 전쟁, 서독파견 광부와 간호원, 월남전, 이산가족 찾기 등 현대사의 굵직한 사건을 배경으로 주인공 덕수의 인생 역정을 실감나게 그렸다. 역사의 소용돌이 속에 던져진 한 평범한 인간의 삶을 통해 고생과 보람, 가정의 가치, 애국심, 시대의 정서를 묘사한 우리 자신들의 이야기였다.

영화의 마지막 무렵, 주인공 덕수가 아버지의 사진 앞에서 오열하는 장면과 옆방 가족들의 웃음, 노랫소리를 대비시킨 것은 어른들의 피눈물 바탕 위에 오늘의 번영과 행복이 세워졌음을 전하려는 메시지였을 것이다. 이 영화와 관련해 진보진영 인사들의 비판도 있었다. 주인공이 겪었을 4·19 학생봉기, 5·16 쿠데타, 삼선개헌, 유신 긴급조치, 5·18 광주민주화운동을 철저히 무시했다는 것이다. 그만큼 영화는 보수편향의 시각을 보였다는 것이다.

그러나 영화가 모든 역사의 기록을 다 담을 필요는 없다. 그럴 경우 자칫 백화점 나열식의 영화가 되어 메시지의 초점이 흐려질 수 있기 때문이다. 다만 서울대에 합격해 등록금 때문에 덕수를 힘들게 한 '그 미친놈'이 독재정권에 맞서 데모를 하다가 잡혀 들어가 감방에 살고 있다는 대사 한 마디라도 들어갔다면 하는 아쉬움이 있긴 하다.

어쨌든 우리는 생존의 시대를 겪어야 했다. 그것이 우리의 처절한 역사였다. 벤 포니의 마지막 말이 가슴에 떠나지 않는다.

"목사님, 이젠 국제시장을 넘어 화해와 통일의 장을 만들어야 할 때가 아닐까요?"

그렇다. 이제는 생존을 넘어 함께 통합해야 할 때다. 보수진영이건 진보진영이건 다 함께 생존의 국제시장을 넘어 상생하는 평화와 통합의 시장을 이루어야 한다. 아니, 저 통일의 장까지.

(2015. 4. 25. 매일경제)

꽃씨 심는 남자

1판 1쇄 발행 2015년 6월 19일
1판 8쇄 발행 2018년 1월 31일

지은이 소강석
펴낸이 김성구

단행본부 박혜란 이은정 김민기 김동규
디자인 홍석훈 문인순
제 작 신태섭
마케팅 최윤호 송영호 유지혜
관 리 노신영

펴낸곳 (주)샘터사
등 록 2001년 10월 15일 제1-2923호
주 소 서울시 종로구 창경궁로35길 26 2층 (03076)
전 화 02-763-8965(단행본부) 02-763-8966(마케팅부)
팩 스 02-3672-1873 **이메일** book@isamtoh.com **홈페이지** www.isamtoh.com

ISBN 978-89-464-2000-7 03810

이 도서의 국립중앙도서관 출판예정도서목록(CIP)은 서지정보유통지원시스템 홈페이지(http://seoji.nl.go.kr)와
국가자료공동목록시스템(http://www.nl.go.kr/kolisnet)에서 이용하실 수 있습니다. (CIP제어번호: CIP2015015977)

값은 뒤표지에 있습니다.
잘못 만들어진 책은 구입처에서 교환해 드립니다.